田中 豊治

環境と人間の共創

学文社

はじめに

　本書のタイトル名は，環境は人間をつくり，また人間は環境をつくる共創社会であるという意味である．共創社会とは，人間と環境との関係において，人間は環境から一方的・決定的につくられ，かつ適合していくという被拘束的存在だけでなく，逆に環境に働きかけ環境そのものを変革していく主体的・能動的・創造的かつ行為的存在でもあるということである．「どのような社会や組織・集団にしたいか」というビジョン作成能力こそ人間固有の能力である．本論では，できるかぎり新しい時代社会の生活環境についての将来像と理想像をデッサンしてみたいということが基本的モチーフになっている．

　本書の主たる問題関心は，「生活主体としての人間と生活環境との共存・共生関係をどのように考えて生きていけばよいか」という問い掛けであり，その問いに対する思考過程での中間報告である．全体のフレームワークとしては，人間生活を，家族生活，地域生活，職場生活，個人生活という4領域の複合体として認識し，これら4者の構造的関連性を総体的に把握していこうとする立場である．

　家族生活とは，いうまでもなく人間の基本的・本能的欲求充足の場であり，衣食住を中心に慰安休息，疲労回復，人間の再生産の場である．地域生活とは，労働などの緊張感を解放してくれる盛り場空間であり，ひとりの市民としてボランティア活動やコミュニティ活動などに参加する公共空間である．職場生活とは，利潤・利得・利益を追求する会社集団であり，激しい競争社会と厳しい管理空間である．さらに個人生活とは，個人の内面的・身体的・精神的な成長・成熟過程に関わる個人の自由時間，自己管理空間の場である．これらの関係性をデザインしたものが図表1の「人間生活の俯瞰図」である．

　これら4領域の中でもっとも大切な時間・空間は，個人生活としての固有な領域の過ごし方であろう．その個人生活では，個人の自由・権利・個性を尊重すること，多種多様な価値観やライフスタイルを容認すること，あるいは知

図表1　人間生活の俯瞰図

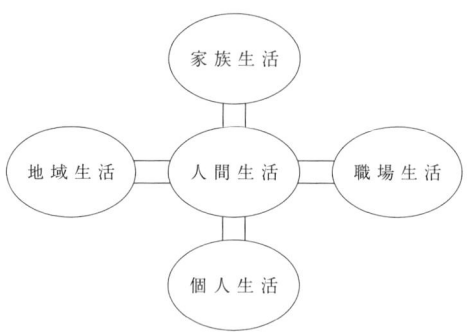

識・能力の向上や主体的・創造的活動を認めることなどが基本前提である．より具体的には，例えば，自室，車，店，エステティックサロン，街，さらには音楽，衣装，グルーミング用品など，自分だけの大好きな世界と心地よい快適な空間が必要である．

　こうした生活環境と人間との関係は，それぞれの分野における地位（status）―役割（role）関係によって成立している．まず家族生活は，人間のもっとも本質的部分で社会生活を営む最小単位であり，男女，夫妻，父母，親子といった人間関係・社会関係の基本的あり方が問われている．ここでの個人は，「家庭人」としての地位―役割関係を演じている（第1章，第2章）．地域生活においては，「自己―家庭」の延長線上にスプロール化していく地域社会（第3章）・日本社会（第4章）・アジア社会（第5章）といった現代社会の動向と変容過程について検討する．ここでの個人は，「住民」「市民」「アジア人」「コスモポリタン」などとしての地位―役割関係を演じる．職場生活においては，学校社会，産業社会・労働社会・組織社会の中で，学校・会社・サークルなどさまざまな社会集団に所属しながら社会生活を送っている（第6章）．ここでの個人は，「学生」「労働者」「組織人」「女性」「顧客」などとしての地位―役割関係を演じる（第7章，第8章，第9章）．さらに個人生活においては，人間がひとりの個人（孤人）として自分自身と向き合う時空であり，趣味・スポーツ・レジ

ャーなど，自由な余暇社会に生きるということである．ここでの個人は，「自由人」「遊戯人」「エゴイスト」「自己完成追求者」「プロフェッション」などとしての地位—役割関係を演じる（第10章，第11章，第12章）．

　人間生活は，人生というライフステージと個人のライフスタイルとを重ね合わせながら，こうした4つの生活分野を交差する「ペルソナ」（persona　仮面を被った役割演技者）として生きている．私たちの日常生活は，生から死にいたるまで，ある時は自由にまたある時は束縛されながら行き交いつつ人生を生きている．ここでは，それぞれの生活環境の独自性と連関性について検討しながら，われわれがどのように生きていけばよいかについて考察する．

　本書をまとめる内的必然性については次のように考えている．本書は主として現代を生きる学生諸君に向けて発せられたメッセージの書である．一番主張したいことは，厳しい生活環境の中で，結局のところ，われわれは「一回性の真剣な遊び」をやるしかないのではないかということである．ここにいう「一回性」とは，つまり私は「私の人生を生きる」ということ，さらに「真剣な遊び」とは，要するに，刹那的・消費的・反復的遊戯ではなく，もっと主体的・意味的・価値創造的な「遊学の精神」（遊々学々的人生）があるのではないかという問題提起である．

　このような問題意識の背景には，現代社会を概観するに，家族生活の多様化，地域生活の混迷化，職場生活の緊迫化，あるいは個人生活の消費化といった社会病理現象の深化過程がある．家族も地域も学校も職場も含め，日々のマスコミ報道にはあまりにも凄惨な事件が多過ぎるように思われる．信—不信，正—不正といった価値観が倒錯する現代社会にあって，「個人生活」の安定を保つことが大変むずかしくなっているからである．

　とくに若者の生き方は，カオスを極めている．仕事柄，学生と交流・接触する機会は多いが，アドバイスの無力さを感じることがしばしばである．ある日，話し合いの中で，私の若き日の思索作品（第10章，第12章）の中に，一つのヒントがあるように思われ，そのコピーを参考までに渡した．これが予想以

上に好評であったため，授業でも資料として配布してきた．そして今回修正の上再掲することにした．この論考は確かに思考内容や表現方法は稚拙であるが，世代を超えた意味があるように思えたからである．「全人類66億人の1の個人」が，一体何者であり，また何者でしかありえないか，その力量と現実とに正面から向き合わねばならないという時機が必ず誰にも訪れる．そうした心的危機を乗り越えることが，成長への大切なイニシエーションとなる．本稿の初出掲載は，1980年から現代までと幅広く気恥ずかしい思いもするが，ケーススタディとして学生と一緒に議論するため，あえて収録することにした．ただし編集過程では，教養入門書として読んでもらうため，初出原稿の稚拙な箇所は内容・文体ともに大幅な補筆修正と削除を施し，できる限りシンプルに読みやすく表現することを心掛けた．

　最後に私事ながら，長谷川照佐賀大学学長に衷心よりの謝辞を述べておきたい．長谷川学長は，乱の時代に佐賀大学が生き残る（否，勝ち残る）ためには，「アジアを中心とした国際社会および地域社会に開かれかつ積極的に貢献していく個性ある大学」であること，そのためには「国際化に応え，国際的に通用する教育・研究・貢献をする教員」でなければならないと強調する．さらにいえば「アジア人としてアジア学をやれ」，「アジア州を創造するアジアの地方のリーダーであれ」と檄を飛ばし，自ら牽引車として奮闘している．こうした知的刺激に励まされつつ，「アジアの時代における佐賀大学の国際化」に私なりに微力ながら従事してきた．とりわけ，われわれの国際協働プロジェクトが学長経費（特別教育研究経費）事業として3年間にわたり採択され，アジア国際フォーラムや国際セミナーなどを開催できたこと，また学長特別補佐・国際貢献推進室長として国際交流活動の活性化に取り組む好機と責務が与えられたことに深謝している．このコイノニア（交わり）を通して，本務としての大学に対して，「アジアを中心にグローバルに活躍する国際的人材育成づくり」や「アジアを学ぶ・SAGAで学び合う留学生王国づくり」などに少しでも寄与貢献できたらと思うようになった．

また同学の張韓模先生に対しては,「アジア・コミュニティ」という気宇壮大にして広大無辺な将来ビジョンづくりに参加・参画させて頂くというありがたい機会を得た.「理念なき変革は必ず失敗する」のと同様,「夢なき人生は空虚である.」このビジョンづくりなら,私の後半生を賭けても十二分に楽しめる.荒木博申先生には,漢字や文字のもつ面白さや楽しさを最大限引出し表現してくれるデザイン力に感銘し,前作に続き表紙デザインをお願いしたが,ご多忙の中を快くお引き受け頂き感謝に堪えない.編集作業を手伝って頂いた中島亮一君（佐賀大学大学院工学系研究科博士後期課程3年）とは,学士編入以来7年の交流があるが,今回は本当にお世話になった.彼の献身的協力がなかったら本書は誕生していない.ありがたい邂逅に感謝したい.さらに学文社の田中千津子社長には,院生時代からお世話になっており,今回こうした形で恩返しできたことを大変嬉しく思っている.

論文の初出一覧

　第1章　書き下ろし
　第2章　「男と女のソシオロジーⅠ―信じることから,人間関係は始まる―」1988年7月　『あーるえす』42号, pp. 3～8,「Ⅱ―思いやりが家族の絆―」1988年10月　『あーるえす』43号, pp. 3～8,「Ⅲ―人生のパートナーシップ―」1989年1月　『あーるえす』44号, pp. 3～8,「Ⅳ―職場のリレーションシップ―」1989年3月　『あーるえす』45号, pp. 3～8, 菱電サービス株式会社
　第3章　書き下ろし
　第4章　「地域社会の活性化とNPOの役割・課題―新しい地域主体としての市民セクターの可能性―」日本都市学会編『日本都市学会年報―都市の活性化とNPO―』2003年, Vol. 37, pp. 56～64.
　第5章　「アジア市民社会論・試行―グローバル化・ブロック化に対応するアジア地域共同体―」佐賀大学国際協働プロジェクト編『2004活動報告書』pp. 137～159.
　第6章　書き下ろし
　第7章　「かわいい女から美しい人へ」国分康孝編『女性の心理』福村出版, 1982年, pp. 75～98.
　第8章　書き下ろし

- 第 9 章　書き下ろし
- 第 10 章　書き下ろし
- 第 11 章　書き下ろし
- 第 12 章　「現代社会と作品の創造過程」社団法人東京都専修学校各種学校協会『研究紀要』第 17 集，1980 年，pp. 303 ～ 312.

目 次

はじめに　i

I　家族生活

第1章　現代日本家族の変容 …………………………………… 2

プロローグ　2
1　現代日本家族をめぐるさまざまな社会現象　2
2　家族の本質　4
　(1)　家族の絆　4／(2)　家族の歴史的変化　9
3　家族の機能　14
　(1)　最後に残される家族の専門的機能　14／(2)　「集団としての家族機能」から「関係としての家族機能」へ　17
4　親子関係（子どもの社会化）　20
　(1)　子どものパーソナリティの形成過程　20／(2)　母子・父子・親子関係　23
5　家族関係　26
　(1)　夫婦関係（大人のパーソナリティの安定化）　26／(2)　高齢者との対応関係　28／(3)　新しい家族モデルの探求　29

第2章　家族における人間関係　―男と女のソシオロジー― …… 34

プロローグ　34

1　信じることから人間関係は始まる　34

　(1)　新しい時代の担い手は女性（？）　35 ／(2)　新しい職場環境　36 ／(3)　男らしさよりその人らしさ　38 ／(4)　理想と現実のギャップ　39 ／(5)　男と女，基本は人間関係　40

2　思いやりが家族の絆　44

　(1)　家族の役割が変わってきた　45 ／(2)　いつまでも新婚気分は続かない　47 ／(3)　もともと人間関係は不安定なものだ　49 ／(4)　家族とは心と心のつながり　50 ／(5)　思いやりがあれば，手抜きはしない　51 ／(6)　ともに楽しみ，ともに生きる関係　52

3　人生のパートナーシップ　55

　(1)　恋愛と結婚のつながり　55 ／(2)　男と女の自由な会話　56 ／(3)　今，男があまっている　58 ／(4)　男性への過剰な期待　58 ／(5)　心のやすらぎを求めて　60 ／(6)　男女関係の基本　62 ／(7)　人間的成熟を求める関係　62 ／(8)　パートナーの選び方　63

4　職場のリレーションシップ　65

　(1)　ワーキング・ウーマンたちの現状　65 ／(2)　女性にとっていい職場とは　68 ／(3)　21世紀は幸福産業の時代　70 ／(4)　モノ離れが進む現代の幸福感覚　71 ／(5)　ハイクォリティな関係　72 ／(6)　できる男といい女　73 ／(7)　新しいリレーションづくり　74

II　地域生活

第3章　地域社会論　―地域社会の変貌と住民生活― ……………78

プロローグ　78

1　地域社会をめぐる視座転換　78
2　農村社会の変容　84
　(1)　農村・農業・農民の解体過程　84 ／(2)　村落共同体原理の崩壊過程　88 ／(3)　「村の精神」の解体と残存　91
3　都市化と都市社会　95
　(1)　アーバニズムの発展変数　95 ／(2)　現代都市空間のコンプレックス化　98
4　都市的パーソナリティの特質　102
5　コミュニティ活動と心の故郷づくり　104
6　地域社会の国際化への対応　107

第4章　日本社会論 ―地域社会の活性化とNPOの役割― …… 110

プロローグ　110

1　NPOセクターと分権型市民社会　111
2　市民セクターとしてのNPOセクター　114
3　NPOセクターの組織論　117
　(1)　組織目標の達成　117 ／(2)　組織成員の欲求充足　118 ／(3)　組織運営上の問題点　119
4　地域セクターをつなぐ協働システム　120
5　NPOセクター活性化の諸課題　123
　(1)　キーパーソンとしての人材づくり　123 ／(2)　ボランティアからプロフェッショナルへの転換　124 ／(3)　NPO活動は「支援」から「自律」へ，さらに「共生」から「協働へ」　125 ／(4)　ライフスタイルの多様化と団塊世代の増加　126
6　若干の考察　127

第5章　アジア社会論 ―アジア市民社会論・試行― ……… 129

プロローグ　129

1 グローバリズムとボーダーレス化　130
2 今なぜ,「アジア地域共同体」のビジョンを問うのか　132
    (1) 新しい国際秩序づくりへの胎動　132 ／(2) EU の動向　133 ／(3)「ASEAN＋3（日中韓）」の動向　134
3 グローバリズムの中の日本外交戦略　138
    (1) 欧米指向型（アメリカ追随主義）　139 ／(2) 国際協調型（国連中心主義）　140 ／(3) アジア重視型（近隣諸国とのリージョン外交）　141
4 アジア社会の現状　—アジア的支配様式—　142
5 「アジア市民社会」の創造に向けて　146
    (1) 「アジア市民社会」という概念　146 ／(2) 日本における分権型社会システム論　148
6 おわりに　152

Ⅲ　職場生活

第6章　産業社会と職場生活　158

プロローグ　158

1 産業社会から脱産業社会への移行　158
2 産業社会化における諸問題　163
3 組織と人間　166
    (1) 組織理論の流れ　166 ／(2) 科学的管理論　167 ／(3) 人間関係論的組織論　170 ／(4) 行動科学的組織論　172 ／(5) 構造論的組織論　173
4 日本的経営管理の特質　175
    (1) 社会集団としての企業という視点　175 ／(2) 日本的労務管理制度の特徴　178 ／(3) 日本的経営管理方式の限界と新しい変化　180
5 職場集団におけるリーダーシップ　183

6　個人のモラールの変化　187

第7章　職場における人間関係　―女性の新しい生き方―　……　192

　プロローグ　192
　1　女性の新しい生き方　192
　2　2つの生き方　195
　3　職場における男女の差　198
　4　女性のなかの「ダメ女」　202
　5　これからの女性　205

第8章　女性の職場参加・社会参加　………………………………　209

　プロローグ　209
　はじめに　209
　1　女性と環境　210
　　(1)　女性をとりまく環境の変化　210　／(2)　女性の職場参加を支えるもの　212／(3)　新しいライフスタイルの追求　214
　2　現代女性が職場社会に求めているもの　216
　3　現代女性の問題点　218
　4　女性の戦力化に向けて　220
　5　まとめ　222

第9章　仕事のイクォール・パートナーとして　………………　223

　プロローグ　223
　はじめに　223
　1　管理職としての性格チェック　224
　2　ダメ上司の共通項　226
　3　これからの管理職に求められるもの　228

4 基本的スキルとしての2つの提案　231
(1) 叱り上手としての叱り方　231／(2) 誉め上手としての誉め方　234
5 人を動かす10のルール　236
6 まとめ　238

Ⅳ　個人生活

第10章　遊と学　―遊々学々的人生―……………………………… 240

プロローグ　240

1 現代社会における「遊」の位置づけ　241
2 遊びの商品化　244
3 遊概念の再検討　248
4 遊と生活・労働・余暇との相関関係　250
5 遊学の精神　254

第11章　プロフェッションの条件　―個人的資質と環境と仕事―

……………………………… 258

プロローグ　258

1 今なぜ，プロフェッションの時代か　259
(1) 社会的時代的背景　259／(2) プロフェッションの歴史　263／(3) 新しいプロフェッションの誕生　265／(4) プロフェッションの分類化　268
2 プロフェッションとは何か　269
(1) プロフェッションの概念規定　269／(2) プロフェッションの個人的資質と環境と仕事　271

3　プロフェッションへの自己形成過程　274
　　4　むすび　279

第12章　作品の創造過程のダイナミズム　281

プロローグ　281
はじめに　281
　1　基本的枠組みの設定　283
　2　作品の創出契機における3条件　285
　　　(1) 作者の個性　285／(2) 生活環境　288／(3) 時代社会　289
　3　創造過程のダイナミズム　291
　4　創造過程における乗超えの論理　295
　　　(1) 飢餓感から発した異和感をどこまでも保持し続けること　296／(2) 倫理的志向性を堅持すること　297／(3) セルフ・アイデンティティを探求すること　297

索引　299

I　家族生活

現代日本家族の変容

=== プロローグ ===

現代日本家族の特質と変容をどう捉えるか．いろいろなアプローチがあるが，ここでは最近の家族形態の多様化・複雑化現象を踏まえ，「集団としての家族」から「関係としての家族」へと変容しつつあるという視点から考察する．その「関係としての家族」の中でも，核家族化や単独世帯の増加傾向から，さらに「親子関係から夫婦関係へ」と関係の基軸が大きくシフトしつつある．さらにこの「夫婦関係」を中心にしながら，子どもの相対的位置づけが高くなり，対等・平等な関係性としての「二項関係から三項関係へ」と変化しつつあると捉える．そこで，個人がそれぞれに等価な存在として，相互的に影響し合う「イクォール・パートナー」としての新しい家族モデルのあり方を探求する．

1 現代日本家族をめぐるさまざまな社会現象

現代家族のあり方をめぐって，どのような社会的事件が起きているのか，まず最近の新聞の見出しから拾ってみよう．たとえば，「離婚率の上昇，婚姻外出産の増加，家庭内暴力，少年犯罪の増加」，「実質的に離婚率は史上最高，結婚期間の長い夫婦の離婚が急増」，「十代少女を含め人口妊娠中絶が年間約40万件」，「30代男性の未婚率は20％」，「妻の婚外交渉経験率は6人に1人」，あるいは「息子に，娘に殺される」，「別れたくても別れられない夫婦」等々，き

わめてセンセーショナルな家族病態現象が次つぎに発生している．こうした諸事件は，けっして他人事や例外ではありえず，むしろ私たちに最も身近な日常茶飯事である．家族が「夫婦円満にして幸福な生活」を営んでいれば幸いであるが，一般的には何等かの家族問題を抱え悩んでいない者はないといってよいであろう．一見「幸せそうな家族」にも，他人には語れない・他人からはみえない深刻な問題に直面している場合もあるのである．

　これらの問題をさらに家族関係的にみると，夫婦関係としては，夫のワーカホリック，単身赴任，ギャンブル，浮気など，妻のキッチンドリンカー，蒸発・家出・不倫など，果ては家庭内別居，家庭内離婚，そして離婚などがある．また親子関係としては，過保護・過干渉による母子一体化，子育てノイローゼなど，子どもの側ではカギっ子，孤独化（引きこもりなど），受験ノイローゼ，あるいは非行，シンナー遊び，売春，自殺など，さらには親が子を，子が親を罵りつつ殺し合うといった凄惨な家庭内暴力や殺人事件への発展などがある．さらに高齢者との関係をめぐっても，退職後の再就職問題，孤独・病苦・貧困などによる老人自殺や傷害事件の発生など，いつまでも安心した老後を暮らすことができないでいる．こうした家族においては，当事者にとっては生活も人生も将来も何もかもが歪み，すさんで悲痛に喘いでいるばかりでなく，まさに家族の存在意義そのものが分裂・危機・解体の寸前にまで追い込まれているのである．

　このような危機的家族は，もはや「集団」としても「関係」としても機能しているとはいえない．「みんなお前の責任だ」，「否，あんたが悪いんだ」といった両者の叫び声は，家族や家族の誰かに責任転嫁し，糾弾せんとする姿勢である．ここには相手への思いやりなど微塵もなく，自己責任を自問するだけの心の余裕もない．家族の誰もがそれぞれに自己のエゴばかりを主張・優先し，すでにその絆は切れ，バラバラである．こうした家族像は，「核家族」がさらに核分裂を起こした「原子家族」と呼ばれ，あるいは「個室家族」「ホテル家族」「週末家族」「空の巣症候群」などといわれている．こうしてますます「家

計から個計へ」「共食から孤食へ」と,「家族の個人化」が進行してきた.

　一体なぜ,こうした「家族崩壊」現象が起きているのであろうか.ある一組の男女が出会い,お互いの幸せを求めて結婚し,新しい家族を築き始めたはずである.誰も最初から不幸な結果を予期して結婚する者はいない.まったく予期せざる不可避的結果に追い詰められての社会的行為である.

　それではなぜ,こうした家族の解体は,諸困難に直面して夫婦や親子の愛情と相互協力によってうまく乗り切ることができなかったのであろうか.何のために結婚し,なぜ夫婦でいるのか.彼らにとって,家族の意義とは一体何だろうか.こうした「家族病理の現象と本質(あるいは実態と背景)」について,私たちはどう考え,家族の構造や構成,機能や役割をどのように捉えていけばよいのであろうか.とりわけ現代社会の急激な変貌に対して,家族像もまたどんどん自己変容しつつある.その家族像の変化過程をどう捉え,それらの変化にどう対応し,さらにいかに適応していくべきかについて検討する.果たして本当に愛し合える,また信じ合える家族とは一体いかにして可能であるかという解答を求めて…….

2　家族の本質

(1)　家族の絆

　そもそも家族が成立する最初の契機,動機,あるいは絆とは何であろうか.いうまでもなく多くの場合,両者の出会いから恋愛へ,そして結婚へといたる.しかし最近の家族像はきわめて多様化・複雑化している.「恋愛はするが結婚はしない」とか,「結婚しても同居はしない」,「結婚式はしても婚姻届は出さない」,あるいは「セックスはしても子どもはつくらない」といった家族も増えている.夫婦別姓の選択問題も民法が改正された.さらには「結婚しないかもしれない症候群」といったシングル志向もキャリア・ウーマン層に増えている(「非婚時代」).よしんば結婚しても,離婚率も同時に増大している.ア

メリカでは2分の1が，イギリスでは3分の1が，日本でも約4割のカップルが，離婚にいたっているという現況である．さらにアメリカなどでは，男同士，女同士，あるいは同棲といった非夫婦家庭が50％を超えているともいわれている．

それでは，人は何のために，何を求めて結婚するのであろうか．結婚の動機として，たとえば，次のような項目が考えられる．

① 心（愛情，人柄，人格，人間性など）か
② 血（子ども，生殖，養育，家系，後継ぎなど）か
③ 金（経済，収入，物欲，労働力の再生産など）か
④ 性（性欲〈リビドー〉，快楽，生理的欲求など）か
⑤ 共同生活（寝食の宿泊施設，住居と家計の共同など）か
⑥ 社会的対面（メンツ，夢と憧れ，将来への期待感など）か
⑦ 運命（一目惚れ，赤い糸，宿命的出会いなど）か

もちろん一般論としていえば，「相互的・精神的愛情の結実としての結婚」という回答が一番多いであろう．あるいはこれらの要因や条件のいくつかの組合せによって結婚するというかもしれない．しかしそれでは，長い年月をかけて大切に育んできた2人の愛情が，ある日，「性格の不一致」「夫の暴力行為」「異性関係（不倫・不貞）」「浪費」「性的不満」「異常性格」「酒癖」など（離婚理由の上位群『司法統計年報』）によって，いとも簡単に崩壊するのはなぜであろうか．結果として122万世帯にも上る母子家庭が誕生している（2003年）．

結婚は，終生の共同生活を目的として，両性の合意に基づき成立する社会制度としての契約関係である．契約関係とは，両者の選択的・人為的・一時的な結合行為である．"結婚するかしないか，誰とするか，いつするか，子どもを産むか産まないか，またいつまで続けるか"など，それぞれの自主的・主体的・選択的な意思決定行為による．契約は2人の共同責任において，最終的には個々人の自己責任・自己決定においてなされる選択行為である．憲法にも，「夫婦の同権と両性の本質的平等」は唱われており，「① 婚姻は，両性の合意

のみに基いて成立し，夫婦が同等の権利を有することを基本として，相互の協力により，維持されなければならない．②配偶者の選択，財産権，相続，住居の選定，離婚ならびに婚姻および家族に関するその他の事項に関しては，法律は，個人の尊厳と両性の本質的平等に立脚して，制定されなければならない．」（第24条）とある．

結婚の動機には，より現実的にいえば「愛情や人柄，優しさや思いやり」ばかりでなく，きわめて合理的・打算的，利害得失的，あるいは自己中心的な理由づけも働いている．結婚の条件としてよくいわれる"三高（高学歴・高収入・高身長）"とか，"三強（強い肉体・強い精神力・強い抱擁力）"などは女性側から男性への限りない要望群である．逆に男性側からの要望も数多くあろう．こうしたお互いの要望群の選択過程を経て，結果として結婚を決意する．それゆえ，どんなに強く相手や第三者から要請された場合でも，その究極的決断は自己自身にあり，断じて責任転嫁は許されない．選択ミスはすべて自己責任に帰されるというのが，近代的個人主義の基本原理なのである．

現代家族の変動を「制度から友愛へ」(from institution to companionship) と推移しつつあると表現したバージェスとロック (Burgess, E. W. and Rocke, H. J., 1945) も，この「友愛家族」は家族員相互の愛情と共感的理解に基づいているという．家族の統合・安定は，法律・習慣・習俗・家父長制などの制度優先から人間個人の価値観へと変化しているとみなしている．オールドファッションとしての義務や伝統や慣習や世間の圧力よりも，何よりも「個人の幸福追求」を第一義とするようになった．そして「自由・平等の原理」を基礎に，「相互的理解・同情的理解および成員の仲間意識」によって結びつくものと考えている．それゆえ，よしんば"成田離婚"や"結婚ごっこ"を演じる結果になったとしても，その恥と失敗は未成熟であった2人や自分自身が負っていかねばならない責務なのである．

「結婚は永続すべきもの」といった価値規範や社会通念が希薄化し，「バツイチは女の勲章よ」とか「子連れ再婚」「結婚三回説」などがいわれるようにな

り，離婚歴が必ずしも社会的ハンディとはならなくなってきた．結婚—離婚—再婚を繰り返す人も増えてきた．この意味で，結婚も人生の通過儀礼の一エピソードに過ぎなくなったのかもしれない．少なくとも結婚が最終・最高の目的やゴールイン（永久就職）ではなくなった．むしろ結婚を契機・条件・手段として，自分がどれだけ成長・成熟しえたか，その自己実現・自己充実・自己表現などの有無や程度の方がより問題視（意義づけ）されるようになった．不幸にして悲惨な結婚生活を続けるよりも，「一回限りの人生を別の新しいチャンスに賭けてみよう」という生き方や考え方も選択されるようになってきた．女性の側がそれだけの精神的自立や経済的保障や社会的スキルなどを主体的に身につけてきた．こうした動向を背景に，ますます「共に楽しみ，共に生きる対等な関係」を理念型とする結婚や家族を期待し追求するようになってきたのである．

　家族の本質は，「自由・平等・独立した人格者としての個人原理」を前提に，① 夫婦関係，② 親子関係という2つのダイアッド（二項関係）により成り立っている．夫婦関係は「契約という選択的存在」であり，親子関係は「血縁という運命的存在」である．夫婦関係は配偶者を自由選択して婚姻し，「生殖（創設・生む）家族」(family of procreation) をつくり，子どもを産み育てる．これに対し親子関係は非選択的で，子どもにとっては所与の不可避的な「定位（出生・生まれた）家族」(family of orientation) の中で養育されることになる（子どもの社会化）．家族は，これら2つの関係が複雑微妙にクロスし合いながら成立している．時代的流れとしていえば，両者の関係がますます乖離する傾向にあり，さらにどちらかといえば「親子関係より夫婦関係」がより全面に出てきたといえよう．

　最小の社会集団としての家族を，マードック (Murdock, G. P., 1949) は，①「核家族」(nuclear family) と名づけ，「夫婦のみの世帯」「一対の夫婦と未婚の子女とが同居している世帯」「片親と未婚の子女の世帯」の家族形態であると規定した．彼はまた，② 一夫多妻，一妻多夫という複数の配偶者をもつ「複

婚家族」(polygamous family), ③縦（子どもの方向）に2つ以上連鎖している「拡大家族」(extended family) という家族分類も行っている．このうち，②の形態は世界的には少数である．

　より一般的な家族類型は，親の側からみた居住形態によって分類されている．①どの子の生殖家族とも同居しない，一代限りの「夫婦家族制」(conjugal family system), ②ひとりの子の生殖家族と同居し，「家」制度といわれる「直系家族制」(stem family system), ③2人以上の子の生殖家族と同居する「複合家族制」(joint family system), などである．これを先のマードックの分類概念に対比すれば，①の「夫婦家族制」は「核家族」に，②の「直系家族制」は「拡大家族」に相当し，また③は少ないといえよう．

　家族形態の変化について，「平均世帯員数」の推移をみると，1960年から4.54人になり，70年3.45人，80年3.25人，90年2.99人，2005年1.25人と漸減傾向を続けている．また，現代家族の「家族類型別世帯数」は，90年で，概略，核家族が60％，拡大（三世代）家族が17％，単独世帯が23％という割合である．

　全体的特徴としては，核家族や拡大家族がやや減少し，「単独世帯」が急増傾向にある．単独世帯の増加は，若者がワンルームマンションやアパートに一戸を構えるようになったこと，ひとりぐらし老人の急増などに起因していよう．これはつまり二項関係のうち，「親子関係」から「夫婦関係」へさらには「単独世帯」へと，比重が徐々に転移しつつあるという数字である．これを「居住形態別の65歳以上老人数」でみても，「親族世帯に同居」している老人はなお約6割いるとはいえ明らかに減少してきている．逆に，夫婦世帯が約3割，単独世帯が1割以上と，いずれも漸増傾向を示している．

　このように離婚・別居，未婚の母による父子・母子家庭，子連れ再婚，父親・母親の異なる子ども同士が一緒に住む家族などの増加によって，ますます家族形態が多様化・複雑化する傾向をみせている．

図表1—1　家族の発展段階

	前近代家族	近代家族	現代家族
全体的特質	制度家族 直系家族	友愛家族 夫婦家族	同僚家族 夫婦家族
家族構成	複数の核家族 (祖父母＋父母＋多子)	単一の核家族 (夫婦＋多子)	単一の核家族 (夫婦＋少子)（夫婦のみ）
家族関係	親子関係の優越 家父長による支配 妻の従属・依存 子の服従	夫婦関係の優越 夫婦の形式的平等化 妻の依存・従属 子の自立（義務教育）	人間関係の分裂・分類 夫婦の実質的平等化 妻の自立化 子の自立（高等教育）
家族機能	多面的機能 生産・生活保障・多産 夫は家業労働 妻は家業労働と家事	機能縮小化 消費・生活保障・多産 夫は雇用労働 妻は家事専担	機能単純化 消費・性愛・少産 夫は雇用労働と家事 妻は雇用労働と家事
家族の解体と再組織	追出し離婚・勘当 養子縁組	恋愛・結婚の自由 地域からの解放 家族軌範の分化	離婚の自由と再婚の自由
家族構造類型	埋没・固定	分化・流動	分裂・不安・再統合

出典：古屋野正伍編著『社会学』学陽書房，1972，p.83より

(2) 家族の歴史的変化

18世紀以降，資本主義・近代主義の発展に伴って一段と民主化が進み，個人主義・自由主義・平等主義に基づく新しい家族関係が形成されてきた．この傾向はとくに戦後の近代社会から現代社会にかけていちじるしく変化した．図表1—1は，「家族の発展段階」を，「前近代家族」「近代家族」「現代家族」という三段階に大別し，その特質を示したものである（山手茂，1972）．

この「家族の発展段階」の流れをごく簡潔に整理し直してみると，「前近代家族」では，「家」を代表する家父長が家族を統轄し，「家」を存続・繁栄させるため強力な権力と権威をもっていた．直系家族における家族関係は「親子関係」を基本とし，「家父長の権威」を中心として親子関係・夫婦関係が上下の支配と服従，権威と恭順の関係によって貫かれていた．しかし「近代社会」が

成熟するにつれて，社会の構成単位が，「家」から「個人」に移り，「親の家族」から「独立した核家族」が形成されてきた．しかしなお夫婦の性役割分業体制は残存し，家族関係の民主化・平等化は形式にとどまり，真に対等な立場に立つ自由な愛情による「友愛家族」を実現することはできなかった．さらに「現代家族」において，共稼ぎ夫婦が増加し，女性の人権の尊重，教育の機会均等，婦人の政治参加，女性労働者の権利と母性保護の権利の保障などが前進して，実質的夫婦平等をめざす「同僚家族」が多く出現している，といえよう．

　ここで家族変動として問題になるのが，「縦の親子関係」としての「拡大家族」や「直系家族制」との関連についてであろう．いわゆる日本の伝統的「家」制度としての「前近代家族」の「家族主義イデオロギー」（家本位・家中心型の思考様式）に対する考え方が，どの程度まで変化・変容したのかという疑義である．あるいは家系の継承（家産の相続と家業の世襲など）を最大優先させるという社会制度や社会思想から，私たち自身がどのくらい自由になり，かつ自己脱却できているのかという内省である．

　たとえば，「『家』は，『家族』とは区別される集団として，家産にもとづき家業を経営し，家計をともにし，家の祖先を祀り，家政の単位また家連合の単位となる制度体」（松島静雄・中野卓，1958）であるとも定義できる．こうした規定からいえば，いわゆる儒教的家族倫理観は今日なお根強く残存しているといえよう．親子・兄弟姉妹・男女などの関係において，権威の序列，上下，主従，長幼などといった秩序的支配原理がなお無意識裡に容認されている．家父長としての親の役割は，何よりもまず祖先崇拝（先祖から子孫へ）にあり，血縁と家系とを絶やさぬことである．そのために，家紋・家門・家風・家柄・家名・家の格式・家の結婚などを大切にする．家の繁栄こそが最大の名誉であり，家名が傷つくことを恥とし極端に恐れる．まさに家ぐるみ・家族ぐるみで一体となり，わが家の集団的利己主義を最大限に追求する．親は子に，家の社会的地位・職業（家業）・財産・祖先祭祀などを分与し，超世代的に継続・発展

させていくことを期待する．そのために子を大切に庇護し，養育し，財産分与して，高い"恩義"を売る．これに対し，子は親に対して，その指示命令に絶対服従し，無償の労働奉仕をし，よく親孝行して老後の親の扶養・面倒をみる．親に対する"忠孝"の美徳が強調される．ここに「恩＝孝の互換関係」が成り立つのである．

　こうした「親子関係」という儒教的道徳観がなお根深く内面化され，これが家族問題のあらゆる場面に表出してくるという構造になっている．つまり，こうした前近代的家族観としての「縦の親子関係」と，自由・互恵・対等を理念とする「横の夫婦関係」としての近代的家族像との錯綜した緊張関係の中で，今日的家族のあり方が問われているということになる．

　家族の歴史的変化としては，確かに「親子関係」という基本的役割が果たされつつも，より「夫婦関係」を優先して選択（あるいは解消）するようになりつつある．平均して離婚夫婦のピークは，年齢別には 35 — 45 歳代，平均同居期間が 10 年，子どもの数が 1.5 人，しかも離婚申立ては女性側からの割合が圧倒的に多い（約 7 割）というデータから，必ずしも子はかすがいとはならなくなった．しかも離婚のみならず，単身家族，同棲，婚外子（アメリカでは 20％以上，フランスでは約 25％）の増加も目立つ．

　さらには「家族のボーダーレス化（多国籍化）」も進んでいる．日本にいる外国人は，約 200 万人（外国人登録数）で総人口の 2％以下である．厚生労働省の「人口動態統計」で，「国際結婚の動き」（図表 1 — 2）をみると，2005 年の国際結婚件数は約 4 万組に上り，過去最高を記録している．「婚姻・離婚総数に占める実数と比率」は，1960 年代には 5 千件程度であったが，1983 年の 1 万件から急増し，1989 年に 2 万件，1999 年に 3 万件を超え，比率はおよそ 3 倍以上で 1％台から 4％台に増えている．さらに「婚姻数全体に占める国際結婚の比率」は，2005 年には 5.8％とほぼ 17 件に 1 件の割合となっている．「国際結婚の相手外国人」（図表 1 — 3）は，外国人妻が外国人夫の 3 倍以上で 3 万人を超えている．「国別の外国人妻」（図表 1 — 4）は，中国人花嫁 1 万 2 千人，フィ

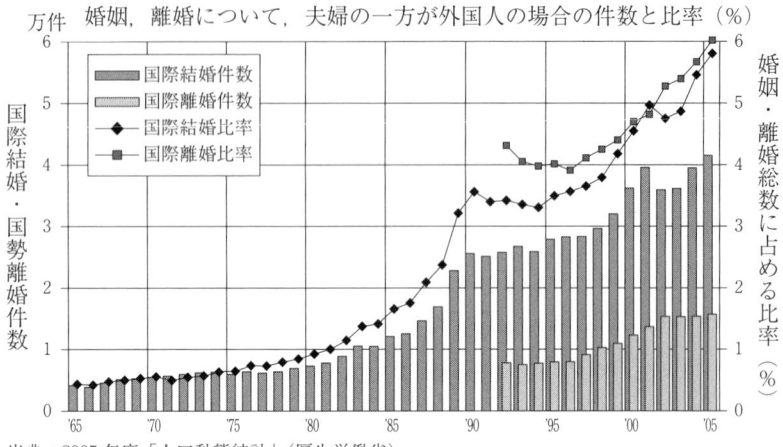

図表1-2 国際結婚の動き

出典:2005年度「人口動態統計」(厚生労働省)

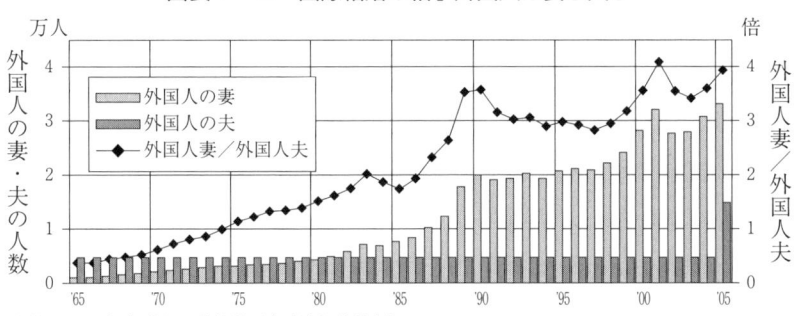

図表1-3 国際結婚の相手外国人は妻か夫か

出典:2005年度「人口動態統計」(厚生労働省)

リピン花嫁は約1万人,韓国・朝鮮人花嫁が5千人,タイ人花嫁が2千人である.さらに「国別の外国人夫」(図表1-5)は,韓国・朝鮮人が2千人,米国人1千5百人,中国人1千人などが多い.国際結婚の増加とともに嫁不足現象はやや解消されるが,同時にミスマッチから破綻しやすく離婚の比率もまた増加している(離婚件数全体の6%).

さらにお年寄りの友人同士の共同生活,ニューハーフ,同性愛カップルなども漸増傾向にある.このように現代家族は,ひとつの固定的・支配的・単一的

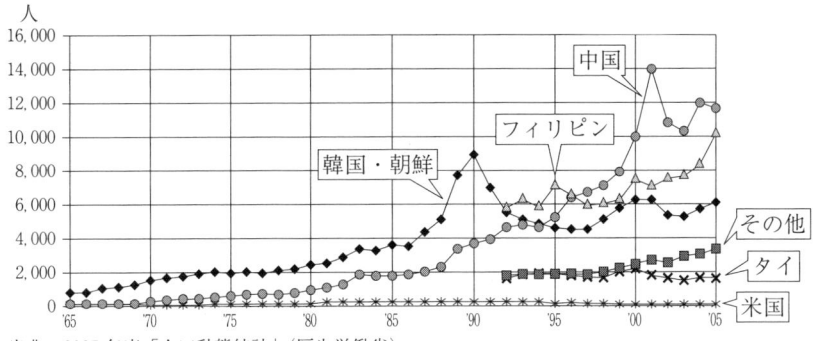

図表1−4　国別の外国人妻

出典：2005年度「人口動態統計」（厚生労働省）

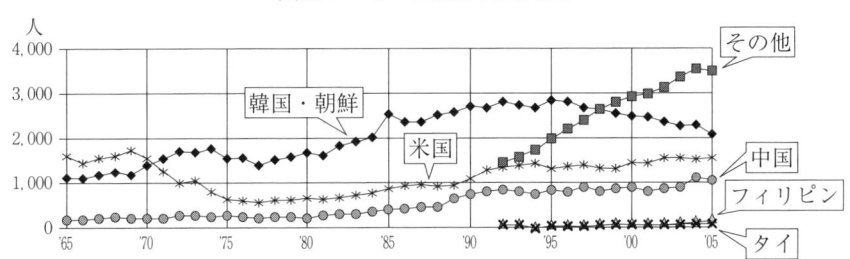

図表1−5　国別の外国人夫

注：戸籍法に基づく全国の市区町村への届出及び外国における日本人の婚姻・離婚についての届出が対象

出典：2005年度「人口動態統計」（厚生労働省）

な家族モデルから相対化・多元化され，きわめて多種多様な家族形態が共存・共生する時代へと変化してきている．

　メタファー（暗喩）としていえば，結婚は「人生の墓場」でも「鳥篭の中の鳥」でもない．鳥は餌探しに苦労せず，天敵に狙われることもない世界に入ることが，鳥の幸せだという幻想に気づき始めたのである．鳥は"空を自由に飛びたい"という権利と自由を失い奪われていることに次第に耐えられなくなってきた．小さく狭い篭の中で，与えられるだけの人生に窮屈と抑圧を感じ，だんだんストレスとテンションが蓄積されてきた．むしろ天敵に追われ自力で闘ってでも，天高く自由に飛びたいという自由を主張するようになってきたので

ある．

　それでは，現代家族の中心人物は誰かといえば，父でも母でも子どもでもない．まして父母・親子は，命令―服従の主従関係でもない．いわば構成メンバー全員が主人公なのであり，各人の自由・独立を前提とした，友愛・対等・平等な家族関係（つまり父＝母＝子の三項関係）が探求されつつある．これからの家族は，こうした等価な存在として位置づけられた成員を基軸に，「人生のイクォール・パートナー」「人生の共演者」「最良の仲間たち」としての新しい役割期待―役割認知―役割取得―役割行動が求められるようになってきたといえるであろう．

3　家族の機能

(1)　最後に残される家族の専門的機能

　前節において，現代家族における親子関係・夫婦関係のダイナミックな再編過程を，「伝統的家族の解体過程と新しい家族像への創造過程」という視点から考察してきた．さらにいえば，家族構成員の減少化に伴って，「核家族化」（夫婦と未婚の子どもとの同居）や「小家族化」（少産化による夫婦と少数の子どもとの同居）の時代へと推移している．今後，「配偶関係と家族類型の将来推計（15―34歳）」をみても，「子どものいない30代前半の夫婦」は約2割以上に上り，ますます少子化に拍車がかかり，また「未婚率（独身率）」も30代前半の女性は2割台に急上昇，男性も4割近くつまり3人に1人の割合まで増えるであろう，という報告も出ている．

　とくに先進諸国で子どもの数が減少し，「豊かさの中で少子家族が増えている」原因について，子どもは今やいつまでも維持費がかかる「耐久消費財」になったから，という家族経済学的立場からの解釈がなされている．かつて農村社会では子どもは「生産財」であったが，サラリーマン世帯が7割を占める現在，子育てのコストは「乗用車のような贅沢品」になったといわれる．この

20年間で「エンゼル係数」（子育てコストの割合）は倍増したという．「夫婦子ども2人の標準的家庭で，現実にどれだけの子育て費用がかかるか」という教育費を家計簿から計算した「子育て費用」というデータがある．これによると，「22年間の子育て費用」は，平均して生活費の実に30％もかかり，しかも高額所得者層ほどお金をかけている．子どもの誕生からお宮参り・七五三・新入学・おけいこごと・小中高・成人式・大学卒業まで，オール公立コースを行かせた場合総額2,800万円，オール私立コースを行かせた場合総額3,600万円かかるといわれている．地域によって違うが，子ども2人でおよそ家一件分に相当する．「子はかすがい」「家の存続のため」「子どもの成長そのものに満足」といわれているが，改めて「子どもとは何か」という問いが投げ掛けられているように思われる．

　家族の機能もまた，全面的・全能的機能から専門化・単純化・縮小化されてきた．かつて前近代的家族が寡占していた生産，消費，愛情，性，生殖，養育，教育，保護，休息，老親扶養，病人介護，娯楽，宗教などといった諸機能はもはや解体，分散されてしまった（家族機能の外部化）．その代理・代行を，さまざまな公共施設や機関や団体がするようになった．たとえば，教育機能は学校へ，生産機能は企業へ，宗教機能は教団へ，休息機能はレジャーセンターへ，と．外部機能への依存の増加を可能にしたのが，家事労働の機械化・商品化による省力化，あるいはその時間短縮による女性の職場進出などである．かくして「家」制度を支えていた家長の権威，家系の継承，家産の相続，家業の世襲，あるいは家計の共同などはほとんど崩壊の危機に瀕している．先祖から子孫に残すべき「家」の基本財産はほとんど喪失してしまい，まさに「家」も「庭」も何もないといった状況で，人生一代限りの家族となってしまったのである．

　こうして家族機能が徐々に解体されていくという考え方に，①「家族機能喪失（縮小化）説」と②「家族機能純化（専門化）説」とがある．前者は，あらゆる家族機能が喪失しやがて無化されていくであろうという考え方，後者は，家

族機能は分化し純化しても何かが残るであろうという考え方である．おそらく家族そのものはきわめて多様な形態をとりつつ営為されていくのではないかと思われる．もちろん古い伝統的「家」制度が形を変えて各所に復権する可能性は常にある．しかしそれはかつてのように強力な機能ではなく，否応なく現代的なものに変化，変質，変容されていかざるをえない．

　それでは，最後に残される家族の専門的機能とは何であろうか．社会学では，たとえば，「仕事を共にし住居を共にし所有を共にする共産的共同の集団」（戸田貞三，1937），「パーソナルな生活共同の集団」（中野卓，1953），「寝食をともにする集団」（中根千枝，1970），あるいは「家族とは，夫婦関係を基礎として，親子・きょうだいなど少数の近親者を主要な構成員とする，第一次的福祉追求の集団」（森岡清美，1977），「人間の再生産」（青井和夫）の場，集団などと，さまざまに考察されている．

　かつてマードックは，核家族の機能について，①性，②経済的協働，③生殖（世代の維持），④教育（子どもの社会化），という4つの基礎的機能があると主張した．またパーソンズ（Parsons, T., 1956）は，その『核家族と子どもの社会』において，家族は他のすべての集団が非人格化されていく中にあって，「最後に残された人間的集団である」と強調し，その家族の機能として，①子どもの基礎的な社会化（socialization）と，②大人のパーソナリティの安定化（stabilization），という2つが残されていると主張した．

　家族の機能は，社会的機能と個人的機能とに分けられるが，今日では「個人的機能」により比重が移りつつあるように思われる．「家族が国家や社会のために」また「個人が家族のために」存在した時代から，逆に「国家や社会や家族が個人のために」存在する時代へと変わりつつある．まさに「家族は個人のために」という転換期にあるようである．

　こうした新しい動向を総合してみると，生殖（種の再生産）や教育（養育）という視点から①「子どもの社会化」という機能と，性（欲望充足）や経済的共同という視点から②「大人の精神的・情緒的安定化」，といった2大機能があ

るように思われる．これは先述した家族関係のダイアッドという視点から，それぞれ①は「親子関係」と，②は「夫婦関係」，という基軸に相応しているといえよう．そこで後ほど，とくにこれら2つの機能を中心的にアプローチしてみよう（第4節と第5節）．

(2) 「集団としての家族機能」から「関係としての家族機能」へ

ところで，これまで家族観に共通しているのは，とくに「集団としての家族機能」，つまり「家族の集団的側面」が強調されている．そこで，これを社会集団論の類型に従って説明すると，一般的に次のように分けられている．

①「基礎集団（fundamental group）」，②「第1次集団（primary group）」（Cooley, C. H.），③「内集団（in-group）」，④「ゲマインシャフト（gemeinschaft）」（Tonnies, F.），⑤「コミュニティ（community）」（MacIver, R. M.），⑥「準拠集団（reference group）」（Gouldner, A. W.）など．さらにそれぞれの歴史的変化に対応する対概念として，①"「機能集団（functional group）」，②"「第2次集団（secondary group）」，③"「外集団（out-group）」，④"「ゲゼルシャフト（gesellschaft）」，⑤"「アソシエーション（association）」，⑥"「所属集団（membership group）」，などに分けられている．

前者（①～⑥）に共通する特徴を集約すると，家族・村落・地域社会など，「生きた有機体として，持続的な真実の共同生活」「生活共同集団」「自然的連帯による集団」「相互の愛や同情や暗黙の了解にもとづき，"人間意志の完全な統一"が成り立つところの，自然的・有機的・持続的な人間結合」（テンニース）などが挙げられる．また後者（①"～⑥"）に共通する特徴を集約すると，学校・企業・政党・組合など，「外見上の，機械的な集合体・人工物」「ある特定の目的達成のために企図的に形成された集団」「人為的集団」「よかれあしかれ利害得失への考慮や打算にもとづいて作り出される人間結合」（テンニース）などが挙げられる．いうまでもなく，家族は前者の集団類型に含まれ，血縁・姻縁によって結ばれ，全人格的融合と信頼に基づく「本質意志」的な共同集団

である．そして歴史的には，前者から後者へと推移しつつあると説明されている．

これに対し，父—母—子という三項関係を中心にアプローチしていく「関係としての家族機能」がある．これは，主として夫婦関係・親子関係という「人と人との関係」のありようについて検討する視点である．とくに現代家族は，自由・平等・愛情の原則を前提に，仲間意識や同等意識による友だち・仲間のような家族関係が形成されつつある．それだけに成員間の結合関係はきわめて不安定・不確実で，意思疎通のスレ違いも生じやすくなっている．それゆえに「集団としての家族論」から「関係としての家族論」への視座転換を図る必要があるのである．

確かに家族のあり方が「集団から個人へ」と変化しつつある．これまでの伝統的家族は「集団・共同体としての家族」の機能が強かったが，それはまさに先祖代々からの「家」の力を誇示するものであった．「家」の力とは，その家や地域社会のあらゆる社会資源を掌握しているということである．社会資源とは，つまり「家の財産」として，① 経済的力（田畑・家屋敷・家財・家業など），② 社会的力（家柄・家系・家格などの社会的地位），③ 精神的財（信仰・家風・家訓など）などを独占してきたという意味である．それが近代社会になって，自給自足的経済の崩壊，自律的村落共同体の解体，相互扶助的機会の弱少化，伝統的価値体系の溶解などをもたらした．個人は，身分差別によってではなく平等な立場で，また家産・家業によってではなく自己努力の成果としての私有財産を所有することになった．「集団の力から個人の力へ」，つまり個人化・個人主義・個人的価値を重視する「個人と個人との関係」へと変化してきた．お互いに異質な人間，個性的な個人，尊敬に値する人格者が集合して共存し合う「場」としての家族関係へと変容してきた．家族はもはや，家族全員が集団として何かを実現する舞台ではなく，成員個々人の交差点のような場所となったのである．

ここではもはや家父長・権威者としての父も，決定権者としての母も，附属

物・従属者としての子も存在しない．子どもも母も父と対等な共同生活者の一メンバーとして位置づけられ役割期待されるようになる．しかも「家族機能の純化・単純化・分散化」により，成員はすでに「家族離れ」「親離れ」現象を引き起こしている．それぞれにとって「個人的利益追求の手段」としての家族になっている．集団として何かをなすためではなく，夫婦や親子での「相互的成長」や「個人的成長」を求める場所となっている．家族とは，家族成員がお互いにそれぞれ個人化した生活単位を保障しつつ，相互の自己実現を達成していくためのキーステーションとなったのである．

　これを消費社会と私的生活への関心の肥大化という視点からみると，たとえば，テレビは「一家に一台」から「一部屋に一台」さらに「一人に一台」という時代を迎え，「家電から個電へ」と，私事化（privatization）現象はますます蔓延するばかりである．

　つまり現代家族は，新しい変化という視点からみると，「集団としての家族観」から「関係としての家族観」のあり方へという変遷過程にあるように読み取れる．これをもっと端的に表現すると，「家（制度）単位」から「家庭（ファミリー）単位」へ，さらに「個人（アトム）単位」へと転移しつつあるといえる．家族全員による共同行動の機会が減少し，個人を単位・主体にした家族成員間の関係のあり方へと変わってきたのである．かつての「家中心型」(一家はひとつ，父親中心，家族主義）や「夫唱婦随型」(夫主導型，タテ関係）ではなく，また「役割分担型」(男女分業化，あるいは純化や外注化）でもなく，「自立型の協働的関係」(同僚，仲間，パートナー）へと推移しつつある．つまり成員相互間の互酬的・相互援助的なネットワーク関係へと変わってきた．これを女性の生きがい観という視点からいえば，「家」のためでも「親」のためでも「夫」のためでも，はたまた「子ども」のためでもなく，あくまでも「自分自身のために」「私の人生を生きたい・楽しみたい」と思うようになってきたということである．

4 親子関係（子どもの社会化）

(1) 子どものパーソナリティの形成過程

「社会化」とは，「個人がある特定の社会集団の生活様式を学習し，その集団の正規の成員にしあげられる過程」（青井和夫）である．とくに子どもの社会化過程としての「しつけ」は，大人が子どもに対して「日常生活の基本的な習慣・価値・態度・行動様式などを体得させる過程」（同上）である．さらにそれは子どもが一定の社会関係の中で，自分が置かれている地位—役割関係を自覚し，セルフ・アイデンティティ（自己同一性）を確立していく過程である．つまり社会の側からの社会化・統合化作用と個人の側からの同一化・一体化作用との相互作用によって，子どものパーソナリティ形成は行われている．

いうまでもなく，子どもにとって最初の社会関係は「母子関係」に始まる．エリクソン（Erikson, E. H., 1968）によると，「母子関係の質によって，赤ん坊は外界を信ずることを学び，なにごとが起きても耐えられる自己信頼を獲得する」という．最近ではさらに遡り，胎児期における母親と胎児との胎内関係まで研究されている．バーニー（Tomas, Verny & John, Kelly, 1981）の『胎児は見ている』によると，親子の「きずな」が最終的に確立する時期は，母子の精神状態のコミュニケーション密度が高まる時期，すなわち出生後でいえば数日間，というのも胎児期の「きずな」は出生前の3ヶ月間，とくに最後の2ヶ月間に完成される，と推察されている．胎生6ヶ月以後になると，「胎児は聞き耳をたてている．胎内の音，母親の声，父親の声，母親の心拍音を聴き分けるようになる．」という．さらに胎生8ヶ月になると，「これを過ぎると夢見の状態が脳波にあらわれる．7—8ヶ月で意識が生ずる．したがってこの前後のころから母親の態度や感情を区別し，それに心因的に反応しはじめる．」それゆえ，母親が恐怖や不安の状態に陥るとカテコールアミンというホルモンが分泌され，胎児も不安と恐怖に襲われる，と考えられている．とりわけ「個人的な衝撃（たとえば，夫との愛情のもつれ，同居している夫の親や夫の姉妹との感情的な対立や葛

藤など）が長期にわたるときには，胎児への影響は大きく，すぐに恐怖心に駆られるひ弱で神経質な子どもの生まれる率が多い．」という．逆に「胎児が幸福だと感じれば，にこやかな表情になる．気持ちが掻き乱されれば，元気がなくなって精神的に不安定になることが多い．」とも分析されている．

　さらに，母親の授乳行為における乳房と口唇との接触と，その授乳時の母親の心的な授乳拒否の間の矛盾が，乳幼児に強い影響を与えるともいう．つまり母子関係のスキンシップが子どもの人格形成の基礎をつくっている．このスキンシップの大切さは，「赤ん坊アカゲザルのダッチマザーの実験」をしたハーロー（Harlow, H., 1958）の研究によっても検証されている．この実験結果は，母子を結びつけるものは"飢え"を満足させることではなく，「柔らかい身体的接触感」であったという結論である．つまり"飢え"の問題よりも，「肌のぬくもりを求める欲求」「接触欲求」「愛着や触れ合いの欲求」の方がはるかに重大であったのである．

　子どものパーソナリティの形成過程を要点列挙してみると，およそ次のようである．

> ① 胎児期―母子一体化（胎教）
> ② 乳児期―食事・排泄・睡眠など
> ③ ２歳児―言葉の爆発的獲得期
> ④ ３歳児―母子分離（ひとり遊び）
> ⑤ ４―５歳児―ごっこ遊び（仲間遊び）
> ⑥ ５―６歳児―読み書きの習得
> ⑦ ７歳児―小学校入学

　胎児期は，母子一体感の融合状態にあり，まさに「共感共鳴の世界」に生きかつ生かされている．やがて子宮外に押し出されて生後１年目，乳児期はまだ母親への全面依存が続き，二項関係が持続される．ここでは食事・睡眠・排泄

など，すべてが母親の影響下にある．

　2歳前後になって，ようやく言葉を覚え，言葉という象徴を介して"ひと・もの"との三項関係へと発展していく．さらにボールやお菓子などの"やりとり"によって，"あれ，ちょうだい．これがいい"といった「やりもらいの関係」へと成長していく．この時期，子どもへの積極的な呼びかけや話しかけが大事である．子どもからの返事がないと無言でいれば，子どもは言葉を憶えない．しかしどんなに親からの一方通行にみえて，子どもからの反応が鈍くても，子ども自身はことのありようをよく理解しているのである．

　3歳前後から第一反抗期といわれる母子分離過程が始まる．まず母親を離れて，自分ひとりだけの世界で遊ぶようになる．人間の頭脳のだいたい80％は，この年齢までにできてしまうといわれる．性格形成や能力開発にとって，"刺激と繰り返し"が何より大切である．それゆえ母親は何でもいいからできるだけ子どもに語りかけ，呼びかけ，訴えかけたほうがいい（音楽も，テレビも，読書も，何でも）．

　やがて4―5歳になると，幼稚園や保育園や公園などで，仲間たちとの関わりを求める．この「playの段階」で"ごっこ遊び"を覚える．"人形ごっこ""鬼ごっこ""乗り物ごっこ""かくれんぼ""砂遊び"などを通して，社会のルールや自分の果たすべき役割を体験学習する．特定の他者との相互作用を通じ，あるいは一人二役の会話によって，子どもは自分に期待されている役割を知る．子どもの世界はそれぞれの自我が絶対的に優位し，個性を発揮し合う場である．強い子，弱い子，威張る子，甘えっ子，自発的な子など，各自のパーソナリティがさらに訓練，学習されていく．ひとりでいて何もしていないようにみえても，実はじっと他の子どもを冷静に観察し，自己学習し取入れている．子どもにとっては「生活即活動即遊学」である．こうした他者との関係（対話，コミュニケーション）の中で，遊びによって集団適応を学び，自己の社会的能力や体力やパーソナリティなどを形成，獲得していくのである．

　さらに5―6歳頃になって読み書きを習得し，7歳で小学校に入学する．こ

の段階で，個人の基礎的・基本的なパーソナリティ形成はほぼ完成される．先ほどの「play の段階」から「game の段階」へと移行する．この段階は，集団遊戯の中で，個々の特定の役割ではなく，より「一般化された他者（the generalized others）」（社会集団の規範や組織全体の社会的期待）（Mead, G. H., 1934）の態度や役割を取得し（role-taking），自ら取入れ内面化していく過程である．

(2) 母子・父子・親子関係

　これらのそれぞれの時期において，母親の存在と役割はきわめて重大である．母親への依存と愛着による母子一体化が強固になればなるほど，親離れという分離と喪失の自立過程にとってむずかしい問題が起きやすい．つまり母子一体化が進むほどに，家族病理や家庭内暴力の主たる要因となることが多い．

　「家庭内暴力」を起こしやすい親に共通する要因として，次のような特徴が指摘されている．

　① 父親の存在感がない，影が薄い，気が弱くて優柔不断で自信がない
　② 母親が支配的，母親への嫌悪感・拒否感が強い
　③ 両親の不和，夫婦の共通理解・共感の欠如

　などである．要するに，「弱い父親」と「強い母親」で，しかも「夫婦間が不和の家庭環境」の中で，さまざまな家族病理問題が生じやすいという傾向である．

　このような親子関係のパターンは，「学校嫌い」や「登校拒否」の家庭でもほぼ同様の特徴や現象がみられるという．父親に共通する人格特性は，やはり「一般的に内向的でおとなしく，男性的な力強さに欠け，決断力に乏しい傾向がみられた」という．さらに「家庭内では専制的で，わがままで，自己中心的であり，とくに父と子との感情的な交流がない家庭が多い」ともいわれる．逆に母親は，母子分離不安から過干渉・過保護・密着型・溺愛型が多く，自己中心的でわがままな言動が目立つという．つまり父親は親として無関心，無責任，消極的態度，対話なし，母親は全エネルギーと全余暇時間を子どもに全力

集中している．この母親の過剰な期待が，子どもへの精神的負担や心理的圧迫となり，結果的に不登校のみならず，親子間の距離をも遠ざけている．子どもの少産化・小家族化によって，ますます母子間の心理的・社会的距離のとりかた（バランス感覚）がわからなくなっているのである．

　このような母子関係の問題は，自然的・本能的な母子一体感をいかにして分断するかにある．メタファーとしていえば，籠から小鳥を出して飛ばすのに，親が自分で羽をむしりとっておきながら，「さあ飛びなさい，もっと高く，もっと遠くへ，もっとうまく跳びなさい！」といって，手を離しているようなものだ．しかし小鳥は懸命にバタバタと羽を動かすが，結局は飛べずに足元に落ちてしまう．母親はその姿を見詰め，嘆きながら，それでもどこかホッとした安堵感に包まれている．小鳥は飛べないのではなく，飛ばしてもらえないのだ．母親が自由に飛ばせてくれないのだ．自由に飛び立つための十分な教育訓練も受けさせず，また悲しみに耐えて真剣に祈ることもしない．こうした「子どもの私物観」から脱却しえない母親の精神構造にこそ，もっと深い問題の源泉が潜んでいる．親子といえども，子は子として，ひとりの自由人として，また一個の独立した個人・人格者として存在している．その子どもがその人らしく生きる自由と権利を，親もまた奪うことは許されないのだ．

　さらに大事な問題は父子関係であり，子どもが同一化すべき父親像が希薄化しつつあること，つまり「父親の権威の不在化」という視点である．現代の父親の存在と役割が大きく変化，変貌しつつあることは改めていうまでもない．これを端的に表現すれば，「厳しい父から優しい父へ」「職業人から家庭人へ」と変化しつつあるといえよう．この「優しい父親像」をたとえていえば，母親のように何でも甘えられ，遊び相手として遊んでくれ，お友だちのようにいうことを聞いてくれる役割が望まれている．しかしながら本来，「父親の役割」としては次の３つがあるといわれている．

　① 母子関係の一体化を断ち切る「強く，逞しく，厳しい」父親の役割
　② 母親以外にも「他者」「第三者」「異性」が存在するということを知らし

める父親の役割

③ もっと広く「人生の先輩」「社会のエージェント（代理人）」として生きていくための「社会規範」や「モデル」を教化する父親の役割

とくにしつけの教育は，子どものわがままな自由を尊重するのではなく，人間としての最低限のマナーやモラルやルールを喧嘩しながらも厳格に教えてやらねばならない．こうした父親とのダイナミックな体験学習を通して，子どものパーソナリティは形成されていくのである．

このような父子関係のあり方をさらに，フロイト（Freud, S.）の「父親殺し」の心的過程を通過するという精神分析学的視点からも説明できる．フロイトがいう「父親殺し」とは，父と子のアンビヴァレント（両義性・両価性）な感情（愛着と憎悪，依存と分離など）を克服して，父親への畏敬と恐れから一度は反発と拒絶を経て，恭順と敬愛の対象へと同一視していき，やがてスーパーエゴ（超自我）を形成し，自我理想型としての父親イメージを受け入れられるようになるという心的プロセスのことである．威厳に満ちた権威的な父の存在は，子どもの欲望を抑圧する憎い存在であるが，そうした権威への反抗は，否定の対象であると同時に，また自立のための反抗のシンボルでもある．強力な権威への具体的な抵抗過程を通して，心理的内面的に父親を「乗り越える」という意味である．

この「超父親」という対象は，必ずしも現実の父親でなくても，代理・身代りのモデルであってもいい．たとえば，学校の先生，マスコミのヒーロー，あるいは映画スターでもよい．子どもが自立していくためには，こうした同一視の対象を必要とする．だがこの「父親殺し」に失敗すれば，子どもは癒しがたいエディプス・コンプレックスをもつことになる．とりわけ男子にとっては，この心理的葛藤とその克服（自立）過程が，ともすれば生涯にわたる一大事業となることもある．

とくに伝統的価値体系が解体し，制度としての「家父長」の権威づけが崩壊した現在,「父権の喪失」「父親なき社会」はそのままである．その代わりに母

親の実権と影響力だけが実質的に残り，ますます母親の存在感だけが子どものパーソナリティに影響を与えている．こうした「父母の力関係のアンバランス化」が，子どものパーソナリティ形成に悪影響を与えている．先述した非行少年の多くの家庭にみられた特徴は，親子の接触時間や会話の量が少なく，子どもは自分の家庭の雰囲気を「冷たい」と感じ，「親から愛されているという確信をもっていない」，と報告されている．さらに「母親の態度より，父親の態度の方が決定的である．父親の態度に母親も子どもも影響を受ける．この逆はない．」と結論づけられているのである．

このように親子関係における問題として，金・物本位や放任主義や愛情過多の結果，物的満足感は与えられるが，心理的・精神的つながりはなく，慢性的な精神的飢えや不満状態に陥っている．これは，けだし「親の分離不安と子の失愛恐怖」に由来するものであろう．こうした父子—母子—親子の関係性の病理をいかに克服していくかが，まさに今日的テーマである．

5 家族関係

(1) 夫婦関係（大人のパーソナリティの安定化）

現代家族が「親子関係より夫婦関係を重視」する方向にあるという視点で既述してきたが，その動向を要約すると，形式・権威・慣習・儀礼などを基底とする伝統的家族から，愛情・合意・友愛・人格などに立脚する夫婦家族への移行過程にあるとして捉えられよう．実は，この移行過程において，夫婦間の関心や生活感覚の微妙なズレがますます拡大している．たとえば，「夫は職業労働，妻は家事労働」といった性役割分業体制への観念，男性優位から実質的男女平等への方向，家庭外での異性間の自由な接触機会の増加，自立型役割関係のありようなど，夫婦関係の不和のきっかけは限りなく存在している．このようなズレや不和が増大していけば，夫婦関係の亀裂や分裂から，やがては離婚，家族の解体へといたる．

離婚率（人口千人に対する離婚件数の割合）は，1965年以降，着実に上昇線を描いている．さらに法的解消手続きを経た離婚以外にも，「事実上の破綻過程」にある家族も少なからずあろう．深刻さの度合いからいえば，むしろこうした「家庭内離婚」や「家庭内別居」の方がより重大であるといえるかもしれない．ともあれ，離婚を容易にする背景には，次のような社会的・歴史的環境条件の変化があると考えられる．

① 社会的統制の弛緩（道徳・慣習・規律・掟・不文律・封建的束縛などの規制緩和）
② 宗教的権威の失墜（神の定め，宿命論，罪悪感など）
③ 法規制の改正（調停離婚，届出制など）
④ 女性意識の変化（性の自然な解放，婚前交渉の容認，処女性の喪失など）
④ 合理的精神の浸透（自己主張，高等教育，知識・情報過多，生活の個人化など）
⑥ 経済的独立（妻の職場進出，経済的自立，共働き・共稼ぎなど）
⑦ 精神的自立（ミーイズム，自主・自律など）

とりわけ「女性のライフサイクルの変化」が，夫婦関係のあり方に決定的影響を与えているように思われる．女性の高学歴化，ライフワークとしての職業，経済的・社会的・精神的自立，妻の雇用労働力化，共働き・共稼ぎ，夫婦の家事分担，家事の機械化と軽減化，さらに男女の実質的平等化がどんどん進行してきた．これまでの旧い女性に根強い依存願望や自立恐怖が徐々に払拭されてきた．「問題があれば離婚した方がよい」という意見が，男女ともに増えて，離婚をタブー視する考え方が弱まってきた．さらに女性の経済的な自立意識が高まり，「仕事を続けたい」という意見が70％台に，また「女性もずっと職業をもつほうがよい」という男性の意見も，20％台に増大している．

現代社会において，「個人」「セルフ（自己）」こそは"現代の神"となり，唯一・絶対・最高・不可侵なるものとして神聖視されている．その個人の自己実現への希求こそ，最高に価値あるもの，最大の幸福の源泉とされる．かつて美徳といわれた献身や忍耐心や犠牲的行為などは，流行遅れとして無視されている．少なくとも女性にだけ一方的に犠牲的サービスを強要することは許されな

くなった．忍耐も尊敬も誠実も信頼も，相互的・相補的なものとなった．こうした相対的関係の中で，夫婦関係，父子関係，母子関係といった「相互の依存と自立の葛藤と克服」の過程が切実に問われるようになったのである．

家族集団としてのリーダーシップ論ではなく，「家族関係としてのメンバーシップ論やコンパニオンシップ論」が，これからはより重視され論及されねばならない．こうした論議は，家族関係における2者あるいは3者間の民主的合意形成過程を問うものである．ここでのキーワードは，共鳴，協調，容認，寛容，正直，適応といった言葉であろう．ただしこうしたコンセプトをうまく実現した新しい家族システムや家族原理は，まだまだ未解決，未確立であるといえよう．

(2) 高齢者との対応関係

現代家族が「親子関係より夫婦関係」の方をより優先しつつあるという傾向性を指摘してきた．しかも少子高齢社会という家族状況下にあって，その新しい家族モデルもまだ確立されていない．この結果，取り残されている重大課題が高齢者との対応関係である．

日本の高齢化率は，2025年にはさらに約25％にもなると予測されている．高齢化社会の先進国スウェーデンでさえ20％といわれているので，日本こそ人類史上初の世界に類をみない老人大国，高齢社会となる．そこで，いかなる高齢者の問題状況が出現し，どんな対策措置が実施されるのか，まさに老人福祉最前線の対応能力が問われている．高齢者福祉施策は，単に金品の給付や施設の提供ばかりでなく，それ以上に人的サービスを含むあらゆる質量的拡充が望まれているのである．今後の問題として，たとえば，次のような課題が挙げられよう．

① 公的・私的な老人扶養の問題（経済的・家事的・身体的・精神的扶養など）
② 社会的役割・生きがいの付与（社会制度，福祉環境の遅れなど）
③ 健康老人の労働力市場の確保（再就職，雇用，所得保障など）

④ 老親子別居の傾向の増大（社会的孤立，独居老人など）

　将来の高齢社会では，高齢者を自力だけ（セルフケア）で，あるいはひとつの家族だけ（ファミリーケア）で世話することはとても困難である．個人や家族の自立や自助努力を前提にしつつも，家族を超える社会的な相互扶助・相互連帯の論理や制度（コミュニティケア）が構成，準備，確立されていかねばならない．先述してきたように現代家族モデルの多様化は，支援のあり方をまたさまざまにしている．社会の中で公共的福祉政策を基盤としつつ，地域・職場・親族と家族との連携協力によって担われるべきである．そうした他の社会システムとの共存・共生を図る新しいシステムづくりこそ緊要課題になっている．

　今後家族イベントのボーダーレス化は相当に進むであろう．ひとりの個人やひとつの家族を超えるということは，男女間，世代間，家族間，地域間，国際間の障壁をますます破壊し，超克し，浸透していくということである．高齢者をめぐる新しいシステムとは，「家族生活（家族員）―職業生活（会社員）―地域生活（市民・住民）―個人生活（私人）」という4者間のバランスがうまくとれたネットワーク型組織づくりをいかに構築していくかということにかかっているように思われる．

(3)　新しい家族モデルの探求

　現代家族は，集団としての凝集性がますます弱化し，「家族の個人化現象」が進行して，「個人のために家族とはいかにあるべきか」という切実な問いかけがなされているということを，これまで論考してきた．新しい家族モデルとしていえば，現代家族は「運命共同体」「生活共同体」から「精神共同体」への移行過程にあるように思われる．ここにいう「運命共同体」とは，「家族はひとつ・一心同体」として，その家族に自分の運命のすべてを託すという「宿命的集団」のことである．また「生活共同体」とは，家産・労働・経済・生存を中心とした生活集団である．さらに「精神共同体」とは，各自の自由・平等・独立を前提とした相互的な友愛・人格・信頼・合意の仲間集団のことであ

る．

　とりわけ「精神共同体」とは，成員にとって「最後の自由空間としての精神的居場所」「魂の安らぎの場所」「最後の救済（逃避）の場所」「憩いと人間性回復の場所」といえる．パーソンズがいう「最もパーソナリティの安定する場所」である．さらに基本的な男女関係としていえば，「人格的魅力としての心のパートナーと性的魅力としての性的パートナー」という2つの魅力が兼備された人間関係が成立している場所であるともいえよう．

　こうした家族像における夫婦とは，「自己と他者との社会関係」「一番身近な他人（他者）の関係」といった視点を意識的に取入れてくることが重要である．そこで改めて夫婦関係を規定すると，「血のつながりのない自己と他者との間の，相補的・相互協力的な，社会的に承認された精神共同体」であるといえよう．つまり「最も身近な他人」という立場にこだわることによって，両者の慢性的不和やマンネリ化や私物化を防ぐことができる．妻もまた一個の独立した人格者であって，自分勝手にできる従属物ではない．彼女も彼女の一回限りの人生を充実して生きる権利がある．誰も相手の人生の犠牲になる必要はないし，献身が美化されてもならない．同様に子どももまた親のために生まれてきたのではない．その子どもなりの生き方があって自分自身のために生まれてきたのだ．

　それゆえに，「ここでは，全員が主人公であり，主演者であり，同時に共演者でもある」と考える．現代の家族は「劇場」「舞台」であり，クリスマス，結婚記念日，誕生パーティなどの家族イベントを，それぞれの主役を中心に，脚本（シナリオ），登場人物（役者），演出家（プロデューサー），舞台装置などを設定し，誰もが演者となり，自分の役割をうまく演じていかなければならない．お互いにとって，それぞれの人生や世界の自己実現，自己表現のためのよき協力者なのだ．それだけに，個々人の「依存と自立」とのバランス感覚が求められているといえよう．

　ここでヴィーゼ（Wiese, L. von., 1926）の「社会関係」という概念を借用する

と，家族関係は「結合もしくは分離のある不安定な状態」にあるといえるし，さらにオグバーン (Ogburn, W. F., 1922) は「協働と対立とは集団生活の2つの基礎的過程である」という．現代の夫婦関係は，一方に結婚願望，他方に離婚願望をもち，"結婚は不幸，独身は幸福"という両極間を揺れ動いているようだ．結婚は制度による永続的契約関係であるが，今や必ずしも生活の身分保障とはなりえず，また孤独や不安を癒す家庭のあたたかさも失われている．ここでは一人ひとりが孤立し，不安を抱えたままの存在として位置づけられている．お互いに自由に生きることを目標にしているために，うまく意見が合致しなければスレ違いから壊れやすいのは当然である．愛情・性愛という結合要素もきわめて曖昧，不安定で崩れやすい．しかし逆に不安定だからこそ，危機意識をバネに関係の安定化を図ろうとお互い努力するものであり，それゆえに自己犠牲のない他者の尊重と相互理解，心と心の結びつきが必要なのである．こうした対立と葛藤と不安をはらむものとして，これからの新しい家族モデルは模索されていくべきであろう．

　人間関係は，結合関係（協働，相互扶助）か分離関係（競争，対立，闘争）か，求心的な力か（集権化），遠心的な力か（分権化），あるいは相互肯定的関係か相互否定的関係か，いずれにも作用，転化しやすいものである．それゆえに，本当の他者理解，相手への優しさ（人の憂いや悲しみがわかること），人の立場や気持ちへの思いやり，あるいは他人からのサービスと他人への心からのサービスといった「関係性の構築」が求められているといえる．

　人間は家族の一体化を求めながらも，個人として一人ひとりの人生をよりよく大切にしたいと思い始めている．働く女性，晩婚化，シングル，DINKS，離婚など，家族像の分解と多様化は確実に進み，さまざまな選択肢をもつようになったが，そこに共通している原理原則は，何よりも「個の重視」という考え方である．個人が人間同士として，また「イクォール・パートナー」として緩やかに結ばれ，お互いに支え合い高め合う家族関係のあり方だ．家族だからといって，無理な犠牲的強要はせず，各自のライフスタイル（生活時間や趣味な

ど）が最大限大切にされる．その意味で，現代家族は，かつての共同体的な「家族中心・夫婦中心型」ではなく，「個と個の契約関係」を基本とし，「個を尊重し合う個人同居型」になってきたといえよう．そこは，子育ても親の介護も血縁を超えたコミュニティ関係が形成され，「共に住む」「楽しく一緒に暮らす」「短い人生を共に生きる」といったキーワードが出会う場なのである．

引用・参考文献

青井和夫　1974　『家族とは何か』講談社
有賀喜左衛門　1966　『日本の家族』至文堂
Bell, N. W. and Vogel, E. ed. 1960 *A Modern Introduction to the family.*
Burgess, E. W. and Rocke, H. T. 1945 *The Family, from Institution to Companionship*, American Book Co.
江原由美子・山田昌弘　1989　『ジェンダーの社会学――女たち／男たちの世界』新曜社
Erikson, E. H. 1968 *Identity-Youth and Crisis*, W. W. Norton & Company, Inc., （岩瀬庸理訳　1968　『主体性―青年と危機―』北望社）
姫岡勤・上子武次編　1971　『家族』川島書店
星野澄子　1987　『夫婦別姓時代』青木書店
一番ケ瀬康子　1970　『現代の家庭と福祉』ドメス出版
兼子宙編　1960　『家庭の人間関係』大日本図書
鹿嶋敬　1989　『男と女　変わる力学―家族・企業・社会―』岩波書店
小山隆編　1967　『現代家族の役割構造』培風館
松原治郎　1969　『核家族時代』NHKブックス
松原治郎・高橋均・細川幹夫・大村好久　1981　『家族生活の社会学』学文社
森岡清美編　1972　『家族社会学』（社会学講座 3 ）東京大学出版会
森岡清美編　1977　『家族』（テキストブック社会学(2)）有斐閣
森岡清美・望月崇　1987　『新しい家族社会学』培風館
村松基之亮　1988　『あしたの家族』ミネルヴァ書房
Murdock, G. P. 1949 *Social Structure.*, Macmillan, Free Press.（内藤莞爾監訳　1978　『社会構造』新泉社）
大橋薫・増田光吉編　1976　『改訂家族社会学』川島書店
Parsons, T. and Bales, R. F. and others 1956 *Family : Socialization and Interaction Process,* RKP.（橋爪貞雄他訳　1970　『核家族と子どもの社会化』（Ⅰ・Ⅱ）黎明書房　合本『家族』1981）
高橋義人・江幡玲子編　1982　『家庭内暴力』学事出版

田村健二　1989　『家族―社会の鎖・夫婦親子の鎖―』金子書房
戸田貞三　1937　『家族構成』弘文堂
Tönnies, F. 1887 *Gemeinschaft und Gesellschaft: Grundbegriffe der reinen Soziologie*. Wissenshaftliche Buchgesellschaft, 8 Aufl.,（杉野原寿一訳　1957　『ゲマインシャフトとゲゼルシャフト』上・下，岩波文庫）
牛島義友　1955　『家族関係の心理』金子書房
Verny, Thomas & Kelly, John 1981 *The Secret Life of the Unborn Child*, New York : Lowenstein Associates Inc.（小林登訳　1982　『胎児は見ている』祥伝社）
山根常男　1972　『家族の論理』垣内出版
山手茂　1972　「家族と社会―社会変動のなかの家族と人間―」古屋野正伍編『社会学』学陽書房
湯沢雍彦　1969　『家族関係学』光生館
落合恵美子・上野加代子　2006　『21世紀アジア家族』明石書店
夏刈康男・石井秀夫・宮本和彦　2006　『不確実な家族と現代』八千代出版
太郎丸博　2006　『フリーターとニートの社会学』世界思想社
中西茂行　1998　『生活と成熟の社会学』学文社
西村絢子編　1996　『共生・参画時代の女性学』ナカニシヤ出版
鎌田とし子・矢澤澄子・木本喜美子編　1999　『講座社会学14　ジェンダー』東京大学出版会
日本経済新聞社編　2005　『未知なる家族』日本経済新聞社

第2章 家族における人間関係
―男と女のソシオロジー―

> **― プロローグ ―**
>
> 新しい時代・社会における新しい男・女の新しい人間関係について，次の4つのテーマで論述する．4つのテーマとは，「1　信じることから人間関係は始まる」，「2　思いやりが家族の絆」，「3　人生のパートナーシップ」，「4　職場のリレーションシップ」である．人間関係の基本から実践へと，順次，話を展開していく予定である．
>
> 結論を先にいってしまえば，現代は，もはや「男らしさ」や「女らしさ」がどうのこうのという時代ではないということになる．「私は私らしく」「自分のために」「自分らしく生きていく」時代である．こうした人間関係を理解し合い，協力し合える異性を見出し，そこに対等で信頼し合える関係を築いていく，それが今求められている．新しい時代を生きていくための理想的な男と女の関係を，読者とともに考えていきたい．

1　信じることから人間関係は始まる

> 目の前に人間がいる．
> 男か女か，若いのか壮年なのか．にわかにはわからない．
> だが，まぎれもなく人間だ．
> これから自分とかかわっていくであろう人間だ．

> 「おはよう」と，声をかけたときから，人間関係が始まる．
> 社会とは人間の集まりだ．
> 人間には男と女の2種類しかない．
> 今，新しい男と新しい女の時代を考える．

(1) 新しい時代の担い手は女性（？）

　さて，現代とはどんな時代なのか，というところから，まず考えてみよう．現代を象徴する言葉として，国際化，情報化，あるいは成熟化などといったものがあげられる．さらにもっと特徴的なことが「女性の社会進出」である．共働きは当たり前．市場開拓のターゲットも，今や「若者と女性とお年寄り」に絞られてきた．売り手も買い手も主役は女性．まさに女性の時代が開花しようとしている．

　これからしばらくの間は，女性を中心とした新しい関係のあり方が課題となっていくであろう．つまり「人材としての女性の能力をいかに活かしていくか」といった問題が，あらゆる分野で話し合われていくことが予想される．時代の担い手は，男性から女性へと転移しつつある．キーパーソンは「キーマンからキーウーマンへ」とバトンタッチされている．このように時代が少しずつ変化している今，主体的に自立した個人としての女性といかに共演し共生していくか，その新しいモデルが何よりも重要なテーマとして求められているのである．

　ところで女性をとりまく環境も変化し始めている．女性の社会的地位を保障する法律も確立されてきた．1970年から10年間にわたる国際婦人年，85年の女子差別撤廃条約の批准，86年の男女雇用機会均等法の成立など，女性の人権が大幅に整備拡充されてきた．こうした世の中の動きにともない，今までのように何でも男性優位という考え方は消えつつある．それに代わる新しい人間関係が現れ始めているのだ．

　一連の女性解放運動も紆余曲折を経て，確実な方向へ向かっている．かつて

のウーマンリブからキャリアウーマンの登場へ．学問の世界では，フェミニズム（女権拡張論），ジェンダー，女性学などが出てきた．ジェンダーとは，生物学的な性（セックス）と，社会的，文化的な性（ジェンダー）とを分けて考え，男女の新しい性役割を考えるための視点である．また女性学とは，「女性を対象とした，女性のための，女性による学問」をめざそうという動きである．日本社会学会においても，86年にはじめて「ジェンダーと社会学理論」というテーマ部会が設けられ，翌年から「女性」という報告部会が独立して設定されるようになった．

こうして，「女性」「婦人」「主婦」といったテーマがあらゆる会議やシンポジウムなどで流行っている．女性の能力や役割，女性の仕事（職域の拡大），女性をめぐるコース別人事管理，あるいは「結婚・離婚・再婚」にいたるまで，なんでも女性に関連して取り上げられるようになった．

(2) 新しい職場環境

もう少し現代の男と女のありようを考えてみよう．現代は「脱性差の時代」である．これは，男性の女性化，女性の男性化という動向のことをいう．その結果として，中性化や無性化といった現象が現れている．では，一体何がどう変わりつつあるのかといえば，「性差から個性差へ」という視点で捉えることができる．つまり，従来のように「男らしさ，女らしさ」という基準で単純に割り切るのではなく，個人として人間として平等であることを前提に，その人独自の人格や能力などの個性で，人間を捉えるようになってきているのである．「女のくせに」「女だから許される」といった先入観や偏見も少しずつ修正されつつある．仕事は男とまったく一緒であり，同一労働・同一賃金が徐々に実現されている．お茶くみやコピー取りなど，アシスタント的な業務ばかりを女性に押し付ける傾向も変わりつつある．もはや男だけが職場を切り回す時代ではなく，男女が一緒に仕事をこなしていくようになった．とはいえ，現実にはこうした習慣が定着しているケースはまだわずかであり，諸条件も不備な点

が多い．女性の管理職や専門職もまだ一握りの象徴的存在にすぎず，企業の最高意思決定に参与する女性も，まだまだ少数である．もっと改善しなければならない点は，数多く残されている．今後さらに働く女性としての成果を積み上げ，徐々に変えていかねばならない．

だが確かに，結婚・出産イクォール定年退職ではなくなり，産休の後，職場復帰することも可能になった．専業主婦から再びキャリアウーマンへ，家族生活経験を職業生活に活かせるようになりつつある．女性保護と母性保護（妊娠・出産・育児）との区別，職業人と家庭人との分難，女性同士のライバル意識（群れからの脱却），共働き・共稼ぎの定着，生涯教育による生き甲斐探究，ローンの返済責任など，職業人・生活者としての役割期待も大いに高まっている．正社員・常勤のみならず，パートタイマー，派遣社員，在宅勤務などあらゆる形態を通して，男性と同じ一人前の専門職業人として活躍の場が拡がりつつある．やがて独立し，さらに個人としての精神的自立や自信ができてくれば，新しい男女の社会的関係のあり方がさらに変革されていくであろう．

こうして女性の自立を保障する諸条件が整ってきた．要点だけをあげれば，① 制度的保障（法律），② 経済的保障（賃金），③ 社会的保障（世間体），④ 精神的保障（生き方），の4つである．すなわち女性の自立化（男性との平等化）がますます確固たるものになってきたのである．

私は，けっして女性の自立化をオーバーに表現しているのではない．女性をとりまく環境条件の変化に対し，男性はもっと鋭敏かつ真剣であってもいいと思う．むしろまだ鈍感なのではないか．女性は，全面的に男性に頼るのではなく，自らの判断力，行動力を積極的に発揮しつつある．ひとりの自立した人間として，新しい生き方にチャレンジしているのである．このような事実をしっかりと認識していないために，「女性をどう扱えばいいのかわからない」といった混乱を起こし，対応が後手後手に回っているのではないだろうか．

(3) 男らしさよりその人らしさ

　かつて「男らしさ」の特質は，征服欲，抱擁力，攻撃性，理性などにあるとされ，一方的に強調されてきた．したがってこれらの本能を失った者は，男性失格者というラベルを貼られてきた．「男は強いのだ」「男は無限に優しくなければならない」「男は黙って……」などという共同幻想が，かつての男性社会にあっては正当性をもっていた．

　しかし本当に強くたくましい男性とは，一体どんな男性のことをいうのだろうか．映画の主人公のような人間が存在するのだろうか．母親の過保護，過干渉が現代の男性にもたらしたものは，いわゆるマザコンの増加であった．その結果，体力，能力，性格などいろいろな面で必ずしも男性優位は成り立たなくなってきている．心優しい男性たちが女性以上に恋に狂い，破滅してしまうような事件が新聞や週刊誌をにぎわせることも少なくない．女性の魅力を前にして，男の醒めた理性などどこかへ吹っ飛んでしまうことだって多いのだ．要するに，男の世界とか男らしさなどといったものは，実はフィクションの世界で作られたものということである．

　男性と女性の違いは，攻める側と守る側，厳しさと優しさ，理性と情念などといった，単純に比較して割り切る考え方では理解できなくなった．これらはすでに時代遅れのワンパターン思考なのである．こういう男女の違いによる色分けはまったく意味がない，という結論なのである．

　「男は仕事，女は家庭」という発想もまた時代遅れだ．男の生き甲斐は全社人間とかビジネス戦士としか答えられないようなステレオタイプも，また同様である．このような新しい発想に欠けている視点は，どこにも自分がない，ということである．どのような職種の仕事をしていようとも，「その人らしけりゃ，一番ステキなのだ」という見方をしっかりともつことが重要なのだ．人間の生命の充実感とは，たった一度の人生において，一生懸命（一生，命を賭けて）取り組める生き甲斐をもつこと．そして，完全燃焼している自分をみつめ，誉めてやることだ．そうして自分が本当の自分自身に出会える瞬間こそ幸

福なのだと思う．

(4) 理想と現実のギャップ

「女の幸せって何だと思いますか」という問いに対し，「やっぱり，結婚して，優しい夫とかわいい子どもに囲まれて，そして小さな庭つきの家に住めたら，最高ね」と答える人は多いであろう．そして，「あなたの妻と呼ばれたい」という"演歌の世界"は，なお厳然として女性の永遠の願望である．かつての女の生き方の正当性根拠は，主婦，母親，妻という座にあった．こうしたシンデレラ・コンプレックスが，今なお根強いことも否定できない．

しかしたとえば，離婚率は今や既婚者の約3組に1組（アメリカでは2組に1組）の割合である．離婚しないまでも「ホテル家族」「家庭内別居」「家庭内離婚」などと，あまり明るくない話題も少なくない．

また立派な夫とかわいい子どもへの期待とは，つまり，夫の出世と子どもの教育と進学に直結している．たまの日曜日に家でゴロゴロしてばかりいる，やる気のない夫に期待を裏切られ，また自分の少女時代の成績を忘れて子どもには過剰なほどの期待をかける．迷惑なのは，勝手に女性の生き甲斐の代償を求められた夫や子どもの方だ．彼女がいつまでもそのことに気づかなければ，極端なことをいえば「積木くずし」の世界に追い詰められていくであろう．彼女もまた，女の幸福という既成観念に縛られているのである．

女性が自立するということは，何から何まで夫や子どもに頼ったり押し付けたりすることから，卒業することである．自分，夫，子ども，それぞれができることとできないことを，しっかり分けて考えてみることが必要だ．主婦の仕事である家事も同様である．誰にでもできるものであれば，無理に自分だけがする必要はない．どうしても自分にしかできないもの，代理がきかないものだけを選別する．育児，炊事なども，別に女性だけの特権ではなかろう（"主夫"の出現）．男でも女でも，どちらでもできるものは協力し合い，むしろ自分だけの世界や仕事をもっと拡充し，夫や子どもに過剰な期待を寄せないようにする

ともあれ，こうして夫や子どもとの一定の心理的距離を保つことが必要である．「あなたなしでは生きていけない」「あなたがすべてよ」といった，世渡りのレトリックはもはや通用しない．「この子は私の子どもよ，どうしようと親の勝手でしょう」といった言葉も，子どもの人格や個性や主体性をまったく無視している．夫も子どもも「自由・平等・独立した人格者」なのである．たまたま偶然，一家の人生の同伴者となったにすぎない，と軽く考えることも大切である．

　女性に限らず，人はともすれば"ALL OR NOTHING"的な発想に陥りやすい．だが，世の中は割り切れないのが普通なのだ．現代の女性はもっと自信をもって，「そうよ，これが私の人生なのよ」といえる，生き甲斐の対象を見出していくべきである．女に生まれたからどうの，というのではなく，人間として成長していく，という成長過程として人生を捉えてほしい．そして新しい女性のあり方を改めて求めていく．その時にこそ，人間らしい関係や「ああ，私は女として，ここに生きている」という実感をみつけることができるであろう．

(5) 男と女，基本は人間関係

　女性の心理的特徴を説明するとき，自己中心的，感情的といった言葉がよく使用される．これは，そういっておけば，なんとなく説明がついてしまうような気がするからである．だが実際にはそんな簡単なものではない．男女の違いによって性格を説明できる根拠など，きわめて乏しい．そこで，ここではまず男と女という違い以前に，「人と人との基本ルール」を広い視野で考えてみたい．それを要約すると，次の3点になる．①聞き上手であること，②自尊心を傷つけないこと，③人に好かれること．以下，もう少し詳しく説明しよう．

①　口は1つ，耳は2つ

　まず「話し上手より，聞き上手であれ」という原則である．人は誰でも自分が一番かわいいもので，話したいという欲求をもっている．これは，自分を理

解してほしい，認めてもらいたい，あるいはもっと重要視してほしいという潜在的・本能的願望の表れなのである．それゆえに，自分の話を親身になって熱心に聞いてくれる人を好きになるし，そういう人との会話は楽しい．逆に，聞き手はできるだけ相手の立場に立ってよく理解し，相手の感情を自分自身のものとして感じ，受けとめてやらねばならない．「私が」「私の」ではなく，話はいつも「あなたが」「あなたの」で進めることが大切だ．相手のことを考えることから，相互理解と相互信頼が生まれるのである．

こうして他者の気持ちを察し，相手の人格に同一化することによって，「共感性の原理」が確立する．こうなると，われわれは他人の立場から逆に自分の行為や感情をよく眺めることができる．もともと聞くという行為は，「口は１つ，耳は２つ」という自然の顔立ちと合致している．七分三分でよく聞かねばならない（自分が１つ話したら，相手の話を２つ聞くこと）．また聞き出すことで，自分の未知の世界を学ぶこともできる．さらに人の話を聞けば，自分の知識が増えるばかりでなく，その上に相手からも好感をもって喜ばれるのである．

聞き上手になるためには，この「共感性の能力」を身につけなければならない．共感性とは，相手の立場，人の心に自分自身を置き換えて考えてみることのできる想像力のことである．これはむずかしいことではない，何よりも「この人が，今，何をいいたいのか」に虚心坦懐に耳を傾けてみることが第一歩だ．

② ３つ誉めて，１つ叱れ

人間は自尊心の塊である．それゆえ傷つけてはならない．人は誰もがエゴイストであり，最大の関心はやはり自分にある．人間のもつ優越感，プライドなどの追求こそ，あらゆるエネルギーの根源であると思われる．人は自分の自尊心が許さなければ，どんなに利益になるからといっても動かない．しかし逆に，自尊心を満たし守るためには，どんな犠牲をも払って断行し，ある時には死に殉じることさえ辞さない．

自尊心が満たされていない人は，なんとかこの精神の飢えを満たそうとして周囲とトラブルを起こし，厄介なことばかりを引き起こす．さらに自尊心やプ

ライドをもっていない人は，周囲のすべてが驚異に映り，相手の言動が気になって，ますます卑屈になっていく．その反動として，いつもイライラして慢性的欲求不満（自慢話，人の悪口，イヤミなど）に陥っていく．

　自他の関係においては，できるだけ相手の存在と価値を認め，その重要感を満たしてやることである．なるだけ惜しみなく誉めてあげること，「3つ誉めて，1つ叱れ」が鉄則である．「誉める言葉は才能を伸ばし，善行を生む」といわれている．ものを頼む時の表現でも，「じゃあ，まあ，君でもいいや」といういい方と，「ぜひ君にやってもらいたい」といういい方とでは，受け手の印象がまったく違う．自立した関係というのは，お互いに相手を大切に思い，必要としているという前提に立つ．「○○のために，よーし，やるぞ」という気持ちの源泉なんて，案外言葉ひとつにあるのかもしれない．逆に「もう私のプライドが許さない」とギリギリ追い詰められた時は，生活や生命を捨てても，何でもできるという覚悟をもってしまうものである．

　「女性にもてる方法をぜひ教えてください」という質問に対し，ある人はただ一言，「徹底的に誉めて誉めて誉めまくれ」といわれたそうだ．肝に銘ずべきである．

　このように，人はプライドというプラカードを背負って歩いているようなものだ．誇りは埃にまみれても，やはり誇りなのである．したがって叱る時には次のような項目に十分注意すべきである．

> ① まず事実関係を確認せよ
> ② 人格や人柄を傷つけるな
> ③ 場所柄をわきまえよ
> ④ 身体や容貌について触れるな
> ⑤ できる他人と比較するな
> ⑥ 失敗の事実だけを指摘せよ
> ⑦ 努力は誉め，結果だけを否定せよ

③ 出会いはいつも挨拶から

「人に好かれること」といっても，むずかしいと感じる人もいるだろう．相手に好かれるためには，どうすればよいか．そのためには，まず自分から相手を好きになること，他人を愛すること，「あなたのことを大好きですよ」という好意を自ら開示してみせることである．つまり他人のことに少なからず関心をもち，自ら会いに出掛ける，呼び掛けるという「与えて与えて与えきるGIVEの哲学」を実践しなければならない．相手を好きにならなければ，相手もまたこちらを好いてくれない．もし好かれれば，こちらもまた好きになる可能性が大きい，ということである．恋愛関係においても，相手が好いてくれないと嘆き悲しむ前に，自分がどれほどのものを相手に与えたかを考え直さねばならない．人は，他人から信頼され好かれていることを知ると，これになんとか応えようと努力するものである．

ではどうすれば，その人を好きになれるのか．「出会いはいつも挨拶から」である．人間関係は他人から作られるものではなく，こちら側から積極的に作っていくべきものだ．まず声をかけ，働きかける「ひとこと運動」などを，出会いの手法として繰り返し実践しよう．その人への温かい誠実な心づかいは，いつか「至誠天に通ず」の心境でがんばり通す以外にない．

よくいわれることであるが，「セールスマンがモノを売るとは即ち，言葉を売ることである．言葉を売るとは即ち，自分を売ることである．自分を売るとは即ち，その人の誠実と信用を売ることである．これ即ち，心を売ることである」という格言がある．「ものを売る人が心を伝える」のと同様に，われわれも常に"心を蒔き"続けねばならない．本当に心を込めていれば，必ずや相手に通じるはずである．

もちろん結果が通じないこともありうる．しかしそれでも，ここで問われているのは「人を信じる能力」である．愛されないかもしれない，また裏切られ騙されるかもしれない，やっぱり会ってもくれないかもしれない，という不安や猜疑心はいつまでもつきまとうであろう．しかし人と人との信頼関係を構築

しているものは、それでも信じよう、信じるしかないという微かな望みによってである。少なくともここでは、信じようとしている自分だけは信じられるはずだ。裏切られてもなお信じる方を選ぶという、生き方の確たる信条をもっているかどうかである。その自分自身さえも信じられないという人間はいかんともしがたい。人間としては、希望をもって信じる人生を生ききった人の方が、より幸せなのではないかと思えるのである。

以上の話を考えながら、現在の自分自身の人間関係を振り返って、考え直していただきたい。チェックポイントは、① 人の話をよく聞いているか、② 人の心を無意識に傷つけていないか、③ 人に好かれるような言動をしているか、の3つである。これを機に、新しい人間関係へ踏み出す一歩としていただければ幸いである。

2　思いやりが家族の絆

> 人は誰でも、心の中に孤独をもっている。
> だから、人の孤独を理解する。思いやる。
> そして、男と女が結び付く。その時から、2人は家族。
> 家族は、個人が幸せになるための、大切な器だ。
> だから、無理せず、楽しく、努力して育てていきたいものだ。

前節では、これからの新しい男と女の人間関係のあり方を考えた。それは性差より個人差や能力差の重視、自分らしさや人間らしさの優先、さらに女性が主導権や選択権を握りつつあるということなどだった。こうした傾向は、おそらく現代の家族のあり方にも共通しているだろう。誰もが、自分にとって本当の幸せとは何かを真剣に考え、自分自身をよくみつめるようになってきたので

ある.

　ます個人が，男として女として，幸せにならなければ本当の家族の幸せはありえない．だが幸せになろうと努力すればするほど，さまざまな欲求不満やトラブルが生まれることもある．間違った方向の努力は報われないこともある．努力の仕方にも，的確な方向性が必要だ．それでは，現代家族をめぐって，自由で自立した男と女の関係はいかにあるべきかを考えていこう．

(1) 家族の役割が変わってきた

　今，家族のあり方が大きく変わろうとしている．それは誰もが感じることだろう．確かに大きな社会変動のトレンドに流されているのだ．家族制度の崩壊などといわれることもある．なぜそのように変わってきているのだろうか．その社会的，歴史的な原因から考えてみると，次のような項目があげられる．

①　古い道徳，しきたり，慣習などの社会規範が緩んだこと，とくに家父長制度がなくなったこと．

②　結婚は神様の引き合わせ，子どもは天の授かり物といった宿命観や宗教観がなくなったこと．

③　結婚，離婚，再婚の自由が保証され，手続きが簡素化されるなど，法制度が整備されてきたこと．

④　高等教育が普及し，知的レベルがアップした結果，合理主義精神の拡大，個人原理の浸透，生活の個人化などが進んだこと．

⑤　性のタブーがなくなり，セックスの解放が進み，婚前交渉など，性意識が変化したこと．

　これらの諸要因で起きている家族の構造的変動の流れを，大きく「伝統的家族から現代的家族へ」の変貌とまとめておこう．これを総論的にいえば，「制度的な家族から同僚的な夫婦家族へ」の移行ということになる．より具体的には，「三世代家族から核家族へ」，「家父長による支配から夫婦の実質的平等化」への流れである．さらにいえば，家族の社会的機能は，かつての生産集団や生

図表2−1　家庭裁判所への離婚調停の申し立ての動機

家庭裁判所への離婚調停の申し立ての動機	
●夫の申し立て	●妻の申し立て
1位　性格が合わない	1位　性格が合わない
2位　不倫・不貞	2位　暴力
3位　浪費	3位　不倫・不貞
4位　異常性格	4位　浪費
5位　性的不満	5位　性的不満
6位　酒癖	6位　酒癖
7位　暴力	7位　異常性格

出典：最高裁「司法統計年報・家事編　2004年版」から作成

活保障などの複合体から徐々に縮小し，「消費の単位」へと変化しているということである．

　こうして，従来は家族単位で家族の内部で行っていたことが，少しずつ外部に委託・拡散してきた．たとえば，教育機能は学校や塾へ，生産機能は企業へ，宗教機能は教会や宗教団体へ，娯楽機能はレジャーセンターへというように．となると，では家族には最終的にどんな機能が残るのだろうか．それは，家族は何のためにあるのかという問いでもある．学問的には「性・経済・生殖・教育」のため，あるいは「福祉の追求」のため，といった分析が行われている．

　だがよく現実をみてみると，家族の変化はより深く進んでいると思われるのだ．性の面では，性の断絶や浮気，はたまたバイセクシャルやホモセクシャルなどが増えてきた．その結果，2004年度は，婚姻件数約74万件に対して離婚件数は29万件と増えており，その約4割近くが離婚している．「離婚調停の申し立ての動機」をみると（図表2−1），夫婦ともに「性格の不一致」が第1位（全体の半分から3分の1）であるが，「不倫・不貞」「暴力行為」「浪費」「異常性格」「性的不満」「酒癖」「家族を捨てて顧みない」などといった理由が上位にある．とくに夫の申し立てでは「妻の不倫・不貞」「妻の浪費」が多く，妻の申し立てでは「夫の暴力」「夫の異性関係」が大きな理由に挙げられている．

経済的には，女性の社会進出が進み両性が責任を分担するようになっている．不況と失業率の上昇に伴って離婚数も増えている．生殖の面では，人工妊娠中絶は年間約60万件，婚姻外出産（シングルマザー），さらにはDINKS（子どもを生まない結婚）の流行など，かつての家族モデルとは離れる傾向をみせている．教育も同じだ．英才教育，受験産業の隆盛など，ますます家族の外部で行われるようになってきた．

　要するに，現実に合った従来とは異なる新しい家族観が求められているのだ．当然，家族内での男と女，親と子といった関係のあり方も大いに変わりつつある．こうした変化に気づかないでいると，さまざまなジレンマに悩まされることになるだろう．

(2) いつまでも新婚気分は続かない

　男と女はなぜ結婚するのか，その動機説明の中でもっとも多いのは"愛の結実"であろう．男と女が出会い，愛し合って結ばれていく．これがもっとも普通のパターンだ．つまり情緒的，感情的な世界から結婚へと至るケースである．なぜその人を愛したのかといわれても，はっきり答えられるものではなかろう．そこには合理的，論理的な理屈はあまりみられない．男と女の関係は，基本的にはオスとメスの性的関係と，優しさや思いやりの愛情関係という二大要素から結ばれているからである．

　しかし現在，この二大要素の中身が大きく変わってきている．

　まず性的関係から考えてみよう．性的魅力（異性としての魅力）とは，ほとんど若さの魅力である．それは年齢とともに衰退していくものだ．夫婦の性的関係も年月とともに次第に希薄化する．かつては「君は世界一きれいだ」「君の瞳に乾杯」などと絶賛していた夫も，いつの間にか妻を美しい女性とは認めてくれなくなる．婚前のようなデートもプレゼントもない．「仕事だから」と家事も育児も妻任せ，そんな夫の姿は妻の目にどう映るか．少なくとも，男性としての魅力は感じられないだろう．「私がこんなに尽くしてあげているのに

……」と妻たちはがっかりである．これがもっとひどくなると，"くれない族の反乱"につながることになる．

　一昔前の妻たちは，男は仕事・女は家庭という性的役割分業の中に自分を閉じ込めていた．夫の生き甲斐をそのまま自分の生き甲斐とし，子どもの成長に自分の夢を託してきたのだ．そこでは，従順に耐える女は一つの聖なる象徴であった．しかし今，妻たちは女性として人間として，夫以外の男性たちの世界と接するさまざまな機会をもっている．社会参加，職場参加のチャンスが増え，妻自身の夢もみられるようになった．こうして妻たちは，夫不在の結婚生活では満たされない欲求の充足を求めるようになっている．欲求とは，人間とて女性として一人前と認められたい，ということである．しかし，世の中の男性たちは，このような女心の微妙な変化に，まだあまり気づいていないようだ．相変わらず"手抜き亭主"が多いように思われるのだが……．

　さて次に，愛情の変化のことに話を進めよう．夫婦の愛情関係とは，前述のような妻の欲求充足のためだけにあるようにさえ思われる．夫の優しさとは，まさに恋も子どもも仕事もすべてやらせてくれることである．自分の好きなことを自由にやらせてくれて，自分の求めるものをすぐに与えてくれることなのである．さらに「趣味として働きたい」「もっと自由に飛ばせてほしい」と，妻たちの声は一段とエスカレートするばかりである．

　ところが男性の側は，こうした女性の攻勢に押されて対応しきれていない．威厳と自信に満ちた父親がいなくなった原因の一つは，ここにある．これは，子どもにも影響を及ぼす．子どもにとって父親とは敬愛（畏怖）と憎悪のアンビバレント（二律背反的）な対象だった．この同時に２つの方向性をもつ感情を，子ども自身の中で克服していくことが精神的成長だったのである．つまり父親に接近しようとする努力が，子どもの独立心や自我を育てたのだ．さらに父を乗り越えるということが，最終・最高の目標でさえあった．

　しかし，現在の父親には，ものわかりのよい友だちのような存在，甘えられ，遊び相手になってくれる存在が期待されている．「職業人から家庭人へ」

「厳しさから優しさへ」と変貌しているのだ．ここには，もう不動の存在感をもつ父親像はない．

それに加えて，母親の追撃がかなり厳しい．「父親には似ず，いい子に育ってほしい」といい聞かせ，家の中で一番エライのがお母さんだ．さらに仕事に出掛ける父親に向かって「パパ，また遊びにきてね」．行き着く先は，女性から男性に向けての三行半だ．そういえば，最近のテレビドラマをみていても，男女がどうやって結び付くかをテーマとした番組よりも，結び付いた男女の関係をどうやって維持していくか，をテーマとしたものの方が多いのではないか．それだけ，夫婦の危機が世間の関心事だということだ．

(3) もともと人間関係は不安定なものだ

では，いったい家族という集団生活での人間関係をどのようにとらえていけばいいのだろうか．むずかしいいい方をすると，あらゆる人間関係は結合もしくは分離の不安定な状態にある，ということになる．くっついたり離れたりしているのが普通なのである．そう考えれば，結婚と離婚，愛情と憎悪，友情と敵対などの心の動きも，素直に受け止めることができるだろう．ある時は結合を求めて信頼し合う関係をつくり，またある時はパーソナリティや利害の不一致から別れることにもなる．人間とはそういうものだと，まず受け入れてしまおう．そして不安定だからこそ，その危機意識をバネにして，お互いに魅力的であろうと努めるのだ．関係を維持するためには，スキのない緊張感とエネルギーの投入が必要なのである．怠惰とナレアイとわがままが最大の敵だ．

前にも述べたように，結婚の動機は「愛と性」という曖昧なものである．だからこそ不安定なのだ．ましてお互いに自由に生きたいとなれば，相互コミュニケーションにすれ違いが生まれやすい．情緒的な結合が強ければ強いほど，ダメになる時は一気に落ち込みやすいものだ．"可愛さ余って憎さ百倍"などという諺もあるくらいだ．

だからこそ，だからこそである．自己と他者（夫と妻）は，心の結び付きを

求める．相互協力と相互扶助の行動をとろうとするのである．相互扶助とは，自分の利益追求ではなく，相手の利益を十二分（十分プラス二）に考慮して，意識的に協力行為を行うことだ．少なくともお互いの立場をある程度まで理解して，胸襟を開いて相手に接触していこうとする姿勢のことである．

(4) 家族とは心と心のつながり

　さていよいよ，これからの家族はどうあるべきか，というテーマに進んでいこう．家族は確かに共同体だ．ではどういう共同体かというと，今までは運命的生活共同体という意味合いが強かった．だが，これからは「自由な精神共同体」としてとらえていかなければならない．生活共同体とは経済生活を中心とした運命的関係である．そのメンバーの人間関係は，同質性，一体性が強く，何でもみんな一緒で，家族ぐるみだ．夫婦の関係からみれば，結婚によって自分の生活が保障される場ということになる．

　一方，精神共同体は，それぞれのプライベートが生きる心のやすらぎの場である．異質な人間たちがハート・ツー・ハートで結ばれる関係だ．メンバーにとっては，主体的な精神の居場所である．夫婦は対等で平等な同僚関係として，真のパートナーと位置づけられる．

　したがって夫だけが尊敬すべき主人なのではなく，お母さんが一番エライのでもなく，全員が主人公であり人生の共演者だ．家族の絆は，自分の世界をもつ人びとの集まりとネットワークによって成り立つ．とりわけ今までの家族では本当には満たされていなかった妻たちの意識が変わり，精神共同体のあり方に新しい意味を付加することだろう．それは，自分の気持ちに忠実な生き方が充足される関係が求められているということである．

　このような精神共同体は，自分が成長するための場所，お互いに成熟する場所，さらにいえば成熟した人間同士の集団である．だから成長のプロセスを楽しめるだけの精神のゆとりが求められる．そのためには，自己犠牲をしないこと，愛情のない夫婦生活をできるだけ避けることである．その結果，離婚する

ことになっても仕方がない，と開きなおってしまうことも必要だろう．愛情をなくした不幸な結婚生活を続けるよりも，幸福になるかもしれない次の可能性に賭けてみることである．

　アメリカでは「結婚三回主義」という考え方がある．これは回数がどうのこうのよりも，結婚するたびにお互いが成長することを目的にした言葉だ．離婚も人生のひとつの成長過程ということである．ポヤッと結婚して「もうあんなのイヤ，結婚なんて」と嘆くより，「いい思い出をありがとう」といえる別れである．幸せのために精一杯だからこそ，失敗には見切りをつけて，やり直しに新しい可能性を見出すのだ．ハッピーエンドもサッドエンドも"エンジョイ・マイ・ライフ"だ．ちなみに，名女優エリザベス・テーラーは7回の離婚歴があるが，その魅力はけっして失われていない．

　成熟した男女の関係は，性的関係だけでなく，お互いの魂を抱き合う関係だ．人間的に惚れた部分が必ずある．感情的興奮や精神的満足を伴う楽しさや歓びがある．結婚とは，しなければならないから，するものではない．心と心の人間的交流のチャンスなのだ．男と女が一緒に暮らすのは，人生の感動を分かち合える相手と一緒に暮らしたい，という心の要求がそうさせるのである．

(5) 思いやりがあれば，手抜きはしない

　夫婦とは，もっとも身近な他人の関係だ．だから当然，対等・平等である．これは，当たり前のようだが，ついつい忘れられてしまう．だがこの自覚をしっかりともっていることが大切なのである．ともすれば結婚したことで，異性であるという根本的エネルギーを失ってしまう．そして手抜きしてしまう．この安心感にも似た手抜きがよくない．手抜き投法の江川卓投手は，よく一発病に泣いたではないか．

　夫婦はお互いがお互いにとって，いい異性，ステキな他人だからこそ，お互いを必要として求め続けるのである．俺のオンナ，私のオトコとしての性的魅力がなくなってしまえば，夫婦の関係は味気ないものになってしまう．子ども

からみても，いい母親ではなく，親父はなかなかいい女を女房にしたなあ，と羨ましがられるような存在でありたいものだ．また女性の美意識は，みられるという他者の視線がなければ育たない．化粧，ファッション，肉体，美貌もそうである．だから他者意識（異性関係）は，ナレアイに堕落することなく，結婚前の緊張感を持続することができる．夫の側もいい男，好きな女として関わり，愉しい仲間，優しい友人として接することもできるだろう．

　人間は，みなそれぞれ孤立した不安を抱えた存在である．それはたとえば，夜中にふと，妻の寝顔をみた瞬間に襲ってくるあの寂寥感や恐怖感にも似ている．しかし人間は，自分の孤独な部分を知っているからこそ，他人の孤独を思いやりや哀しみとして共有していこうという優しい気持ちをもつのである．

　家族はけっして主従関係ではない．妻や子どもは自分の所有物でも従属物でもない．誰もが生命という歴史を誕生から死へ向けて，精一杯生きているのだ．そして生活という現実の中で絡み合い，時には翻弄されている．妻には妻なりの生きる動機，経験，こだわり，弱さがあり，自己本位の決意をもっている．そうして頑張っているのだ．そういう視点から人をみる目をもつことが大切である．

　人は誰も「私の人生」を生きる権利がある．人の犠牲になる必要はない．また逆に美化することもない．子どももまた，運命的ではあれ，親のために生まれてきたのではない．子どもも「自分のために」生まれてきたのだ．その子なりの生き方がある．その生き方にどんな応援をしてやれるか，親の立場や裁量から考えてやればよい．

(6) ともに楽しみ，ともに生きる関係

　以上，考えてきたように，新しい家族関係は，① 自由・平等に個人的価値を求められていることを前提に，② その個人的欲求を充足する場所，③ 異質な人間が共存・共生する多様な生活様式，さらには ④ それぞれ個人化した生活単位の上に成り立つ「精神共同体のキーステーション」として機能してい

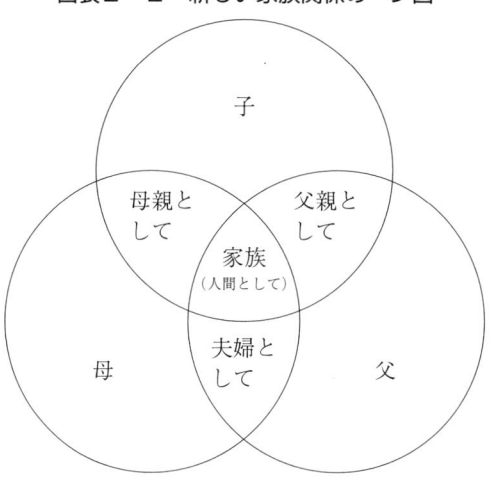

図表2−2　新しい家族関係のベン図

（ベン図：「子」「母」「父」の三つの円が重なり、重なる部分に「母親として」「父親として」「夫婦として」、中央に「家族（人間として）」と記されている）

る．ここでは，かつてのように家族全体の画一的な幸福追求が優先されるのではなく，まず「個人の幸福追求や自己成長」があって，やがてメンバー相互の幸福につながっていくことになる．それは絆としては，もろい・ゆるい絆でもある．家族離れというトレンドを止められない理由も，実はここにある．しかしだからこそ，キーステーションとしての家族のあり方が，改めて問い直されているのだ（図表2−2）．

　家族の分裂は，個人の分裂を生む．家族の矛盾は，社会矛盾の縮図である．私たちは，この矛盾を乗り越えなければならない．逃げ場はないのだ．今までは，家族に逃げ，夫に逃げ，子どもに逃げていた．何かというと，家族のせいにしたりしていた．だが，一度そんな自分を反省して，逃げ腰な態度を考え直してみることも必要だ．それはけっこう大変なことだが，その中から男と女の信頼や悲哀を体得していくのだ．

　男と女がくっつくだけなら，大してむずかしいことではない．大変なのはそれを持続させることだ．持続させることにより大きな価値がある．そのためには，頻繁な相互作用と相互協力，相補的満足感が共有されていかなければなら

ない．それは血のつながらない両性にとっての絶対条件である．

　大切なのは，必要以上に相手に期待しないこと．つまり自分にできることは自分でやり，自分にできないことを他人に期待しないことである．そしてタテの関係からヨコのリレーションへ，主従の関係から仲間同士の関係へと意識転換することである．こうした自立的関係の上に，愛情や理解といった「人格的関係」が生まれる．その時，夫婦や親子は互いにわかりあうことができ，一緒にいて楽しく，誰よりも話のできる相手になるだろう．

　結局，家族とは自分自身が選んだ相手と，自分自身が選んだ生活を送ることである．そのためには，「ともに生きる」「一緒に楽しむ」ということを大切にする，本当の愛情や人間関係の育て方を知っていなければならない．そうしてはじめて，男も女も，生命の最高の状態とどん底の状態を味わうことができるのだ．その共生のための条件をいくつかあげてみよう．

① あくまでも自分は家族のメンバーのひとりとして振る舞うこと
② 相互理解のための努力を惜しまないこと
③ メンバーのそれぞれ異なった欲望や自由を認めること
④ つまらない差別や偏見や社会常識にとらわれないこと
⑤ 自分を大切にすることと，相手への思いやりとの調和を保つこと
⑥ 権力指向を捨てること
⑦ 2人の生活をよりクリエイティブなものにしていくプロセス志向をもつこと
⑧ 人生を楽しむ精神と面白がる余裕をもつこと

以上の8項目が，今回のまとめである．

　さて読者の皆さん．あなたは今の家族生活をどれほど楽しんでいますか．え，あまり楽しくない．それはいけませんね．それではまず，妻に，あるいは夫に，お茶を一杯いれてあげて下さい．とくに，男性は奥さんにそうしてあげましょう．要求される前にです．"お茶一杯のあたたかさ"を本当に知ってい

ますか．いれてもらった方も黙っていてはいけません．そこからコミュニケーションがスタートします．やがて，その一杯のお茶を求めて家族が集まってくるようになるでしょう．家族の絆とは，案外，"お茶一杯"にあるのかもしれません．

3　人生のパートナーシップ

> いちょうの木にも雄と雌がある．
> 雄木と雌木が協力して，実を結ぶ．それが自然の原理なのだ．
> 地球上に66億人の人間．男と女は求め合い，愛し合う．
> それも自然の摂理であるはずだ．

　男と女の物語は，昔も今もあくことなく繰り返されてきた．それは未来も同じであろう．出会い，愛し合い，結婚し，あるいは離婚し，再婚する．人の一生は異性との関わりそのものだといってもいい．

　それでは，男と女は，なぜ，何のために，何を求めて結婚というドラマを演じるのだろうか．この問いへの解答は，永遠に未解決の問題だろう．問いに始まり問いに終わるものだ．人間一人ひとりが，さまざまな模索の果てに，自分なりのささやかな解答を見出していくものだからだ．

　本節では，この永遠未決の問題を読者とともに考えてみたい．恋愛から結婚へと進んでいくプロセスで，男女の関係が今，微妙かつ大胆に変化している．この変化とは何かを知ることから，これからの男女関係のあるべき姿を探るのだ．それは間接的にこの永遠未決の課題に若干でも答えることになるだろう．

(1)　恋愛と結婚のつながり

　将来の男女関係の話に入る前に，少しだけ過去から現在までのことを振り返

ってみよう．かつて70年代の流行語に「同棲時代」というのがあった．「未婚の母」という言葉が出てきたのもこの頃だ．それが80年代に入ると「非婚の時代」「シングルライフ」などという言葉まで使われるようになった．文字通り，結婚しない生き方も肯定されるようになったのだ．男らしさや女らしさという境界線もこの頃から失われてきたのである．これと歩調をあわせるように，分子生物学などの発展によって，生命・性の神秘，性の生物学的役割などが，科学的・合理的に明らかにされるようになってきた．

こうして，男女関係の神秘性が薄れるにつれて，ある意味で醒めた生き方や考え方をする人びとが現れてきた．「恋愛はするが結婚はしない」あるいは「結婚しても同居はしない」「同居はしても子どもはつくらない」というような人びとである．以前のように，結婚は幸福のパラダイス，といった単純な見方はできなくなってきている．未婚者は結婚したがらず，既婚者は別れたがる．世の中はいよいよ複雑怪奇だ．

小説や映画にもこのことは現れている．今日のテーマは不倫ブーム．それらの作品は，つまらぬ男（女）と一緒に暮らして女（男）の一生を棒に振るよりも，さっさと別れる道を選びなさい，といっているようにもみえる．いやむしろ，別れるのは普通のことになってきた．今は，あえて「別れぬ理由」の方が関心を集めているようだ．

現代の男と女は，一方に結婚願望，他方に離婚願望をもち，両極間を大きく揺れ動いている．揺れているうちに，従来の独身売れ残りは不幸で結婚は幸福，という尺度がゆるんできた．反対に，独身が幸福で結婚は不幸，という尺度が存在感を持ち始めている．こうして男女間係のスタイルはバリエーション豊かになってくる．果ては，離婚イクォール自立した女としての勲章といった，ややピントはずれの風潮さえ生むことになった．

(2) 男と女の自由な会話

現代の男女関係は，恋愛→結婚→生殖という単純方程式では割り切れなくな

った．恋愛とは，個人の自由意思で行動し，生活よりセックスという本能的欲望が優先される関係である．しかし結婚は，夫婦あるいは家族などの生活共同体であり，制度による永続的契約関係を伴う．この2つを結ぶのは，一般的には恋愛が実って結婚へというコースが当たり前，ということになっている．だが世の中はそう甘くはなさそうだ．今や結婚は必ずしも生活の身分保障とはなり得ないし，孤独の不安をいやす家庭的あたたかさも失いつつある．

恋愛が実る，ということについては，それだけがすべてではないといっておこう．たとえ"実らぬ恋"であっても，人間的には十分，成長するものだ．悲しい恋でも人間的魅力を引き出すきっかけになり，長い一生の中ではいつか実りに通じるだろう．人生のゴールは，目先の恋よりももっと遠くに置かれているのである．

このように，新しいライフスタイルの広がりの中で，今，男女関係が問い直され，結婚という制度や形態へのこだわりが薄れてきている．その結果，恋愛と結婚を宿命的に結びつけるような考え方も減ってきた．売れ残るのは格好悪いから，少し我慢しても結婚してしまおうなどという考え方も少なくなりつつある．世間体も腐れ縁も知ったことか，恋愛はファッションさ，というライフスタイルが受け入れられているのだ．この傾向は，とくに女性に強くなっているように思われる．

私の知るある男子学生が，こんな体験談を聞かせてくれた．彼は渋谷の街で女子大生ふうの女性をナンパした．食事をしながら電話番号を聞き出し，その日はそれで終わり．一週間後，再び会って今度はホテルへ．「ちゃんと責任はとる．もう就職も決まっているし，結婚してもいいよ」とつい口走った彼に，その女性はこういったという．「結婚するならダメ．遊びじゃなきゃイヤよ」．彼としては，ホッとするやらどことなく残念やら，複雑な気分だったという．

このエピソードにも現れているように，女性の欲望処理の仕方が男性化してきているのだ．セックスをレジャー兼アルバイトと同じ感覚でとらえるようになってきている（援助交際など）．女性週刊誌ふうのいい方をすれば，"抱かれる

女から抱く女へ"という意識や態度への変化である．表面的現象としては，今の女性が好きなものは，"男と金と自由だ"，ともいえる．こうした変化の背景には，女性が男性への安易な依存をしなくなったということがある．自分の恋愛は自分で判断し，主体的に選択するようになってきたのだ．

(3) 今，男があまっている

ところで，最近，結婚していない男性が急増している．30歳から49歳まで一度も結婚していない男性の数は，全国でざっと250万人，同じく女性は120万人である．生涯未婚者の数は，男性の方が圧倒的に多いのだ．

さらに細かく東京都の未婚者の人口男女比をみてみよう．20歳から39歳では，男性が50万人近く多い．しかも結婚年齢は上昇し，晩婚化が進んでいる．女性の高学歴化，就業率の高まりなど，社会参加の増加が原因であろう．しかも『婦人問題に関する世論調査』(2004年) でも，「女性は妻であるよりも一人の女性として生きた方がいい」という考えが20代女性の6割を占め，「夫婦はそれぞれ自立してお互いの生き方を認めあうのがよい」という考えは，7割以上に支持されている．さらに，未婚の段階で「結婚を望まない」と意思表示する女性が増え，「生涯結婚する気はない」「とくに結婚したいと思わない」などの比率が約15％に及ぶ．これは男性の約2倍である．

もちろん現実的には，紙婚しなくてもいいと思いながらも，シングルライフを押し通す人は少ないようだ．だが，結婚に頼らずに人間としてのベテランをめざす女性の割合は，確実に増えているといっていいだろう．

(4) 男性への過剰な期待

さらに，東京都の結婚相談所の例をみても同じことがいえる．ここへの登録者数にも男性の結婚難が反映されている．現在の登録者数は男性6割，女性4割．新規申し込み数をみると，男性30～39歳の数は女性25～34歳の2倍以上である．さらにやっかいなことに，男性から女性への見合い申し込みに対し

て，拒否率がなんと75％．4分の3は門前払いなのだ．運よく見合いが成立しても，その後，交際にまで発展するカップルは3割ぐらいしかない．それも1〜2回のデートでダメになるケースが多いようだ．

　現代の結婚願望は，「男が望み，女が選ぶ」という，男性にとって大変厳しい状況だ．女性からみれば，もっといい男性がいるはずということだ．ここで問題なのは，女性が次のチャンスに臨むとき，さらに条件がきつくなってしまうことである．もっといい男性を求めているのだから，前の男性と大差がないのではしかたがない．高学歴，高収入，高身長に加えて，ルックス，ファッション・センス，さらにタレント性まで要求される．名のあるブランド大学を出て，金があり，カッコイイ，そのうえ明るくて面白くて，私を大いに楽しませてくれる男性である．職業がエンジニアか国際派ビジネスマンなら最高だそうだ．男女いずれにとっても頭の痛いことである．

　女性の立場に立って考えてみても，このような男性への過剰な期待が，より深い失望に直結していることは事実である．当たり前のことだが，男性は万能の神ではない．発展途上の未完の人間だ．できあがった最高の条件を最初から要求する方が，無理というものなのだ．またこれも当たり前のことだが，現代は男女平等をめざす時代だ．そこでの基本原則は，男女がフィフティ・フィフティの関係であるはずだ．

　はっきりいって，男性に過剰な期待をするということは，女性の甘えの裏返しである．要求が過剰だから，後で不平不満が出てくるのだ．女性はまず，男性に対する原始的な先入観を改めることから始めなければならない．これからの男女の家庭や社会での責任分担は，1／2＋1／2＝1から1＋1＝2or3へと大きく転換していくだろう．このことは，男女が2人で一人前なのではなく，それぞれが独立した自由な個人であることを前提としている．つまり，基本的には異性に頼らなくても，しっかりと生きていける人間同士の結びつきが，これからの社会を支えていくということだ．そうして，少しずつ完全な平等へと近づいていくのである．

少々きついことをいったが，前述の男性に対する3高条件も実は揺らぎ始めている．女性の高学歴化，収入格差の縮小，また平均身長も高くなり，外見上やデータ上での性差が小さくなってきた．職業上の成功も金銭的な収入も人間的な能力も，もとは個人的なエネルギーや人格的魅力が支えているのだとみられるようになってきたのだ．このことは，虚飾を脱ぎ捨てて，男女が真正面から向きあえるようになりつつあることの，ひとつの現れだとみたい．

(5) 心のやすらぎを求めて

さて話が少々暗くなるが，ここで離婚のことについて考えてみよう．これも世間の現実だと思って，おつきあい願いたい．

今，離婚する夫婦の結婚年数は，5年未満が最も多いが，次いで5～10年が25％と多く，離婚時の年齢は30代が45％，子どもの数は平均1.5人で，申し立て件数比率は妻側からが70％以上である（図表2-3）．このデータからいえることは，結婚生活を続けることの意義を失った妻が，夫に対して一方的にさよならを通告しているということだ．

だいたい10年も一緒に住んでいれば，お互いにいいところも悪いところもみえてくるものだ．また自分の人生の先行きが，なんとなくわかってしまうのもこの頃だろう．自分が希求するものと現実とのギャップがみえてくる．ここから葛藤が生まれるのだ．失われた青春へのノスタルジー，体力と持久力に対する自信の揺らぎ，家族関係への失望と空虚感などである．心の中で一人問答を繰り返すようになると，「私の人生をもう一度やりなおしてみたい．チャンスは今しかない」と思うようになる．30代の離婚を選んだ妻たちは，おそらくこんな思考をしているのだろう．そして失敗は覚悟の再出発．自分の個性だけで生きようと，開きなおって現実に立ちむかうのだ．この開きなおりが女性の強さでもある．

今の30代は結婚や家庭に束縛されないという意味では，自由な恋愛を楽しめる世代といえるかもしれない．一部では，妻たちの婚外交渉（不倫・不貞）の

図表2−3　離婚者中の同居年数に関する割合

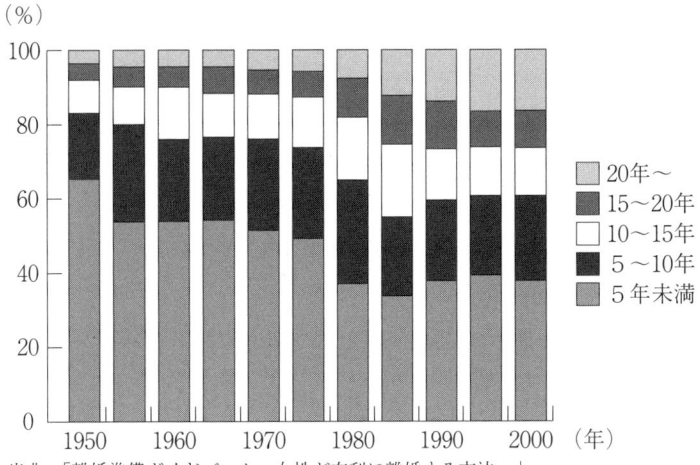

出典：「離婚準備ガイドブック―女性が有利に離婚する方法―」
http://www.rikon-web.com/found/concurc.html

経験率が6人に1人というリポートも発表されている．家庭を壊さない限りという条件つきながら，数字だけをみる限り，男性並みになってきた．女性の方が，これからの人生をまたこれからの人生の祝福を，自分の手で決断するようになってきている．とりわけ近年の既婚の特徴として，結婚後20年以上のいわゆる「熟年離婚」の増加現象がある．子どもの独立後，「自分もひとりの女として第2の人生を歩みたい」という気持ちが高まってきたのかもしれない．

このような30代女性の離婚に至る心の動きから，女性が恋愛や結婚に求めるものが何であるかを推察することができる．離婚した女性たちは，すべてを失うことと引き換えに，新しい確かなものを体得したのだ．彼女たちはかつて自分にないものを求めて恋愛し結婚した．そして優しさ，セックス，経済力などを獲得してきた．だが，人生の半ばで気づいたのだ．私が欲しかったのは，本当の心のぬくもりだったのだと．本当の心のぬくもり，それは「心のスキンシップ」といいなおしてもいいだろう．あたたかい精神的やすらぎを与えてくれるパートナーこそ，人間が永久に求め続けていくものなのである．

(6) 男女関係の基本

前述したように，男女は性的関係と愛情関係で結びつくものだ．このことは，男女関係で求められているのは，"性のパートナー"であり，"心のパートナー"であるということを意味する．それでは，この2つのパートナーシップについて説明していこう．

まず性のパートナーとは，あくまでも性的魅力としての異性関係である．単なる性的欲求のはけ口としての，一過性の関係といってもいい．セックスの相手をしてくれれば，それがどこの誰でもいい，という感覚だ．もちろんここには本当の恋愛はありえない．一方，心のパートナーとなるとこれはなかなかむずかしい．お互いにいい男，いい女でなければならないし，抱きたい女，抱かれたい男でなければならない．そうあるためには，かなりの努力と苦労がいる．また当然，教養や人格的魅力など心身の成熟が伴っていなければならない．さらに誠実さと信頼，そして愛情が2人の間に確立され，ほれあった関係でなければならないのだ．

(7) 人間的成熟を求める関係

私はここで，さらによりよい関係へと成長した男女の最高段階を，"人生のパートナー"という言葉で表現したい．ここでは，性愛などはすでに超越されている．異性としてよりもむしろ人間の本性として，誰かと一緒の時を過ごしたい，誰かと支え合いたい，誰かのために生きて尽くしたい，という欲求を充足するレベルである．

このレベルでは，2人は自分自身のために，また自分が成長するためにお互いに対等な補足的関係を結びつつ，相手との親密な人間関係を通して，相互に成長を助け合っている．2人は本当の意味で，裸の人間的実力の有無で勝負しているのだ．しかも共同の生活過程を楽しむ，よき理解者同士である．彼らはそれぞれが自分の人生をデザインし，その意味を追求している．わかりやすくいえば，「一番楽しくてわかりあえる人，セックスの相性も最高」とか，「自分

の趣味にあった異性と巡り会いたい」といった本音と，夫婦としての建前とがピッタリ一致して，共に生きる意味を見出している2人といえよう．

　人間80年．たった一度の人生を，不信と不安で無意味に消耗したくはない，という気持ちは誰にもある．だから別れるときは，これからは自分に正直に生きる自由を得たい，と思うのも当然だ．だが"人生のパートナー"という観点からみると，大事なことは体験としての恋愛や結婚から，自分が何を学び，どれほど成長したかである．異性体験を通して，いい女，すてきな男に成熟していくことがもっと大切なのだ．人間の成熟とは，まったく異なる他者や違う立場の人間でも，お互いをあるがままの姿で許容しうる境地へ至ることだ．そしてその他者との間に何かを共有しつつ，理解のプロセスを共に楽しむことのできる精神的余裕をもった人たちのことを，本当の大人の関係というのである．

(8) パートナーの選び方

　さてそれでは，最後の問題は，どのようにしてよいパートナーを選べばいいのか，ということになる．しかもそのパートナーも時間とともに成長していくのだから，けっこうむずかしい問題だ．だが，パートナー選びに関しては，思いきり楽観的になった方がよさそうだ．まずは異性と知りあうことから始まるのだから，むずかしく考えたって仕方ないではないか．とりあえず本節のまとめとして，未婚の読者のために私の体験的アドバイスをしておきたい．

① 成功率は5割と考えること．好きか嫌いかの半々である．もともと相手の立場が存在する関係性においては，最初から半分の確率しかないのだ．だがプロ野球のバッターでも，3割打てれば超一流だ．あの天才バッター長島茂雄でも3割しか打てなかった．半々なら上等というものだ．気軽に声をかけよう．下手な鉄砲も数打ちゃ当たる，である．

② 常にワン・ラスト・チャンスのつもりで臨むこと．積極的に自分を開き，迷うことなく前進あるのみ．生きる場において，モラトリアムなどありえないのだ．君に明日はない．今すぐに行動せよ．

③ 私ひとりのために，みんながここに集まってくれていると考えよう．職場も学校も，結局は私のためにみんながいるんだと感謝し，他人から貪欲に学びとる気持ちが大切だ．それが異性や人間を学習することにつながる．

④ 明るくエゴを主張しよう．好きなら好き，欲しいなら欲しいという．そのことから，相手のエゴもまた認めざるをえないことに気づいていく．そうして人間関係のバランス感覚を養っていくのである．

⑤ 自分の人をみる目を信じること．そしてしっかりと見極めることだ．人間の気質は，20代でほぼ固まり，40代になってもあまり変わらない．相手の目がキラキラと輝く人格的人間か，ギラギラと光る欲望的人間かを見抜くことが大切だ．

⑥ 地位，学歴，収入，財産など相手の属性ではなく，人間の本質をみなければだめだ．その人の外見や権力や権威をはぎとって，丸裸の中身をじっと見据えるのだ．丸一日，生活をともにすれば，素顔と本音がみえてくるだろう．泥にまみれていても，ダイヤはダイヤだ．泥の中からダイヤをみつけよう．

⑦ 素直に幸福を求めよう．まず自分自身が幸福になるように，明るく行動する．そうすれば自然に，相手も周囲もまた幸福な気分になってくるものである．

恋愛，結婚……．男女が共同で生きる関係は，とにかく一歩前に進み出てやってみる以外に方法はない．いかなる結末を迎えるにせよ，苦労なくして喜びも幸せも得られるはずがないのだ．小さな喜びを手にいれるためには，愛する人のために自分が何をしてやれるのかを，絶えず考えていなければならない．相手が今，何を求めているのか．その心の動きに対して，鋭く優しい感性をもちたい．ステキなカップルとは，お互いの仕事，才能，情熱などを認め合い，尊敬し合い，助け合いながら，有益な相互活動に取り組んでいる2人のことをいうのである．

4　職場のリレーションシップ

> 人生とは自己実現への旅である．
> チャートは仕事という宝探しの地図だ．
> 人のために役に立ち評価される，それを幸せと呼ぶべきだろう．
> 人を支え，人に支えられて，はじめて仕事が成り立つ．
> 支え合う男と女の関係は，常にシステムの原点である．

　人間にとって最高・最大の歓びは，やはり仕事の達成を通じての自己実現にある．これまで3回にわたって恋愛，結婚，家族などについて述べてきたが，最終回では，自己実現に直結する職場と女性のかかわりについて考えてみたい．より多くの女性の職場参加によって，男女関係のスタンスの取り方がどのように変わりつつあるのか．その背景には何があり，これからどのような方向へ進むのだろうか．

　人，物，金，情報，技術のニュートレンドは，今，女性を主人公とするステージへと展開している．女性たちの一挙一動が現代社会の動向に如実に反映されている．選挙でも商品開発でも，女性を取り込むことが各界の課題とされているのだ．職場社会でも女性労働力を活性化することによって，新しく有望な戦力アップが見込まれている．女性労働力の潜在能力は，現段階では無尽蔵といってもいいだろう．これからの企業活力の源は，女性の力をいかに開発し，活用していくかどうかにかかっているといえる．

(1)　ワーキング・ウーマンたちの現状

　まずはじめに例によって，データから検討していこう．女性の職場進出の実態を表すものである．
　女性就業率は，すでに5割を超え，そのうち有配偶者が6割を占めている．

また現在仕事をもっていない人に，今後仕事をもちたいかを聞いてみたところでは，「何らかの仕事をもちたい」と答えた人が3割以上に上る．2004年度の帝国データバンク調査によれば，女性社長の数は約6万8千人で，全企業数に占める割合は約5.6%である．また厚生労働省が04年度に実施した「女性雇用管理基本調査」によると，「女性管理職のいる企業の割合」（図表2－4）は，部長相当職が6.7%，課長相当職が20.2%，係長相当職が32.0%を占めている．5,000人以上の大企業では，部長相当職が37.0%，課長相当職が74.1%，係長相当職が71.9%となっている．さらに「役職別女性管理職の割合の推移」（図表2－5）をみると，部長相当職が1.8%，課長相当職が3.0%，係長相当職が8.2%で，前回よりも増えている．ワーキング・ウーマンの平均貯蓄額は約700万円である．結婚しない女性も増えつつあり，東京都の25～29歳の女性の未婚率は45%へと増えている．こうしたデータから，男性優位社会への女性のチャレンジが少しずつ道を切り開いて，職場における上下関係の再編成を迫っていることが窺える．

このような女性の職場進出の背景には，産業側の事情と女性側の事情とが折り重なっているとみるのが正確だ．産業側としては，未婚・若年労働力の不足，進学率の上昇，出生率の低下，技術革新による単純労働分野の拡大などによる労働力不足という要因がある．

一方，女性側としては，経済的必要性，時間的余裕の拡大，ライフサイクルの変化，社会活動への参加意欲の向上などがあげられる．

ところで，東京都のデータ（複数回答）で就労理由を男女別にみてみると，かなりの違いが目につく．男性では「生計を維持するため」が8割以上で圧倒的に多いのに対し，女性では「社会とのつながりが欲しい」が4割，「自由になるお金が欲しい」が4割，「仕事を通して自分を成長させたい」が4割と，概して精神的な自由につながる理由が目立つ．ローンの支払いといった経済的理由よりももっと視野を広め，より確かな生きがいを求め，余暇を利用して自分自身の生活を豊かにするためといった理由が多いのである．

図表2-4　女性管理職のいる企業の割合（全国・2003年度）

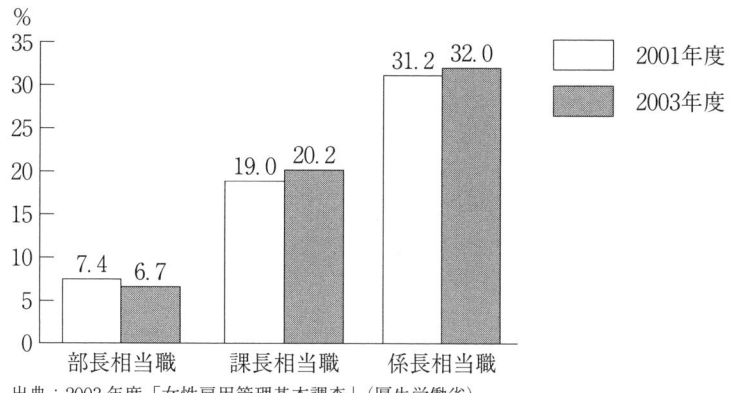

	2001年度	2003年度
部長相当職	7.4	6.7
課長相当職	19.0	20.2
係長相当職	31.2	32.0

出典：2003年度「女性雇用管理基本調査」（厚生労働省）

図表2-5　役職別女性管理職の割合の推移（全国・1989～2003年度）

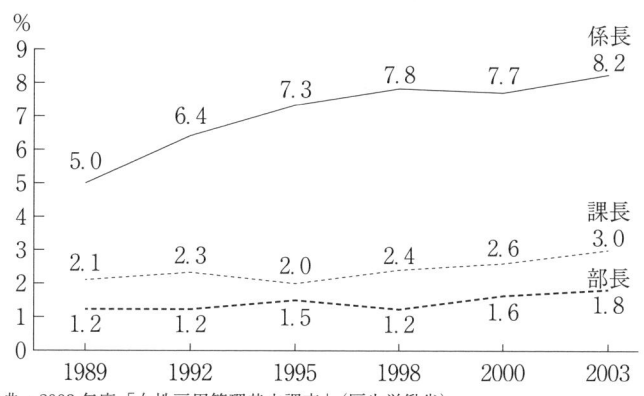

年	1989	1992	1995	1998	2000	2003
係長	5.0	6.4	7.3	7.8	7.7	8.2
課長	2.1	2.3	2.0	2.4	2.6	3.0
部長	1.2	1.2	1.5	1.2	1.6	1.8

出典：2003年度「女性雇用管理基本調査」（厚生労働省）

　これは，女性の生きがいが「家庭本位から仕事本位へ，さらに自分本位へ」と大きく転換しつつあることを意味する．ワーキング・ウーマンの目的は，単に高い報酬にあるのではなく，もっと仕事や人間関係そのものの満足度に向けられているのだ．これらの精神的満足感が職場で満たされているかどうかが，働く女性のいわばプライドとなりつつあるのが現代の職場だ．こうした女性の意識に対する周囲の無知・無関心が，職場におけるリレーションシップのギャ

ップとなって，さまざまな矛盾やトラブルを生むもとになっているのだ．

(2) **女性にとっていい職場とは**
　現代のワーキング・ウーマンの多くは欲張りである．男も夫も子どもも仕事もみんな欲しいし，自由自在で自然な生き方もしたいと考えている．このような人生観の基本にあるのは，「あなたのためより私のため，社会のためより自分のために働く」というワークスタイルと価値観と感性である．ある意味では，女性はすでに会社離れ，家族離れ，男性離れを始めているのだ．生活のためではなく趣味として働きたい，といえるような生活基盤をもった女性の場合は，拒否権や選択権をしっかりと掌握している．
　もちろん生活のために働いている女性も多いことは事実だ．現代日本のように豊かだが少しずつ貧富の両極化が進みつつある社会では，女性の労働の目的も両極化が進みつつある．趣味だけで働く女性が増える半面，生活の一端を背負う女性も増えているのだ．ブランドに身を固めてお嬢様大学へ通う女子大生も，自分の小遣いの出処が母親のパート労働であることをちゃんと認識している．それでも男性と違うのは，生活のためという大義名分に精神的につぶされない，ある種のたくましさをもっている点である．
　女性にとっていい職場とは，楽で得でフリーで面白い会社である．男性にとっても同じだろうか．楽しい人がいて笑いがあり，好きなことができて，責任も任せてもらえる．何よりも個人優先だから，課長が嫌いだと仕事も嫌いということになる．女性は人間関係で組織とつながり，男性は利害関係で組織に組み込まれているのだ．したがって，女性は男性のように職場を戦場とは考えない．
　また職場においては，女性は自分の存在価値を常に認められ続けなければならない．これは男性にとっても同じだろう．窓際族や肩たたきといった流行語は，企業内での個人の存在価値と結びついている．男性の場合は，窓際に追いやられてもしがみつく人が多いようだが，女性は"とらばーゆ"や"デュー

ダ"していく人が多いのではないだろうか.

　職場の雰囲気の点にも，女性の欲求は広がっていく．いきいきとした幸せ感覚で適当に変化があり，適度な華やかさが要求されるのだ．明るい仲間たちとともに一人ひとりの個性を生かしながら働く．自分らしさを強調し，何かをつくっているという実感を得られることが大切なのだ．さらに真の理解者がいて，お互いに励まし励まされるという信頼関係と友情関係ができることも求められる．現代のワーキング・ウーマンが求めている職場とは，まさにユートピアン・カンパニーである．

　だが，このような理想の会社像を夢物語と一笑に付すことはできない．家庭は安住の場で職場は闘争の場という単純な論理や，社会とは秩序によって管理統制されたものなのだ，という昔ながらの説明だけでは，ユートピアン・カンパニーへの夢は消えてなくなることはないだろう．ワーキング・ウーマンたちはむしろこう反問するに違いない．では，どうしたら楽しくて面白い職場になるのか，男性はその努力をしてきたのか，と．

　最近，過労死などという言葉が使われるようになった．その原因については特定されてはいないが，働き過ぎによる生活習慣病ということのようだ．こんな言葉が生まれる状況の根本には，職場は戦場という認識があることは否定できない．これは，女性からみれば，職場の男性論理の限界ということになる．今まで，なぜ職場のシステムを居心地のいい開かれたものにしようと努力しなかったのか，ということだ．

　現代女性の職場進出と，会社に対する一見夢のような要求は，実はこうしたシビアな問題を含んでいる．職場への女性参加は，新しい開かれた職場づくりへの起爆剤となりうる可能性をも秘めているのである．

　ここでワーキング・ウーマンからの問題提起を整理しておこう．いい職場環境を実現するための条件として，次のような項目があげられる．

　① 男女にかかわらず，努力と才能と適性が認められる職場であること
　② 実力と実績に見合った地位や待遇が受けられること

③ 職場での研修，専門教育，能力開発などが充実していること

④ 結婚や出産をしても，働き続けられる職場雰囲気であること

　要するに，平等な職場を実現することだ．そのためには，男の仕事，女の仕事といった旧来の区別を解消することが前提条件である．

(3) 21世紀は幸福産業の時代

　いずれにしろ，女性の職場進出は増えつつあるし，今後も増えていくだろう．このことは視点を変えてみれば，女性の職場進出と社会のニーズがうまくマッチしているということである．現代の産業社会は，高度な情報化の波の中で，女性の特性である（またはそう思われている）感性を，最大限生かすことを必要としている．あえて相対的にいえば，論理的思考より直感，気分的安定より揺らぎが生かされる状況になってきたのだ．「感性情報」といわれる，ファッショナブルでフィーリング中心の付加価値が求められている．それは従来のモノ至上の生活財ではなく，ハードな文化財でもなく，変化と刺激と快楽に満ちた「感性財」とでも呼ぶべき市場価値なのである．

　感性の時代にあっては，商品そのものの利用価値プラスαが，商品の売れ行きにものをいう．モノ本来の実利的価値とおまけとしての感性的価値が総合的に評価されるのである．世の中は楽しいモノではなく，楽しいコトを指向しているのだ．わざわざ高級なレストランへ行くのは，食事や酒の味だけを楽しみに行くのではない．豪華な雰囲気，楽しい会話，誰かと知り合えるかもしれない冒険心などを求めて，思いっ切りのアクセサリーを身につけて出かけていくのである．さらにいえば，そのような状況にある美しい自分の姿に，陶酔するためだといってもいいだろう．今の自分をよりよく，より幸せにするためなのだ．

　現代人に夢を売るサービスビジネスは，とりわけ女性活動のテリトリーに多く，美容院，化粧品店，ホテル，旅行代理業，美容形成など数えあげれば切りがない．最近，話題の1万円コーヒーなどもこの延長だ．とにかくこれからの

私たちの生活においては，個人の今の幸せ感が最大限尊重されるようになるだろう．健康指向，高級指向，レジャー指向などがその現れだ．人びとのこうした欲求の裏には，現実の世界から非日常的な夢の世界への離脱願望や変身願望があるとも考えられる．いってみれば，夢見る女性の時代である．現代のサービスビジネスを支える主要コンシューマーが，このハイクォリティ指向の夢見る女性たちだ．彼女たちのあくなき自己実現への欲求が，幸福産業のエネルギー源なのである．

(4) モノ離れが進む現代の幸福感覚

　自己実現，それは豊かにモノが行き渡った現代にあって，人びとがさらに求め始めた次の段階の幸せである．第二次世界大戦後，復興への道を歩んだ日本社会は，まずその日の食べ物を求めるところからスタートした．その後やってきた高度成長時代の幸せは，物を所有することだった．洗濯機であり車であり家であった．安定成長時代に入ると，もつこと (having) からすること (doing) へと，幸せの価値観が変わってきた．スポーツ，旅行など，自分で何かをすること，実際に体験してみることによって得られる満足感が，幸せと考えられるようになったのだ．さらに現代では，もつもするも超えて「あること」(being) へと，幸せ追求の段階が上がった．「あること」とは，自分がさらにハイレベルになること，人生を面白く楽しく生きること，あるいは何かを究めたいというアート感覚で生きることなどを幸せとして求めるということである．これは今を楽しくという感覚につながっている．

　今，このように自分にとってのハイクォリティを求める人びとが急増している．その主役が「ハイクォリティ・ライフ」を生きようとしている女性たちなのである．その彼女たちがもっとも関心のあることは，男と女のクォリティ関係（質の高いよりよい関係）だ．人間は何よりも人間自身に興味をもつものなのだ．経済力も遊び心もあり，もうちょっと上のパワーや美意識をもちたいと願っている女性なら，求める男性の水準も当然高くなるだろう．自分の価値を認

め，さらにいい女にしてくれる異性と付き合いたい，と期待しているのだ．

　これを商品価値に置き換えていえば，モノを通してココロが通じ合い，コトを媒介にしてヒト同士のかかわりが生まれるということになる．どんないい商品でもそれだけでは売れず，誰が売るかまで問われ，同じ食事をするのにも誰とテーブルを囲むかが問われる，という時代が現代なのである．

(5) ハイクォリティな関係

　現代女性のフロンティア・ランナーたちが，どんな感性や欲望をもっているか，少しは理解していただけたと思う．それでは，彼女たちの職場における男性への期待とは何だろうか．職場とは少なくともそこで働く人びとがその人なりのハイクォリティ・ライフを追求する場所である．したがって，職場は自分の感性にフィットする確かな対象でなければならない．しかもあまり利害関係のない者同士が，質の高い共通の目的をもって集まる．この共通目的こそ，仕事を通しての自己実現ということである．

　職場は，仕事の過程を共に楽しむ力量のある仲間たちの集団でなければならない．それはお互いの能力を認め合い，相互に影響しあう協働関係だ．弱い者ばかりが妥協する権力関係ではない．今，職場で求められているのは，リーダー対フォロアーの縦の関係ではなく，対等なメンバーという横の関係である．

　職場での人間関係は相互信頼を基礎としている．愛情のない夫婦が一緒に暮らすことは無意味なように，相互信頼を失った職場の人間関係は徐々に崩壊していくだろう．そうなると仕事もただただ大変と感じられるだけになり，達成感や感動を分かち合える仲間と仕事をしているのだという感動体験も得られない．ありていにいえば，職場でもある意味で惚れ合った人間関係が期待されているのだ．「一緒に何かしたくても，組みたいと思う男性がいない」という女性の嘆きを，男性たちはもっと真剣に受け止めなければならないだろう．

(6) できる男といい女

　それでは，ワーキング・ウーマンからみて期待できる男性とは，どんな男性なのか．私はこれまで，脱性差の考えを強調してきた．男性だからどうのというよりも，要は能力であり努力なのだ．大ざっぱにいえば，仕事のできる実力者である．このできる男性とは，行動力，企画力，説得力，判断力，論理構成力，先見性などを身につけている人間のことだ．さらにバイタリティ，エネルギッシュな生命力なども含まれるだろう．男性の価値は才能とそれまでに成してきた仕事の中にあるといわれる．できる男性とは，才能と情熱の持ち主である．

　だがこれだけでよかった時代は，高度成長期とともに終わりを告げた．付加価値時代のワーキング・ウーマンは，できる男プラスαとしてのスマートさ，セクシーさ，ダンディズムなどを求めているのだ．品性，表情，こだわり，緊張感，優しさ，内面的成長なども期待されるのである．反対にもっとも嫌われるワースト要素をあげてみよう．だらしない，不潔っぽい，ネチネチ，ショボクレ……，たとえ能力があっても，フケだらけの頭で出勤するようでは失格なのだ．

　職場の人間関係において，男性が本当に魅力的なできる男なら，女性もまた男性との交流を通して，どんどんいい女へと成長していくはずである．頭がよく感性の鋭い女性は，できる男からの無言のメッセージを次つぎに吸収していくのだ．「恋する女は美しく，仕事に没頭している女は輝いている」とはよくいったもので，まさに真実だ．そしてこれは男性にもあてはまる．

　いい女とは，ごく普通の明るくて楽しいとか，美しくてセクシーなどといったレベルよりも，一歩先の段階をいく女性のことをいう．それには，美しさもさることながら，知性，教養，気品，優しさ，優雅さなどももっていなければならないだろう．さらには情熱，寛容さなども求められる．これからは，「女性としての魅力」プラス「仕事のプロ」としてパワーをもった女性が，次つぎに登場してくるだろう．もともと人間関係の基本は「個人的魅力」だ．個人的

魅力がなければ，関係性は成立しにくい．男性であれ女性であれ，ある意味での性的魅力を生かしてこそ，人間関係が結ばれるのだ．そこから次の段階としてのより深い心の結び付きが構築されていくのである．

　いい女は，できる男とのスタンスの取り方を心得ている．男を盛り立てて，その能力を引き出させるのだ．必要以上に男性に対して敵愾心をもち，士気を衰えさせる女性管理職（男性管理職も）は最悪・最低といわざるをえない．今後，いろいろな職場で女性の上司と男性の部下という関係は広がってくるだろう．今のところこの関係は協働関係ではなく，まだまだ試行錯誤の段階だ．今まさに新しい関係をつくりあげていく努力が必要なのだ．一つ確実にいえることは，性別のイマジネーションから脱却することである．男性側からいえば，自己中心的で自己顕示欲が強い女性の情念の世界から，一定の心理的距離を保つのである．大切なのは，女性の人格的魅力を見い出す洞察力を早く体得することであろう．

(7) 新しいリレーションづくり

　女性は歴史的，現実的にすでに十分すぎるほど，多くの劣等感と挫折感を抱いて生活してきている．しかし頑張る女性たちの増加によって，少しずつ周囲が変わり始め，気がついたら男性たちに伍して活躍するようになってきた．さらに女性の職場参加や人材育成により，職場や地域の活性化はますます促進されている．今後はどういう方向へ進めばいいのか，最後に将来の望ましいあり方について話をしよう．

　まずいくつかの前提条件がある．それは女性意識の大きな変化をあらかじめ認識することだ．具体的に何を認識すればいいのか，以下に列挙する．

　① 豊かな社会はすでに当たり前であること
　② 女性は自分の感性を重視していること
　③ 女性は好き嫌いで判断する傾向があること
　④ 労働は必要悪と考えていること

さらにワーキング・ウーマンの願いは，
① かけがえのない存在でありたいこと
② 個性的でありたいこと
③ 愛情をつねに表現されたいこと
④ 仲間外れにされたくないこと
などである．

これらの基本的欲求を十分に受け入れることができる職場環境づくりに取り組む必要がある．そのための方法を示すと，以下のような項目が見出される．

① 新しいシステムづくり＝女性のそれぞれの個性をどう活かしていくか，そのシステムづくりに力を入れる．オープンでソフトでフラットな組織（直接参加型民主主義）にするのだ．それはハイブリッド（異業種，異文化の混交）な組織でなければならない．多様性，異質性，自発性などのフュージョン（融合）を重視し，新しい組み合わせの相乗効果（マトリックス）を狙うのだ．個人からみれば，会社は自己実現の手段と考えればいい．自己の能力を示すチャンスなのだ．自分が向上するために，会社や組織を利用していると思えばいいのである．会社側もまた，こうした新しい考え方に対応していけるだけの，柔軟なシステムを創造していかなければならない．

② 意思決定過程への参加・参画＝会社の戦略や問題を考える機会を，できるだけ多くの女性に与えることが大切だ．一緒に考え，一緒に歩む意識をもたせるのである．会社の意思決定プロセスに参加・参画させて，対話や討論を通してみんなが納得する合意を形成する．それは自分で判断した，という実感と満足感を与えることになる．共同，共栄，共生といったコンセプトにこだわってみることが大切だ．このことは，同じ立場に立ち，同じ物事を分かち合うということだ．家庭で実際に行われているような，稼ぎ，食べ，愛し，育てるという日々の営みと同じ原理を導入することにほかならない．幸せな結婚が苦楽を共有することなら，そのあり方を職場づくりにも実践するのである．そのためには，より鋭敏な共感能力を養うことが求められる．つ

まり他人の歓びや痛みを感じる能力を育成することである．
③ 同一視の対象を与える＝女性は概して，タレントやモデルなどに憧れ，ああなりたいという願望をもちやすい傾向にある．したがってできるだけ活動的で有能な男性と一緒に仕事をさせ，同一視できるような環境をつくることだ．専門用語でいうと，優越模倣というものである．模倣が進むに従ってレベルアップが進み，以前にはなかった新しい能力が開発されていく．これが，女だからという規制の殻から脱却させる新たなチャンスづくりになるのである．

　人生とは自分への旅である．人間は一生をかけて，自分で自分をつくりあげていく．腹いっぱい，自分の好きな仕事をして，自分の夢を追い，やりたいことを少しでも実現できたならば，人はそれを幸せな人生と呼ぶ．さらにその成果が他人の役に立ち評価されれば，もっと幸せというべきだろう．人の一生は結局，他人へのサービスと他人からのサービスという相互のかかわりで成り立っている．この意味で，男と女の関係こそ，あらゆる人間関係の原点なのである．これが本章の結論である．

II 地域生活

第3章 地域社会論
―地域社会の変貌と住民生活―

=== プロローグ ===

　地域社会をめぐる原理は従来,「家制度（イエ）」―「村落共同体（ムラ）」―「大都会（トーキョー）」―「先進国欧米（ガイコク）」といった4位相の価値構造として展開されてきた．さらに最近の国際化によって,「新しい個人原理に基づく家族関係の流動化」―「地域社会のブロック化（市町村合併）」―「自治体による近隣諸国との国際交流化」―「国家・国際社会のボーダーレス化」といった視点から,「世界の中の地域社会」（アジアの中の九州など）といった「グローバルな視座への転換」が求められている．急激に変貌する現代社会にあって，農村・農業・農民の三農政策は一体どのような解体・再編過程を辿りつつあるのか，また都市化と都市社会はどのように変化し，その都市によってつくられる都市的人間のパーソナリティ特質とは何か，などについて検討する．さらに都市社会における「心の故郷づくり」としてのコミュニティ活動問題についても触れ，かつ地域社会の国際化への対応策などについても言及する．

1　地域社会をめぐる視座転換

　「地域社会」の変化をどう捉えるか．今日的視点は，特定の「地域社会」や「国家社会」という枠組みを越えて，多様かつ多次元的な「国際社会」時代にどう対応するかというパースペクティブとオルタナティブが求められている．

激変する国際環境にいかに適応していくかというグローバル・レベルでの対応能力と行動能力がなければ，もはや地域社会は生き残る資格がないといった厳しい状況下に追い詰められているともいえる．したがって，これまでの「農村―都市」「地方―中央」「後進―先進」「疲弊―成熟」といった対抗的・対立的な関係基軸だけではとても不十分である．新しい観点として，① これら両者を等価なものとして位置づけ，価値の相対主義化を図ること，② 価値評価の多様化・多元化を認め，二項対立的な構図を発展的に解消していくこと，さらに ③ それぞれの特質が相互に交流・影響し合って，混交・融合・変容していく相互主義的視点を導入してくること，などが必要不可欠になりつつある．

地域社会をめぐる従来の主たる思想と行動の原理を集約すれば，「家族社会」―「地域社会」―「都市社会」―「国際社会」という4位相の価値構造として展開されてきた．これをさらに換言すると，「家制度（イエ）」―「村落共同体（ムラ）」―「大都会（トーキョー）」―「先進国欧米（ガイコク）」といった多重層構造としても捉えられる．これらの同心円上に，あらゆる価値評価の基準が設定され，内円から外円へ，あるいは下位から上位へと順次飛躍・達成し，より高度化・高次化していくという発展過程が，いわゆる「近代化」（「近代主義」「近代人」）であるとみなされてきた．近代化とは，いわば西欧的価値観（たとえば，民主主義，資本主義，自由主義，個人主義，合理主義など）の絶対視（欧米中心主義）と，その信仰と実践導入であったといえよう．

日本でも，明治維新以来，ヨーロッパ・モデルが，とりわけ戦後社会ではアメリカ・モデルが，近代化モデルの価値基準とされ，その象徴としてのTOKYOにあらゆるものが集中・集積されてきた．その東京をめざして，青年は故郷を捨て，ひたすら都市へ・都会へと集合してきた．さらにいえば，ヨーロッパやアメリカに飛び出して「欧米的世界観」に触れ，それを「最高に価値あるもの」として積極果敢に吸収・獲得し，わが国に一方的に直輸入することに最大限腐心してきた（あたかもその紹介や導入そのものが，目的や生きがいであるかのように）．

かくして日本社会のあらゆる分野に近代主義の大波が襲来し，工業化・都市化・合理化・機械化などが徹底的に普及・貫徹されていった．とくに産業社会分野では，地域開発・産業開発という名において，全国規模での近代的工場の地方分散化が進み，産業構造の割合も第1次から第2次，第3次へ，さらに第4次（貿易・金融・保険・不動産など），第5次（保健・教育・研究・統治など）へと大きく変貌していった．そしてやがて深刻な公害問題や自然破壊，環境汚染や人口流出といった爪痕を残し，大規模な「国土開発」や「企業誘致の時代」は終焉を迎えつつある．

　しかしなお現在でも，情報化・国際化，円高構造不況，工場の海外生産拠点の拡大と製品の逆輸入，外国企業・外国人労働者の参入，国内産業の空洞化といった産業構造の変化は続いており，地域社会はさらなる対応に迫られている．企業城下町や下請け企業はさらなる合理化・設備集約化によって，工場の機械化・省力化・自動化が進展し，工場移転，メーカー閉鎖，雇用減，余剰人員の大幅削減などに苦慮し喘いでいる．地域社会は中央直結や大企業・大資本の導入という依存と自立（あるいは外発的圧力と内発的努力）との間で激しく動揺している．そうした中で，「地域社会のサバイバル戦略」としては，単に「工場誘致」だけに奔走するのでなく，むしろ「人材誘致」や「大学誘致」などによって新しく活路を見い出そうとしてきた．しかし，「東京」との距離はますます乖離していく一方である．

　「東京圏への集中状況（全国シェア）」をみると，面積が3.6%にもかかわらず，人口が25%，外資系企業数，資本金百億円以上の企業本社数，上場企業数，大学・大学生数など，ますます一極集中化している．東京には人口が集中し，物が溢れ，経済力（販売・流通・金融など），情報，文化，科学技術などが肥大化する一方で，いわゆる「東京の国際都市化」「国際都市TOKYO」「全国の管制センター」が出現している．そして「頭脳は東京，現場は地方」「東京は労働の場，地方はリゾート基地」といった二極的・階層的構造が形成されている．

しかし一方で，新しい動向もみられる．1985年以来の「地方の時代」というスローガンは，それなりに地域の自立化・個性化・創造化を促してきたといえる．「グローバルに考え，ローカルに行動せよ．あるいはローカルに考え，グローバルに行動せよ．」といった「グローカル」(glocal) のコンセプトに沿って，少なからず地域資源の有効活用化に努力してきた．とりわけ海外渡航者1,754万人の時代 (2006年) を迎えて，人の国際的交流は，観光旅行や経済活動のみならず，スポーツ・芸術・文化交流なども盛んにした (ちなみに，06年の外国人入国者数は811万人，外国人登録者数は約200万人である．図表3－1，図表3－2，図表3－3参照，2007年法務省入国管理局資料)．

　若者は気軽に国境という枠を越えて往来し，日常的に異文化交流を体験している．人が動けば，知識，情報，文化，技術も動く．こうした脱国境する人びとによって，海外体験を生かしたふるさと創生事業，地域での国際的イベント開催，地域間の競争と協力の推進，自治体の政策水準の向上などがもたらされている．

　地域社会では，これまでの東京指向や中央依存を徐々に断念し棄却して，むしろそれぞれの地域を中心として，近い国々との交流をより深める方向にシフトしている．北海道は北方圏へ，北陸地方は環日本海圏へ，九州は環黄海圏へと，それぞれ「地域の国際化」を模索，志向してきた．こうして「国際社会に開かれた地域社会」としての国際体験や異文化交流が蓄積されるにつれ，市民意識の成熟化，生活様式の国際的平準化，あるいは「個人原理に基づく世界（地球）市民像」などが進行してきた．地域政策のあり方も，まず市町村が水準の高い先駆的政策をつくり実施して成功し，これを府県が認め支持し，さらに府県が要請して国もこれを受け入れざるをえないというパターンも徐々に浸透，定着しつつある．

　このようにあるひとつの小さな「家族的課題」が「地域的課題」と結びつき，それが「全国的課題」につながり，ひいては「国際的共通課題」となって展開しているという不可視の構造が少しずつみえてきた．こうした時代におい

図表3―1　外国人入国者数・日本人出国者数の推移

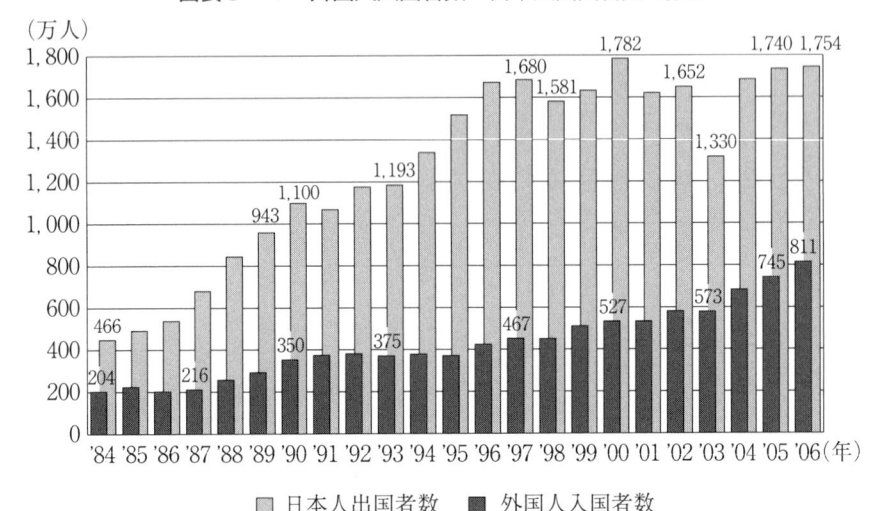

（万人）

日本人出国者数　外国人入国者数

出典：2007年1月「2006年における外国人入国者及び日本人出国者の概況について（速報）」（法務省入国管理局）

図表3―2　新規入国者数の推移

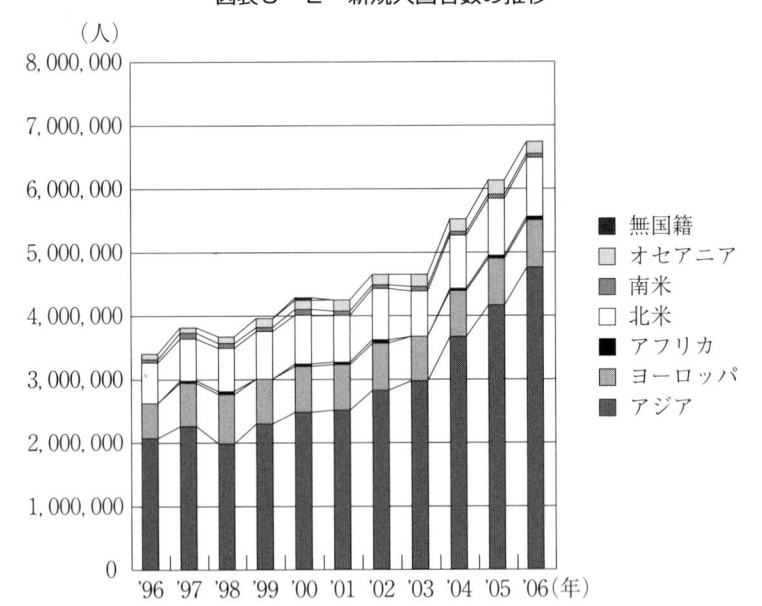

（人）

凡例：無国籍／オセアニア／南米／北米／アフリカ／ヨーロッパ／アジア

出典：2007年1月「2006年における外国人入国者及び日本人出国者の概況について（速報）」（法務省入国管理局）

図表3－3　地域別構成比の推移

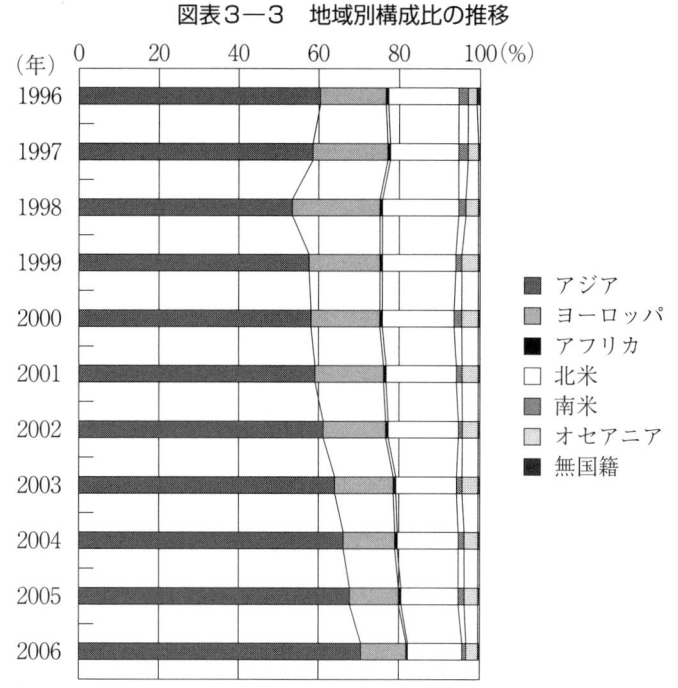

（年）
1996
1997
1998
1999
2000
2001
2002
2003
2004
2005
2006

■ アジア
■ ヨーロッパ
■ アフリカ
□ 北米
■ 南米
■ オセアニア
■ 無国籍

出典：2007年1月「2006年における外国人入国者及び日本人出国者の概況について（速報）」（法務省入国管理局）

ては，いつまでも「家」―「村」―「東京」―「欧米」といった，かつての思考様式や行動様式にばかり執着しているわけにはいかない．それに代わって，「新しい個人原理に基づく家族関係の確立」―「地域社会のブロック化（広域圏化・市町村合併）」―「地域社会との近隣諸国との国際交流化」―「国際社会のボーダーレス化」という新しい視点から，「世界の中の地域」（「アジアの中の九州」など）や「地球市民」といったグローバルな視座への方向転換が緊要に求められている．これからのボーダーレス化（自由な越境）時代における地域社会のあり方として，こうした国際社会や国家社会の動向を射程に入れつつ，一個人として主体的・積極的にどうコミットメントしていくかという基本姿勢が問われつつある．

一例を挙げると,「アジア太平洋都市サミット」が,福岡市を中心に開催されている (94年9月以来).これは「海に開かれたアジアの交流拠点都市づくり」をめざしてきた福岡市が中心となり,アジア各国・地域の交通,住宅,環境,衛生など,各種の都市問題について意見交換するという主旨である.都市行政の諸課題解決に向けて,アジア太平洋地域 (韓国,中国,フィリピン,ベトナム,タイ,マレーシア,インドネシア,ニュージーランドなど) の21都市の市長などの代表者が一地方都市に集合し,海を越えたネットワークづくりを始めようということである.こうした国際会議を市レベルの福岡市が主催し,国際連合,外務省,自治省,国土庁,(財)自治体国際化協会などが後援するというスタイルに新しい意義があった.その後,このような地方都市での国際会議があちこちで開催されるようになってきた.単に「地域の利益」や「国家の利益」のみを優先するのではなく,対日批判や貿易摩擦の根本的原因を考え,「世界の利益」や「国際的市場」を考えて行動しなければならなくなってきたのである.

2　農村社会の変容

(1)　農村・農業・農民の解体過程

日本の農業問題は,1946～50年にかけての農地改革 (戦後占領軍による農地改革指令),および60年から10年余りの間に大変化を遂げている.61年の農業基本法の成立は,一部上層の自立的経営農家だけを残して,大部分の農家を離農・脱農家させていくという「構造改善」の方向を打ち出した.さらに68年の総合農政で,農業近代化政策という「構造改善事業」(農業生産基盤や経営近代化施設の導入) が強力に促進されてきた.その結果,農業を放棄する農民が続出し,農業人口は急激に減少の一途を辿ることになる.そして実に80％以上が兼業農家となったのである.

産業別就業人口比の推移でみると,50年の第1次産業では48％,第2次産業が22％,第3次産業が30％という割合であった.それが55年の,第1次産

業の比率が 41％に，60 年 33％，65 年 25％へと減少し，さらに 69 年の食管制度改正，70 年の生産調整（買上制限，減反）や農地法改正などを経て，同年には 20％を切り 19.3％へと減少した．さらに 75 年には 14％へと落ち込んでいった（ちなみに，この年の第 2 次産業は 34％，第 3 次産業は 52％であった）．農業就業人口は，60 年に 1,391 万人，70 年 1,035 万人であったが，89 年には 596 万人まで減少し，05 年には 333 万 8 千人で，50 代後半の自営農業従事者が増加し，労働力不足が懸念されている．新規就農青年は全体の 15％で，女性農業者が基幹的農業従事者の 46％を占めている．さらに日本の食用農産物総合自給率は，75 年の 77％から年々低落し，87 年には 71％へ，穀物自給率もやはり 40％から 30％まで落ち込んでいる（『食料・農業・農村白書』2005 年版）．世界人口の 2％でしかない日本人が主要農産物全貿易量の 10％以上を輸入し，「飽食」「豊食」「過食」といわれる食生活を送っている．私たちが日々食べる食料の実に 60％は外国産であるといわれている．

　出稼ぎ労働者は，70 年代の高度経済成長期には，全国で毎年 100 万人いたといわれる．世帯主の出稼ぎは否応なく「三ちゃん農業」「片手間農業」「日曜農業」を強いてきた．男手が流出すれば，結果的に機械化や化学肥料に頼らざるをえず，それがまた土地の生命力を奪い，農薬＝薬公害の複合汚染をもたらした．一方，出稼ぎ労働者は都会の谷間で，建設人夫や中小企業の雑役として雇用部門の労働力供給源を担い，低賃金・不安定・無権利な就労状態に置かれてきた．季節労働から半年出稼ぎへ，さらに通年出稼ぎへと期間も長引き，ともすれば都会の最低辺・最下層の浮浪的な日雇労務者として，スラム街などに流されていく者もあったろう．

　こうして農民が長期出稼ぎ労働者として一端流出すれば，農業の主体者は不在となる．農家の主婦は過労から農婦症に悩まされ，夫や父のいない別居生活は常に家族の危機に瀕する．やがて賃金労働者として都市に定着すれば，さらなる離村向都・挙家離村あるいは一家離村を余儀なくされる．若い女性が流出し，やがて若者もまた嫁不足・嫁飢饉から，都市へと吸い寄せられ出て行くこ

とになる．

　人口流出を食い止めるために積極的に「工場誘致」を進めても，給料が農業収入を上回る分だけ，逆に離農や兼業を促進させてしまう．残された農家は，生産機材や設備投資や化学肥料などへの過度の借入金依存から借金返済に追い廻され，ますます機械貧乏・豊作貧乏となる．農業機械は，どこの農家でも田植え機から精米機まで10種類以上は揃えており，その合計金額は約1,000万円以上，さらに毎年の修理代や買い替えに約100万円はかかるといわれている．ある町の一戸平均の耕作面積が1.5haで，米収入は10aあたり5—7万円であるから，全部機械代につぎ込んでもなお不足する．農機具は中古を修理して使い続けるのではなく，次つぎに新しい機械を買ってしまうためローン代はかさむばかりである．「もう農業では飯が食えない」という切実な生活破壊に幾度となく直面することになる．

　たとえば，九州の農業就業人口（専業農家と農業を主とする兼業農家）約72万人のうち女性は，実に農業者の60％近くを占めている．全国でも男237万人に対し，女359万人である．農村女性を対象に実施した次のようなアンケート調査の結果がある（『九州農業白書』）．「農村女性　重い労働，低い地位」という見出しの下に，30％の女性が1日8時間以上の農作業をし，「報酬はとくに受け取っていない」「定期的な休日を取っていない」「家事は自分だけで担っている」と答えている．中核農家の借入金と預貯金の残高を対比してみると，農家一戸あたりの借入金の平均額は534万円で，預貯金額（985万円）の54％に相当している．これを部門別にみてみると，肥育牛農家の借入金は約3,000万円におよび，預貯金（約900万円）の3倍以上にも達している．やはり「借金づけ」を裏付けている．彼女たちに聞いた農家の嫁不足の原因は，「農家の将来に不安」「農業所得が低く，経営が不安定」，さらに「重労働で休みが少ない」「古い習慣や面倒な人間関係」といった意見が多かった．つまり，「農村という職場」「農業という仕事」に魅力と自信とプライドを感じなくなっているのである．

さらに農村には，農地の宅地化・団地化の波が押し寄せ，モダンな都市的生活様式がどんどん浸透している．その結果，生産者と消費者，地付層と流入層，農家と非農家との利害対立も次第に激化する．加えて減反政策，農地転用，米市場の自由化などに激しく揺れ動いている．離村・離農予備軍は，ますます増え続けるばかりである．

今や農村社会全体の解体・荒廃・疲弊現象は，眼を被うばかりである．地場産業の転廃業，交通手段の途絶，あるいは無医村となり，農村のあちこちには，廃田畑，廃屋，廃校，廃坑などが目立つ．やがて最後に取り残された高齢者が亡くなれば"廃村"となる．一方，流出した人びとも『故郷喪失者たち』（Berger, P. L., Berger, B., & Kellner, H., 1973）として都会の片隅を彷徨っている．

鈴木栄太郎は，『農村社会学原理』の中で，地域社会の変貌について〈自然村〉と〈行政村〉という概念を用いて説明している．〈自然村〉とは，「村落を構成している人々の間に伝統的に継承されてきた一個の精神としての行動原理」によって，小宇宙をなす「基本的地域社会」のことである．ここでは「村の精神」が，相互に制約する自律作用として部落の社会的統一性を生んでいる．家柄，財産，教養などの差によって，強固な身分的階層秩序（重層的階層構造）が形成されているのである．

こうした階層分析の基本的カテゴリーとして，富農と富裕農（相当数の他人労働力を雇用して恒常的な剰余を残す層），中農（農業所得だけで家計費をまかなう層），貧農（農業と賃労働を併せて家計費をまかなう層），農村プロレタリア（家計費のほとんどを賃労働に依存する層），などに分けられている．日本の農業政策としては，先述したような「農民間の階層分化」が進展しており，とりわけ貧農層と農村プロレタリア層とを分解し切り捨てるという路線が取られてきた．その結果として，次つぎと兼業化と出稼ぎ，さらには都市下層労働者層として転出していくことになったのである．

(2) 村落共同体原理の崩壊過程

〈自然村〉の農村社会では，身分階層は「格（rank）」（序列・順位）と「顔（prestige）」（威信・尊敬）とによって決められ，固定化・世襲化されている．その身分階層化の要因として，次のようなものがある．①土地（地主―小作関係，家産），②家系（本家―分家関係，血筋，家柄），③権力・役職・財産・親族的つながり，④親分―子分関係・人的つながり・個人的資質，など．しかし戦後は，こうした「格」と「顔」を兼備していた富農・富裕農や地主に代わり，「農協」（およびその団体役員）が登場してきた．今日では，この「農協」に雇用される田畑をもたない農業労働者がますます増加している．

こうした身分序列性を前提としたまま，農村社会における伝統的特質として，村落共同体内の①「平等性の原則」と，②「封鎖性の原則」とが徹底されてきた．

①「平等性の原則」とは，部落の自治運営や村仕事について一戸一人ずつ平等に労働力を提供し合うといった相互的平等負担という考え方である．土地・山・水・湖・海・牧草地などの利用・配分をめぐって，村の共有財産・共同管理という考え方が行われていた．これはもともと村落社会が運命的な生活共同体としてあり，生産単位が村や部落という共同労働行為であったためである．農作業も村行事も冠婚葬祭もすべてが共同作業であった．この「生産上の共同労働」ということから，共有・共働・生活の相互扶助といった考え方がでてきたのである．ただし，そこには大地主の支配権が強力に存在していたことはいうまでもない．

②「封鎖性の原則」とは，内部に対しては比較的平等であったが，外界やよそ者に対しては敵対的・閉鎖的・隔離的な小宇宙を形成していたという二重構造になっていた．その内部の小宇宙を守るために，民俗学でいう「流離譚」「出離の恐怖」「禁制（タブー）の共同性」などが言い伝えられてきた．たとえば，鬼，神隠し，天狗様，山神様，妖怪，幽霊，あるいは聖地思想など，民間信仰，神話，説話，伝説などとして残っている．それらは村落共同体自体の内

的原理として，いわば「自己呪縛の共同幻想」をなしていた．このタブーを破るものは厳しく罰せられ，追放されてきた．それは成員と共同体との結合原理として，個と集団と自然とを一体化する物語として作られたものである．さらにいえば，対内道徳を強化するために"平和・秩序・規律・法・慣習"などがことさらに強調され，村内だけの自制の論理として疎外構造を形成してきたのである．

しかし現在，地域の交流化や開放化が進み，異なる文化や情報が入ってくることによって，こうした原則や閉塞的状況から離脱しつつある．むしろそうした特定の時代や地域を背景として生まれたものに新しく価値付与し，改めて地域資源として有効活用していこうという動きもみられるようになった．地域特性を個性的なものとして意味づけし，まちづくり施策に積極的に役立てていこうという発想転換である．

また鈴木がいうもうひとつの〈行政村〉という概念は，幕藩体制下では藩政村といわれていたが，明治以降，〈行政村〉の変遷は激変してきた．〈行政村〉は，国家権力による農村社会の掌握のために，中央集権的管理統制として徹底的に進められてきた．府県市町村は，最初から天皇制支配体制の行政末端機構・下位執行機関として位置づけられ，地域支配のための行政機能として拡充されてきたのである．

1881（明治4）年，廃藩置県直前の都道府県数は，府3，県45，藩261の計309であったが，同年，「明治の大合併」として廃藩置県が施行されて，府3，県306となった．県数は明治時代を通して県合併が続けられ減少し続けた．72（昭和47）年になって，ようやく現在の都1，道1，府2，県43，計47という体制ができあがる．市町村については，89（明治22）年の市制町村制施行によって，町村合併が強力に施行され，83（明治16）年に71,497あった市町村数は，89（明治22）年には15,859にまで激減した（5分の1）．さらに戦後，「昭和の大合併」として，1953（昭和28）年の町村合併促進法や56（昭和31）年の新市町村建設促進法などの施行によって3,975とさらに4分の1まで減った．

95（平成5）年では，市663，町1,991，村581，計3,235という数字である．現在は，「平成の大合併」といわれる第3次合併ブームである．95年，第129国会で成立した「中核市制度」（人口30万人以上の都市に，政令指定都市に準じて，府県と同格の強い権限と財源を委譲していこうという制度）や「広域連合制度」（複数の自治体に跨って，府県・市町村レベルでの連合化を押し進め，「議会」や「長」を新しく作っていこうという制度）などの創設によって，さらなる市町村再編が推進されてきた．99年4月の「市町村の合併の特例に関する法律」の改正法の施行，同年11月の「市町村の合併の推進についての指針」の策定などにより，政府はこれから10年間の特別合併法を認め，合併のメリット性を強調し，あくまで自主合併を促進していく方針であった．この結果として，市町村数は，市が777，町が847，村が198で合計1,822にまで激減した（2006年3月末）．今回の合併目的は，行政単位としての町村を消滅し，基礎自治体の最小単位として，「市中心」の行政単位に変えていくものと想定されている．

　1889（明治22）年当時は，人口の95％が農業人口でまさに農村社会であった．しかし，「市部・郡部別に見た人口とその割合の推移」（総務庁統計局『国勢調査報告』）によれば，50（昭和25）年に市部37.3％，郡部62.7％であった人口割合は，55（昭和30）年前後になると都市への人口移動が急に激しくなり，市部56.1％，郡部43.9％と逆転し，さらに70年の市部人口は72.1％と増加してきた．現在では，市部人口が80％まで増え，郡部人口は20％へと減少している．こうした人口移動や産業構造の変化により，地域社会は「農村型社会から都市型社会へ」と構造変動してきた．まさに，日本農村はこの100年間できわめてドラスティックな変容過程を遂げてきたのである．

　こうした農村社会の解体と再編過程を通して，今日の地域社会の存在形態ができている．農村は今，地域社会の乱開発，過疎化，高齢化，産業構造の空洞化，国際競争力の低下，余剰労働力の減退といった切実な社会問題を抱え苦慮している．こうした諸問題に対処していくためには，「農村の都市化」ばかりでなく，「都市の農村化」，「都市と農村の対流」「人間にとって住みよいふるさ

と都市づくりの条件とは何か」といった視座転換を図り，価値の相対化による地域資源の見直しを徹底的に進めていく以外にない．

(3) 「村の精神」の解体と残存

　ところで現代社会との関連において，農村における〈ムラ〉の原理＝村落共同体は，近代化や民主化の流れの中で一体どれほど変容したのであろうか．また農民の意識はどれほど変化し，〈ムラ〉は本当に解体したのであろうか．

　その答は"ノー"である．〈ムラ〉の原理は，社会制度的には崩壊しても，なお「村の精神」として私たちに受け継がれているように思われる．より正確にいえば，「解体しつつ残存し続けている」といえるかもしれない．「村の精神」は現在でも，私たちの日常生活の自然的基底部分に深く浸透し支えているように思われるのだ．村のもつ歴史的時間の長さに比べれば，近代社会の成立など遥かに短いものである．私たちが生きうる時間の長さを考えても，村の時間のもつ重みはよく理解できる．日本農民の行動原理としての「村の精神」が，今日なお地域社会の原基・基層を成し，あらゆる社会現象の場面に表出しているのである．

　こうした「村の精神の回帰現象」としていえば，たとえば，①「農村への回帰願望」，②「農業・農民のファッション化」，③「共同感性の強調」などがあげられる．以下，もう少しこれらの概念について検討していこう．

　①「農村への回帰願望」としての"自然ブーム"である．マスコミでは，都会生活での疲れを癒す「故郷」や「ふるさと志向」がキャッチコピーとして氾濫している．JRのコピー「ディスカバー・ジャパン」は大ヒットし，旅行ブームをまきおこした．お盆とお正月の帰省ラッシュは年中行事である．自然・生命・地球・環境などのイメージ・コンセプトとして"山・川・水・緑・森・海・光・空気"といった文字が，観光パンフレットの中に躍る．"ふるさとフェスティバル"が"むらおこし"や"まちづくり"のイベントとしてあちこちで開催されている．

②「農業・農民のファッション化」として商品化され，商業主義ペースに乗っている．農村・農業・農民・農産物などの原風景が，CM・PRとしてあちこちに流布・掲載されている．"手作り菜園""貸し農園""無農薬野菜""自然食品""物産展"なども流行っている（もちろんそのイメージは依然として"温和で素朴で貧困な生活"といったステレオタイプのものが多い）．

さらに③「村の精神」としての相互扶助感情，緊密な仲間意識，連帯感や親和感といった「共同感性」がことさらに強調されている．村祭り，盆踊り，国体，高校野球，県人会などは，感性的な故郷（同郷・地元）意識として惹起され利用されている．こうした「村ぐるみ」「町ぐるみ」といった村民の原感情を再編強化していこうとする試みは，絶えず行われている．

このように農村社会の「村の精神」はなお残存し，しかもその再編強化が絶えず行われつつあるのではないかという視点は，つまりこの日本という国の風土においては，本当の「精神の近代化」はなかったのではないかという疑義に突き当たることになる．村民の原感情が不滅に残っているのではという懸念は，さらに次のような問題点としても指摘できよう．たとえば，次の4点を指摘できる．

①無投票・多選議員の存在——国政や自治体選挙において，首長や議員の長期・多選化，および低投票率の傾向が顕著である．6回（黒部市）・7回（東金市，瑞浪市）と，連続当選する首長も少なくない（最長記録は，石川県知事の在職8回31年というのもある）．1991年の統一地方選挙以降の自治体選挙の動向調べでは，無投票当選が122選挙（24%），投票率が過去最低の選挙が29%あり，有権者の関心が薄れている．実に20数年間にわたって，たったひとりの人物に住民の全権が委任されているのである．子どもが誕生して成人になるまで，たった1回の投票行動もなしに政治的代表が選ばれている．これでは「権利としての政治参加（参政権）」「選挙権の行使」，あるいは「私たちの代理・代表」といった政治意識も民主主義思想も育たないのも当然である．まさに村の名望家・実力者・有力者による（だけの）政治体制（権力構造）の残存，固定化であ

る．まして予め新人候補や対立候補は絶対に出さない，出させないという仕組みにさえなっている．それでもどうしても立候補すれば"村八分"同然の扱いを受けることになる．「政治はお上の仕事」「お上とは村長」「村長とは名望家」のことであり，名望家とは先述した「格」と「顔」をもった「地域の顔役」なのである．大旦那・名主・地主・庄屋など，村長は「親父さん」などと呼ばれ，「旦那支配」として村内の身内意識を大切にし，そして身分秩序を保持している．

　こうした地方の名望家層の条件としては，先述したように(1)経済的実力（土地・家・財産），(2)家累代の威信（家柄・家系），(3)就職機会の独占（権力・役職・人脈）などがある．村長は，こうした実力を背景に，貧しい村民のために大いに"飲ませ食わせ"して，"親身"になって世話し面倒をみる．いわば村民の日常生活の世話役・相談役のような存在である．その代わり，村民はそうした物質的報酬と引換えに，選挙権と自由な精神（魂）を売り渡すことになる．選挙権ではなく投票権という義理人情が介在することになる．"お世話になったあの人"に投票する義務感だけが残る．投票日にわざわざ帰省する大量の出稼ぎ者集団もいる．ここに「タカリ＝バラマキの構造」（忠誠と恩恵，服従と協力という交換関係）ができあがる．それは，実に貧困な「ものもらい・ものとり主義」の発想である．「飲み食いの風習」「おすそわけを頂戴」といった「タカリの根性」そのものが，村民を無意識裡に"負の立場"に追いやっている．両者間にはけっして対等意識や平等関係は醸成されず，すでに心理的には上下関係・支配服従関係が構築されている．つまり，自由・平等・自立した「市民」意識は，まだまだ未成熟なのである．

　② 政治家の世襲化（二世・三世議員の増大）――現在，国会議員の約3分の1以上が二世・三世議員であり，まして農村選挙の実態はもっと保守的・現状維持的である．もちろん候補者の経済的実力を優先して，合理的・打算的に一票いくらで売買する人もいるかもしれない．しかし，それでも後継者選び（跡目争いとしてしばしば熾烈を極める）は，まず「血筋」「親の七光り」からである．

身内から息子がさらに妻が，それから親類縁者や秘書や後援会長が指名され，それでも適任者がいない場合にようやく選挙に持ち込まれる．選挙で"父の弔合戦"という錦の御旗を立て，"親のカタキをムスコが""蛙の子は蛙"などと訴えているシーンをよくみかける．息子がいない場合は，夫人が立候補することもしばしばである．このように公的権力をいわば"家業"として，個人や家族や身内だけで代々世襲化・私物化しているのである（あたかも歌舞伎や家元制度や宗教団体などと同じように）．

③ 疑似的親子関係の形成——どんなに近代的な企業や政党や派閥の中でも，「イエ社会」を構成原理とする親子・親分子分といった関係が形成されている．家族主義イデオロギーを体現した"親父さん"が，ワンマンで集団的自己利益を追求する．"親父さん"は，家中心・家本位の全体主義的考え方を強くもち，「家ぐるみ志向」の延長線上で，集団・成員のあり方を考える．これは古くて新しい「家族的功利主義」の発想である．私たちは「親父の代理だ」「トップの親族だ」というそれだけで全面信用し，無防備・無警戒に自己をさらけ出すという習性がある．しかし本来親子といえども，個人的能力や適性は別人格，別個のものである．

④ 自己呪縛の精神構造——「村の精神」とはつまり「農民の心」であり，それは「自然との一体感」において，ただ「待つ・成る・熟す」ということに無条件に共感・共鳴していくという精神構造をもっている．「自然には逆らえない」「天命を待つ」「季節は巡る」「災難に出会う」といった言葉は，つまり「変えることができない自然」ということを前提にしている．自然との関係において，「何もしないでただじっとしていればよい．いつか必ず"偉い人"が助けにきてくれる．その時まで耐えて待つことだ．」という宿命的な思考パターンをよしとする．とかく受苦・忍耐・締念・我慢・捨身・隷属などといった「情念」の精神が美化されやすい．"日本人の心のふるさと"といわれる演歌歌詞には，こうした言葉が並び溢れる．確かにこの精神には，素朴さ，礼節に厚い，濃やかな情緒，相互扶助の感情といったよさがある．しかし反面，他力本

願，他者志向，共同責任になりやすく，革命・主体・抵抗・矛盾・対立・創造といった変革の論理や個人原理は生まれにくいという欠陥がある．現代社会において求められている精神とは，むしろこうした自立・自治・自助努力・自己責任といった新しい思想と論理ではなかろうか．

　総じていえば，地域社会の名望家支配は安定と継続は望めるが，現実にはさまざまな弊害も多い．たとえば，首長の独裁化，人事の偏成，モラールの停滞，施策のマンネリ化，選挙目当ての政策，議会との癒着，選挙の形骸化，汚職の発生などの社会病理を生んでいる．いかなる組織・集団・個人であれ，長期独裁の権力者は必ず腐敗，堕落するものである．地域の活性化と民主化のためには，「役割交代」と「任期制」いう考え方を積極的に導入していく必要があろう（5節で詳述する）．

3　都市化と都市社会

(1)　アーバニズムの発展変数

　とくに1955年以降，農村から都市への人口移動が激しくなり，都市社会の大規模な構造変動をもたらした．東京・大阪・名古屋の三大都市圏に，日本人口の実に2分の1が集中し，メトロポリス（metropolis　巨大都市）やメガロポリス（megalopolis　巨帯都市）を創出してきた．「都市とは大量でかつ相互に異質な人びとが密集して居住している集落である」と規定したアメリカの都市社会学者ワース（Wirth, L. 1938）は，これを「都市化」（urbanization）として捉え，「生活様式としてのアーバニズム（urbanism）」の発展・拡大過程である，と説明した．そのアーバニズムの特色とは，社会的分業，空間的凝離，職住分離，高度の社会移動，第2次的接触の優位，公的な統制機構の発生，集合的消費，親族や近隣の結合の弱化，任意集団の噴出，流動的な大衆の形成，ホワイトカラー層の増大，パーソナリティの非統一，といった社会現象を意味する．これはまた「都市型生活様式の全般化」（松下圭一『都市をどうとらえるか』）としても捉え

図表3－4　農村社会と都市社会の比較

	農村社会	都市社会
産業構造	第1次・第2次産業	第3次・第4次産業
環　境	自然都市	人為（人工）都市
人口交流	同質性・定着性	異質性・流動性
社会階層	社会的垂直性・固定的	社会的水平性・分化的
社会移動	停滞的	激動的
人間関係	第1次的・パーソナル関係	第2次的・ノンパーソナル関係

られよう．

　こうした都市化現象は，資本の論理による蓄積過程としての「産業化」(industrialization) と深く関連している．産業化は，技術革新によって生産力を増大させ，さらにオートメーション化を図り，消費市場を拡大してきた．所得革命は「豊かな社会」としての「消費都市」をつくり出してきたのである．かくして都市社会は農村社会に比較して，「人種的・社会心理的に異質」で「社会的分化が大きく」「移動が激しく」「接触範囲広く，2次的接触が支配的」といった特徴がみられるようになる（図表3－4）．

　都市は，「富」と「権力」と「文化」の中枢機関となった．ここにいう「富」とは，経済的視点で巨大な独占資本の集積という意味であり，大企業の本社や金融機関などが地方都市からも大挙移転してきた（大阪の銀行を含め）．新宿新都心，東京ミッドタウン，六本木ヒルズなど，巨大な超高層ビルはまさに「富」の象徴・ゾーンである．超高層ビル街は，「日本の管理管制センター」（管理中枢機関）として，世界のあらゆる情報を精確にかつ迅速に収集するため，24時間稼働体制でコンピュータ作動している．また「権力」とは，政治行政的視点で，官公庁，警察，公共機関などの国家諸機関が集中しかつ肥大化していることを意味する．さらに「文化」とは，「日本の頭脳」（シンクタンク）としての研究者・科学技術者・教育者などを育成する教育・研究機関の集積ということである．あるいは「マスコミ」「ファッション・デザイン」「スポーツ・芸

術・芸能」などの諸機関もますます首都圏に集中している．

　こうした都市社会の発展変数（都市が都市であるためのバロメーター）として，ショウバーグ（Sjoberg, Gideon）は次の4点を挙げている．① 都市度（人口量，人口密度，異質性），② 文化的価値（教育水準の高低，進学率），③ 社会的権力（各界のパワーエリートたちが社会に及ぼす力），④ テクノロジー（科学技術の発達）などである．このうち，彼はとりわけ④の「テクノロジー」を最重要の独立変数として指摘している．確かに産業社会の発展のためには，生産のためのIT化，テクノロジーの発達は不可欠である．しかしさらにいえば，日本の場合，産業社会からさらに脱産業社会へ，つまり「知識集約型社会」へと発展していくためには，技術に代わる「知識の優位性」が探求されていかねばならない．これまでの貿易立国や科学技術立国からの新たなる脱皮が必要であろう．

　工業化・産業化を労働力として支えてきたのが，先述した農村から移動してきた大量の農民層であった．この移動という概念には，「社会移動」と「階層移動」という2つの意味が込められている．農村から都市へあるいは逆へと地域間を移動することを「社会移動」といい，これは町から町へ移り住むという意味で並行移動・地域間移動ということもできる．これに対し，仕事をみつけて就職し職歴を積み重ねていくことによって職業移動していくことを「階層移動」といい，社会的地位の高い（低い）職業に就くという意味で垂直移動ともいう．この階層移動は富と権力の収奪をめぐる闘争によって行われ，当然その競争状態での力関係の有無と程度によって勝敗が分かれる．かくして社会階層の構成は，上（上の上・上の下），中（中の上・中の中・中の下），下（下の上・下の下）と7階層に分けたり，職種別に，パワーエリート層，ホワイトカラー層（新中間層），ブルーカラー層（産業労働者），下層労働者層（出稼ぎ労務者，臨時，日雇い，パート，アルバイト，内職など）に分類されたりしている．

　階層間移動は，戦後の社会的混乱期にはかなり流動的に上層から下層へ，あるいは下層から上層へと移動していたが，現代社会ではその可能性と機会が減少してきた．「富の所有者」がほぼ安定し，権力と威信の配分あるいは生活様

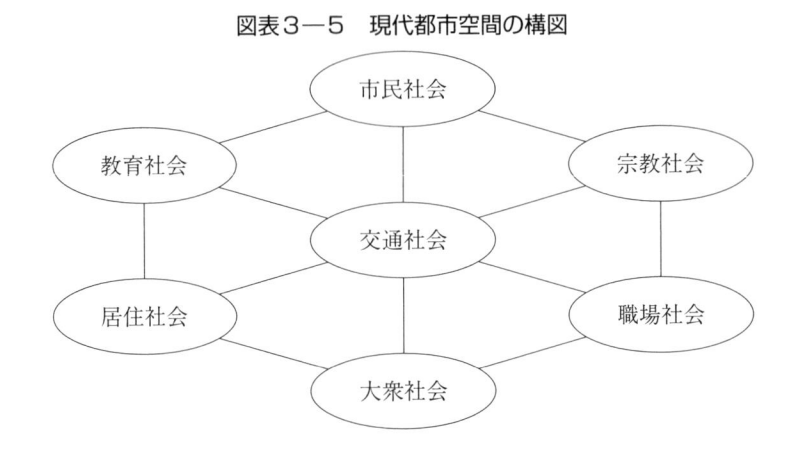

図表3—5　現代都市空間の構図

```
          市民社会
   教育社会     宗教社会
          交通社会
   居住社会     職場社会
          大衆社会
```

式などが固定化されてきたためである．もちろん農村社会の「家的」な身分序列的階層社会よりも，都市社会の方がはるかに大きなチャンスがあることは間違いない．個人の意欲と才能と努力と運勢によって，「成功という女神」にめぐり会うことも少なくない．資本主義社会の先進国，アメリカ建国のエートスである「自由と平等」は誰にも保障されている．ただ新規参入者にとっては，そのチャンスが限りなく困難になりつつあることもまた事実である．

(2)　現代都市空間のコンプレックス化

　現代都市社会はきわめて複雑多岐に錯綜しているが，少なくとも次の7つのコンプレックス（複合体）より構成されているとみることができる（図表3—5）．これらの都市空間を整理すると，「居住社会—交通社会—職場社会—大衆社会—市民社会—教育社会—宗教社会」などがある．都会人はこれらの空間を多元的・多層的に地位—役割行動しているということになる．そこでもう少しこれらの各都市空間の特質について説明を加えよう．

　「居住社会」とは，「生活者」「私人」「個人」として，日常の衣食住を中心とした私的生活空間（家庭生活）と，その周辺の地域社会のことである．その生活空間は「兎小屋」「鰻の寝床」ともいわれ，「団らんの居間（共同空間）」がな

い」「家族はいるが家庭はない」などと批判されるように，個人のプライバシーがなかなか保障されない．かつて農村では住込型や職住混在であったが，都会では会社や学校までの距離が遠く職住分離が多い．サラリーマンは2～3時間の通勤時間をかけて都会の職場に通い，かつ遠く離れたベッドタウンやニュータウンに深夜遅く帰宅することになる．

「交通社会」とは，「乗客」「運転手」として，交通手段の発達によってできた都市空間のことをいう．大量交通（mass trip）として電車やバスがあるが，大量輸送のためラッシュアワーは満員電車，交通渋滞となる．人間を乗せるというより"貨物を運ぶ"という感じである．人格は無視され，個人の人権もない．また個人交通（person trip）としては，車社会（mortorization society）が出現し，ハイウエーの新設・増設によってドライブコースも延長され，ドライブインのレストラン・パーク・シアター・バンク・モーテルなどが次つぎに建設されている．大きなサービスエリアやパーキングエリアはちょっとしたミニタウンである．若者にとって車は最低限の必需品である．こうして車社会は人びとの交通圏や生活圏を拡大し，地域の観光開発やリゾート開発を促進してきた．車と人の共存を図るために，道路を解放して数時間だけの歩行者天国もできた．しかし同時に交通事故による死傷者も急増し，死亡者だけで年間1万人以上を数えている．

「職場社会」とは，「労働者」「職業人」として，仕事をする都市空間（職域社会）である．たとえば，丸の内のオフィス街，新宿新都心のビジネス街，工場団地，テクノポリスあるいは八王子の大学街など．この職場社会は，資本主義社会のもつ自由競争・優勝劣敗・弱肉強食・適者生存などの原理原則が厳しく適用される管理社会である．終身雇用・年功序列といった甘い経営法則はすでに破綻している．

組織人は職場内では被庸者・組織人として隷属状態にあり，抑圧・疎外されてストレスやテンションが蓄積されている．こうしたフラストレーションからの解放と自由空間を求めて，次の大衆社会へと向かうことになる．

「大衆社会」とは，「居住空間」「職場空間」に対して「第三空間」といわれ，「顧客」「匿名人」として，消費し遊戯し発散する「盛り場空間」である．人びとは会社という管理社会から解放され，自由な時間空間を求めて歓楽街に集合してくる．新宿・渋谷・池袋・六本木・銀座などは，不夜城の娯楽場，欲望充足の場，一大レジャーゾーンである．このプレーゾーンには無知・無名・不特定の人間たちが集合し，「街頭」は公開性と匿名性と孤独性とが交差する自由広場である．とりわけ「パチンコ屋」は最後に残された都市の自由空間の場であるとさえいわれる．

こうした「匿名社会」は，身分や地位や肩書のない"out of status"の世界を演出する．人びとは「仮面を被ったお客さん」として振舞い，「顧客は神様」「お金は王様」として取り扱われる．お金さえあれば誰でもが"大統領"にも"社長"にもなれる．しかしまったくの無一文であれば，逆に乞食にもなれるという自由も保障されている．「万人の万人に対する闘争と無関心」の都市社会にあっては，社会的逸脱もまた本人の自由意思と選択に任されているというわけである．

「市民社会」は，「住民」「市民」として，市役所や役場，文化会館や体育館，図書館や美術館など，公共団体が施設した公共施設や公共事業を共同利用する公共空間のことである．公共施設は，すべての市民に平等に開放され利用されるべきものである．「同じ市民のひとりとして参加」し，「住民全体の利益」や「公共の福祉」のためにという「パブリックサービス」の理念が大切にされる．道路や公園の花や緑は"みんなのもの"である．ところが都会人は"公共性""市民性"という認識が低く，公園の花を"自分の花"として自宅の庭にもって帰る人も少なくない．「公―共―私」を混同し理解していないという意味で，煙草の吸殻やゴミ箱の利用法などもやはり同じ問題を含んでいる．

「教育社会」は，「聴講生」「会員」として，自分の生きがい探求や趣味を実現するための自己学習空間（文化活動社会）である．カルチャースクール，研修センター，文化会館，セミナーなど，生涯学習の場所は数多い．趣味の会，ス

ポーツ・レジャー・レクリエーションなどのクラブ活動，コミュニティ活動などを通して，自己実現や能力発揮の機会としている．

「宗教社会」とは，「信者」「信仰を求める人」として，精神的疲労を癒し回復を図る「信仰空間」である．神社仏閣，教会堂，集会所，カウンセリングルームなど，魂の安らぐ所，慰安休息の場所，精神的居場所のことであり，現代版「アジール」（Asyl，不可侵の聖なる場所，平和領域，避難所，駆込寺など）ともいえよう．信仰と実践の統一を図るということからボランティア活動センターなども入るであろう．都会では疲労困憊した時に，本当に安らげる場所，自分だけの安心立命の場所をもっていないとなかなか心労に耐えられない．物は豊かにもっているが，いつも不安に追われる「心の貧しい（心弱き）」人も少なくない．新興宗教などに心の救済を求める者が少なくないのもこうした理由によるであろう．平和や環境のための貢献活動に参加・従事したいと願う人も増えている．

さて総じていえば，都会人の日常生活は普通，「居住社会」を出て車や電車に乗り，「交通社会」を経て会社や学校に行き，「職場社会」で仕事に従事した後，「大衆社会」に立ち寄って疲労の発散と元気回復をして家路につくという一日のコースを送っている．このコースは一般的・個人的な私的空間である．さらに時々は，「市民社会」で公共施設を利用したり，「教育社会」や「宗教社会」に応募，参加したりする．人びとはこうしたさまざまな複合的都市空間を自由自在に往来しつつ，微妙な関わりをもって生きている．都市生活では，その場所や場面に合わせて，自分自身を上手に使い分け自己変身（変心）を遂げていかなくてはならない．まさに「ペルソナ」（persona，仮面を被った演技者）として，複数の仮面を次つぎに取り替えていく役割演技能力が求められているのである．

4　都市的パーソナリティの特質

　確かに「人間は都市をつくり，都市は人間をつくる」が，その都市によってつくられる都市的人間は，しばしば「セルフ・アイデンティティ」(self-identity) の危機・拡散あるいは喪失に陥る．人間の絶えざる営利的精神の追求は，目的合理的・打算的性格となり，いつも自分のことだけを考え，他人を手段としてしか考えないようになる．やがて，① 比較の傾向，② 成功への狂奔，③ 自由競争の一般的支配，④ 生活感情の空白，⑤ 内面的深化の欠如，⑥ 人格への絶縁，⑦ 量的な測定と解釈，⑧ 神からの離反，といったパーソナリティをもつようになる（黒川純一, 1959）．まさに社会の分裂が家族の分裂を引き起こし，さらに個人の人格の分裂をも露呈するにいたるのである．

　さらに「アーバン・パーソナリティ」(urban personality) の特質として，次のような特徴を挙げることができる．

　① ステレオタイプ（stereo type）――紋切り型でワンパターンな人間．個性も創造性もなく，変化も成長もない人間．彼がいつどこでなにをしているか，だいたいわかる人．

　② ゲームズマン（game's man）――人生はすべて遊びだと考えている．面白いこと・楽しいことのみを追求し，仕事にも勉強にも真剣に取り組まない．プレイ・レジャー・ゲーム感覚で生き，本物以上に本物らしくみせる芝居や演技能力に凝る．インベーダーゲームや殺人ゲームあるいはビデオやテレビなどに熱中し過ぎて，「生と死」「現実と理想」「偽物と本物」などの区別がつかず，時として反・非社会的行動に走ったりする．

　③ マージナルマン（marginal man）――境界人，周辺人，辺境人ともいう．自分自身の世界をもたず，相手の動きに敏感に反応していく人．多文化的状況の中で複数の価値観や人間の間を常に右に左へと動く人間のこと．

　④ ペーパーメンバーシップ（paper membership）――グループの会員として正式に登録されたメンバーであるが，実質的な参加活動や自主的な仕事をしな

い人，地位・肩書だけの名誉会員，ペーパードライバーなど．

⑤ ラベリング（labeling）——他のものとの違いを意図的に強調するために，一定の価値評価（差別化）を下したレッテルを貼ること．銘柄，ブランド，高級品，有名品などにこだわり，ランキングを優先し，有名大学，有名企業，有名人，一流品などに自己満足する．お歳暮やお中元やプレゼントなどで有名デパートの贈答品売り場が繁盛するのは，品質より包装紙やマークへのこだわりからである．新宿で500円のネクタイをわざわざ銀座まで出かけて5,000円で買ったりする．名作，名著，名曲，名画，名産といったコピー商品でも熱心に追い求めるタイプ．

⑥ デラシネ（deracine）——根無し草，流民，非地元性のこと．よそ者としての意識が強く，都会をいつも「仮の宿」と考えている．本気で地元のために役立とうという気持ちも行動もない．いつかは故郷に帰ろうという回帰願望が強い．しかし，その美しき故郷はすでにない．

⑦ 流行行動——本人の主体性や同一性が欠如し，「これは自分のものだ」という確かな実感を喪失している．個性や主体性すらもすべてはファッション化されているといえる．

⑧ 詭弁性——外的自我と内的自我とをうまく使い分け，他人にはけっしてホンネをいわない．ホンネをいえば騙されるかもしれないという疑心暗鬼を感じている．「嘘も方便」とばかりに平気でウソをつく．「騙す人間より騙される人間の方が悪い」といった倒錯した論理を正当化したりする．

⑨ 営利的精神——人間や人間関係の深さや重みを金品や物質に換算して計ろうというタイプ．「感謝の気持ちがあるなら品物で表現してほしい」といった態度である．"ことば"や"こころ"の大切さは，すでに失われている．

⑩ 心理的距離——人のつながりに社会的・心理的距離が生じている．対人関係において一定の距離を置いてしか交際しない．「人は人，自分は自分」と割り切って，相手の領分に深く立ち入らないタイプ．人の心の痛みや悲しみが分からない．相手の立場や気持ちに対する思いやりや優しさがまったくない．

要するに，都市的パーソナリティの特質は匿名社会と匿名人との相乗効果によってつくられる「虚構の人間性」といえよう．作られたみせかけの人間性，シミュレーションとフィクションとレトリックの精神世界である．本当は満たされていないのにあたかも満たされているかのように振舞う"ごっこの世界"である．それゆえに，いつまでも本物の自分にも他人にも出会うことはなく，ただ本物らしい幻想を追うだけである．セルフ・アイデンティティは喪失したままで，自分らしさの存在確認をする手段がない．その手段でさえ確かな根拠はない．都会人はいつも内面的緊張と不安定の中にあり，孤独と疎外と幻視の心理状態にある．確かなものは個人的欲望だけであり，その欲望充足だけを最大限追求する．しかもその欲望は際限なく肥大化し，いつまでも満足することはない．

「とりあえず今幸せであればいい．そういう生きる実感みたいなものを求めて新宿へ来たんです．」という若者の言葉は，生きがい喪失者の言動である．その生きがい探しさえ，商品化され「生きがい産業」として繁盛する．易者，おみくじ，手相占い，コンピュータ占い，身上相談，カウンセリングなどは，いわば「あなたの不満，不安，怒り，何でも買います・売ります」というビジネスである．人生の処方箋を教えてくれる人や情報や本がよく売れている．こうした空虚感や虚脱感や慢性的不満から脱出し，「自分らしさ」を回復し充足し実現したいという欲求だけが，都会人の行動のエネルギー源となっているように思われる．

5　コミュニティ活動と心の故郷づくり

農村社会の解体とパラレルに都市への人口集中と繁栄は進んだが，同時に都市社会の機能の高度化に即して都会人のパーソナリティは次第に荒廃していった．物質的豊かさの中で福祉制度が充実されても，なお人びとの「心の飢え」という問題が残った．それは，同時に地域住民の主体性と連帯性をどう回復し

ていくかという問題でもあった．そこでどうしても地域社会の再編成と住民意識の統合，連帯感の醸成というものが必要になってくる．都市における「心のシンボル」「心の故郷づくり」「新しい郷土づくり」が切実な課題となってきた．それが都市化の流れに対応した新しい共同体づくり運動としての「コミュニティ」の論理であった．

　日本の高度経済成長期の60年代に，すでに国民生活審議会調査部会コミュニティ小委員会中間報告（1968年11月）で，「コミュニティとは何か」という定義がなされている．この中でコミュニティとは，① 生活の場に形成されるもの，② 個人および家族によって構成されるもの，③ 構成員は市民としての自主性と責任を自覚した人たちである，④ 地域性と共通目標とによって結びついたもの，⑤ 開放的であること，⑥ 相互信頼が存在すること，⑦ 他の方法ではみたせない固有の役割をもつもの，という7項目が指摘されている．

　コミュニティとは要するに，「人間性回復の場」「地域住民の人間的交流の場」「精神的な安心をえる拠点」「地域住民の連帯感・帰属感をえる所」である．そのためにさまざまなコミュニティ活動が計画される．自治省の「対策要綱」によれば，① 交通安全，防犯，消防救急その他の生活の安全の確保の推進に関すること，② 社会福祉の増進，健康の管理に関すること，③ 生活環境の清潔，静かさおよび美観の維持などに関すること，④ お祭り，運動会，ピクニックその他のコミュニティ行事に関すること，⑤ 文化，体育およびレクリエーション活動に関すること，⑥ 市町村行政に対する住民の意志の反映に関すること，などが施行されている．その結果，ふるさとの歌祭りやママさんバレーなど，いわゆる"歌って踊って"といったコミュニティ活動は盛んになってきた．しかしそうした活動が盛んになればなるほど，自分たちの自主的活動が阻害され，必ずしも住民意志が反映されていないという実態も明らかになってきた．行政側からの一方的協力要請に従っていたというタテ社会の権力構造も透視されてきた．そこで住民側からも権利要求の主体者としての新コミュニティ概念の原理が模索されてきたのである．都市社会学者・磯村栄一は，次

のような5つのコミュニティ原理を析出している（1975, 76）．

① ヨコ社会——誰でもどんな人でも自由に参加できる社会．平等な人間の集まる社会．全員参加によって皆なの合意で決定する．

② 共同性——「これは皆なのものだ」という共有財産意識である．教会，鎮守の森，神社，墓地など，町の中心になるシンボルを建て，誰でも平等に利用できる場所をつくる．ギリシャ・アテネのポリス（都市国家）は，"目の見えるかぎり，声の聞こえるかぎり，足の届くかぎり"といった地域空間を大切にした face-to-face の関係を重視する．

③ アマチュアリズム——ノンプロフェッショナルで，素人が参加できるシステムにする．一部少数の専門家だけに任せない．技能や知識をあまり専門分化させない．

④ 非権力性—— No Authority ということで，覇権主義・主導権争いをしない．地位や肩書を重要視しない．権力はできるだけ分散化して独占せず，権力の乱用を許さない．民主的参加によってみんなの合意で意志決定するのをモットーとする．したがって，町内会役員が区議会議員などをひとりで兼務兼任するのはコミュニティではない．

⑤ 役割転換論—— Role-switching-theory．ひとりの人間・党・集団が長期間にわたり権力を独占することは問題である．アメリカ大統領も2選まである．3選以上になると，権力化し腐敗すると考える．5選も7選もすると，もはや革新とはいえない．地位利用，情実，縁故採用，一族同党などの弊害が発生しやすい．

コミュニティ活動は，一体感や所属感の喪失を回復し，疎外感やアノミー状態を克服する場である．そのためには「他人より自分」「自分が楽しむ」から「自分より他人を」「自分も他人も楽しむ」へという発想転換が必要である．すべては自分のための趣味や運動から「皆が共に楽しむもの」へと視座を変えていく．自助努力と相互援助とが出会う活動を盛んにする．地域に密着したサークル活動やボランティア活動など，多彩な「第一次集団」「インフォーマルグ

ループ」「準拠集団」の活動を活性化し，コミュニティオーガニゼーションを形成する．生活主体としての個人の自立性の確立とパーソナリティの安定化を図る．こうした小集団活動を通して「心のふるさと」としての地域への愛着心・連帯感・帰属感を醸成する．

6　地域社会の国際化への対応

　さらに，国際化の流れは，これまでの「金・物」の経済・貿易摩擦から「技術・情報・人」の社会・文化摩擦へと変容しつつある．これからは，さらに「社会システム」の対立と緊張から「知識の相互交流」へと展開していくであろう．日本人の海外出国者数の増大はいうまでもなく，外国人労働者や難民の群れが次つぎに来日している．こうした人の相互交流と双方向型コミュニケーションの経験の蓄積は，宗教・言語・習俗・習慣など，生活全般の浸透を促進する．日本人の欠点といわれる語学力・現地適応力・島国根性といった気質なども少しずつ克服されている．やがて海外と国内との格差は徐々に縮小していくであろう．

　国際社会における人材育成の具体的プログラム開発こそ焦眉の課題である．企業・学校・自治体・地域社会において，能力の訓練と交流の機会をどう設定していくかである．そのための国際的イベントもしばしば開催されるようになってきた．

　グローバル化・ボーダーレス化が進むほど，「脱家族」「脱地域」「脱国家」としての国際人としてのあり方が求められている．国際人は「human being」として，まず「自分というひとりの人間」に関心をもつが，その自分は"脱地位"としての役割遂行型人間として存在する．性別・年齢・所属・地位・肩書，あるいは家族・集団・制度・コミュニティなどのモノグラフに一切拘泥しないタイプである．後は，地球上に生を受けた人類のひとりとして，自己を再発見し位置づける．個人がどんな社会資源を背負っているかではなく，「私が

何をしたいのか，私に何ができるのか」を自問自答し，その自分に対して誇りと実感をもつ．「自分が生きる」ということを心の中心に据えながら，しかも人との関わり，仕事，家族，地域住民などを大切にする．こうした個人の視点から改めて，個人と個人，個人と集団，個人と国家といった関係のあり方を問い返していく人間のタイプである．

引用・参考文献

安達生恒　1973　『むらと人間の崩壊』三一書房
有賀喜左衛門　1948　『村落生活―村の生活組織』国立書院
Cooley, C. H. 1909 *Social Organization : a Study of the Larger Mind*, Chales Scribner's Sons.（大橋幸・菊池美代志訳　1970　『社会組織論』青木書店）
蓮見音彦・奥田道大編　1980　『地域社会論』有斐閣
福武直　1981　『日本社会の構造』東京大学出版会
磯村英一　1975　『都市と人間』大明堂
───　1976　『都市学』良書普及会
岩井弘融編　1968　『都市社会学』有斐閣
加賀秀敏編　1994　『国境を越える実験』有信堂
倉沢進編　1973　『都市社会学』（社会学講座5）東京大学出版会
MacIver, R. M. 1917 *Community: A Sociological Study*, Macmillan.（中久郎・松本道晴監訳　1975　『コミュニティ』ミネルヴァ書房）
松原治郎　1978　『コミュニティの社会学』東京大学出版会
松下圭一編　1988　『自治体の国際政策』学陽書房
水谷三公他編　1988　『自治体の国際化政策と地域活性化』学陽書房
守田志郎　1978　『日本の村』朝日新聞社．
中村八朗　1973　『都市コミュニティの社会学』有斐閣双書
中野卓編　1964　『地域生活の社会学』（現代社会学講座2）有斐閣
奥田道大編　1973　「現代都市論」『現代のエスプリ』No. 77　至文堂
奥田道大　1983　『都市コミュニティの理論』東京大学出版会
───　1993　『都市型社会のコミュニティ』勁草書房
大橋薫・近江哲男編　1967　『都市社会学』川島書店
園田恭一　1978　『現代コミュニティ論』東京大学出版会
鈴木栄太郎　1940　『日本農村社会学原理』時潮社
鈴木広編　1978　『都市化の社会学』（増補版）誠心書房
富永健一　1965　『社会変動の理論』岩波書店
山根常男他編　1977　『地域社会学』（テキスト社会学(5)）有斐閣

内田雄造　2006　『まちづくりとコミュニティワーク』部落解放人権研究所
似田貝香門・吉原直樹・矢澤澄子　2006　『越境する都市とガバナンス』法政大学出版局
和田清美　2006　『大都市東京の社会学―コミュニティから全体構造へ』有信堂高文社
藤田弘夫・浦野正樹　2006　『都市社会とリスク―豊かな生活をもとめて』東信堂
松下圭一　2005　『自治体再構築』公人の友社
松野　弘　2004　『地域社会形成の思想と論理―参加・協働・自治―』ミネルヴァ書房
青木康容編　2006　『地方自治の社会学―市民主体の「公共性」構築をめざして―』昭和堂
西尾隆編著　2004　『住民・コミュニティとの協働』ぎょうせい
田中豊治　1994　『地方行政官僚制における組織変革の社会学的研究』時潮社
──　2002　『まちづくり組織社会学』良書普及会

第4章 日本社会論
─地域社会の活性化とNPOの役割─

プロローグ

　今なぜ市民セクターの時代なのか，これまでの「行政セクター」や「企業セクター」に代わる「第3セクター」「市民セクター」への役割期待が高まっている．行政セクターとは，要するに「国民国家主権」を中心とした政府・自治体を主体と考える行政主導型であり，企業セクターとは，いわゆる「市場経済主義」や「経営合理性」を中心とした大企業を主体と考える会社至上主義ということである．しかし今日，これまでの政府主導や大企業中心型の社会システムは，いろいろな場面で機能不全に陥っている．今までのスタイルやマニュアルがほとんど通じない．つまり21世紀社会を迎え，これら2つのセクターに限界状況がみえてきた．これに代わり，「非国家的・非政府的」「非市場的・非営利的」セクターが，つまり「第3の共的・市民的」な新しいセクターが登場してきた．それが「市民セクターとしてのNPOセクター」である．市民セクターとは，「自律した個人を前提に，個人と個人，市民団体と市民団体とが協働し合いながら地域社会・地域住民のために，全体的な幸福追求や福祉実現に取り組むボランタリー・アソシエーション（自発的結社＝自律した市民組織）」である．この市民セクターは，「共通な理念（ミッション）の下に，市民が自分たちで知恵と資金を出し合い，自主的・民主的・合議的な管理運営に直接参加参画し，公益事業活動を行う協働型なネットワーク組織集団である」と規定できる．

1 NPOセクターと分権型市民社会

　市民セクターを支える主体は「市民個人」である．市民とは「個人の自立・自律・自由」を前提にした概念である．そうした自主的個人を単位として地域コミュニティへの参加・参画が想定されている．つまり市民個々人の自己決定権の行使と意思決定過程への参加・参画権が保障される社会ということである．こうした自律的市民が加入する市民団体と市民団体との相互扶助的協働社会こそ，「成熟した市民社会」といえる．

　自律した市民団体組織としての市民セクターは，こうした市民社会の原理を基に成立している．そこで，この「市民社会」に共通するいくつかの原理を抽出しておこう．

①自律性──「市民」とは「自立」(independence＝独立独歩，自活，ひとり立ち) した後に「自律」(autonomy＝自主性，自らを律する能力) した「個人」である．市民は「自律した個人でありたい」という強い欲求をもち，自己決定・自己責任・自己管理できる．個人のインセンティブはセルフアイデンティティの実現と自己充実と自己完成にある．相互に対等な立場で，民主的・対話的・公開的に話し合い，十分な相互理解とコンセンサスに基づいて自主的共同管理する．

②非権力性・非権威性──「国家中心主義」や「自民族絶対主義」的な考え方を取らない．基本的に国家権力から解放され自由である．けっして権力の補完的・下請的機関にはならない．独立性・中立性・対抗的緊張関係にある．

③非営利性──市民はけっして営利目的だけを追求しない．利潤最大化主義的な考え方を取らない．「収益非配分の原則」を堅持する．

④多様性──メンバーの構成はきわめて多種多様である．異質性・個別性・非同一性・多元的価値観・異種混合性・マルチタレント性などに強くこだわる．

⑤開放性──いつでも・どこでも・だれでも，参加・参画できる機会が設定さ

れている．開かれた社会的ネットワークの中に存在する．眼差しは常に市民に・外に向かっている．公開性・透明性・リサイクル・フィードバック過程などを重視する．

⑥柔軟性——常に環境適応型の柔軟な思考能力をもつ．機動性・融通性・即応性・自己変革・自己受容能力をもっている．

⑦変革性——的確な問題解決案を提示しながら，新しい「社会システムの変革」に取り組む．創造性の保障と発揮，フロンティア精神に富み，いつも可能性に挑戦している．開拓性・先駆性・実験性・ビジョン・アクションなどを重視する．

⑧相互性——基本的スタンスとして主体—客体関係ではなく，「主体—主体」の「対等・平等関係」に立つ．相互補完的な機能を担うものと自覚する．情報の共有化に徹する．互酬性・互換性・互助性・パートナーシップなどを重視する．

⑨選択性——もうひとつの異なった価値観，自由な意見やアイデアを最大限尊重する．オルタナティブ（もう一つ）の権利を保障する「オルタナティブ社会」[1]である．自由選択性・ベターチョイス・ネクストチャンス・ハイブリッド発想などを大切にする．

⑩自己決定性——専決権・自治権・自己決定権を法制度的に保障する．個人の人権を尊重し，最後の意思決定権を本人自身に認める．自己責任，結果責任を取る．

真の市民社会とは，こうした市民のイニシアティブによる成熟した民主主義社会の形成である．市民社会で公共サービスを担うアクターは，国家や会社ばかりではなく，こうした市民個人，専門家，家族，自主的グループ，コミュニティ団体，NPO・NGO，外国人など多種多様な主体によって構成されている．これらさまざまな主体が参加・参画しうまく協働していく社会システムをどう構築していくかがわれわれに問いかけられている．

市民社会における市民と行政の関係は，次のようにいえよう．「すべての事

業に市民の声が生かされる仕組みをどのようにつくるか，という視点が必要である．市民は行政にとってお客さんではない．そもそも行政は市民から仕事を受託している組織である．市民生活に必要な仕事のうち，税をもってやるべき仕事を市民が行政に託しているわけで，受託者である行政が市民の意向を反映しない仕方をすること事態がおかしい．「アカウンタビリティ」をいう言葉は受託者（＝行政）の委託者（＝市民）に対する説明責任という意味である．[2]」つまり，ここに「市民こそ行政への委託者である」という逆転の発想がある．市民と行政の関係は，基本的には「市民が委託者」で「行政が受託者」であるという関係に立つべきであるという考えである．「主権者としての市民が委託者なのである」から，行政の公益事業活動にもっと堂々と幅広く積極的に参加すればいい．つまり「官による支配から市民による支配へ」，パワーシフトあるいはシステムシフトすべきであるという立場である．

　市民社会における市民組織の原理は，個人主体を前提に，自律した個人と個人，成熟した市民団体と市民団体とが協働するネットワーク組織である．その原型がいわゆる「ボランタリー・アソシエーション」（自発的結社）ある．ボランタリー・アソシエーションとは，「人びとがある目的のために国家権力や市場原理から自由に，相互に対等な立場で，自由意思によって自発的に参加する民主的なネットワーク型組織である[3]」といえる．

　このような分権型市民組織の論理をさらに要約すると，次のような項目にまとめられよう．

> ① 地方分権型社会システム
> ② 多極分散型地方都市・地域分権・市民分権
> ③ 異質性・差異性・個別性の尊重
> ④ ネットワーク型組織（水平的・横断的直結）
> ⑤ 民主的共同決定・合意の尊重
> ⑥ 人と人・心と心との信頼関係

つまり分権型市民組織の論理は,「自律した個人と個人」が出会い・触れ合い・交わり合って,交流・交換・活動・応答・共感・結合・共生するといったプロセスそのものである.さらに「自律した市民団体と市民団体」がネットワーキングし,公益的・互助的な協働事業に取り組む.ここでは個人は,組織団体のためにあるのではなく,「自分のために」「私たちのために」組織団体は存在するという論理になる.個人の考え方やライフスタイルを最大限生かし,実現するために組織はある.公益市民活動という生きがいある仕事を通して,喜びを与えかつ与えられるという「互恵の関係」にある.問題は,こうした「個人と個人との関係ネットワーク」や「団体と団体の協働パートナーシップ」の理念を,どうしたら社会システム全体として制度的保障の枠内で達成していけるかというテーマである.

2 市民セクターとしてのNPOセクター

分権型市民社会におけるアクターを分類すると,先述したように「行政セクター」,「企業セクター」,そして「市民セクター」に分けられる.図表4—1は,これら3つのセクターの特徴について比較したものである.

市民セクターの特徴は,これまで行政セクターや企業セクターが独占してきた公益事業に市民が自ら参加し,みんなのために市民主体型の共同経営に乗り出すという視点である.組織目的としては,地域住民の幸福追求と自分の価値実現のために,共生・共存・共栄という社会的使命感に従って,地域での問題発見と課題解決に取り組む.さらに組織形態としては,ボランタリー・アソシエーションとしての自主的・自発的結社をめざしている.

では,行政セクターにも企業セクターにもできない「市民セクターとしてのNPOセクター」への役割期待とは何か.ここで「NPOセクター」の概念について集約しておと,とくに次のような原理が抽出されよう.

①自律性（autonomy）——NPOセクターは,社会的・経済的・精神的に行政

図表4－1　3つのセクターの特徴

項　目	行政セクター	企業セクター	市民セクター
主　権　者	・政　府 ・自治体	・会　社 ・トップ経営者	・市民個人 ・市民団体
統制原理	支配原理	競争原理	共生原理
主体―客体 関係	国家官僚―国民	生産者―消費者	主客一体 （主体―主体）
統制方法	・中央集権 ・トップダウン	・リーダーシップ ・ミドル・アップ・ダウン	・メンバーシップ ・パートナーシップ
基本的価値	・公共性 ・共益性	・経済的利益 ・利潤性	・市民公益活動 ・連帯
組織目的	・社会秩序維持 ・公共サービス提供	・営利第一 ・利潤追求	・ミッション ・自己実現 ・幸福追求
組織形態	・国家官僚制 ・ヒエラルヒー構造	・企業官僚制 ・ダイナミック組織	・ボランタリー・アソシエーション
行動原理	・管理運営 ・権力欲	・生産性 ・金銭欲	・ボランティア ・生きがい探求
能力原則	・統治能力 ・行政執行力	・商品開発力 ・営業力 ・マネジメント	・問題発見力 ・問題提起力 ・問題解決力
結合原理	公助・補助・支援	・自助努力 ・自己責任	・扶助・共助 ・お互い様
資　　金	税　金	自己資本	会費・寄付・事業・助成金

セクターにも企業セクターにも依存・従属しない．自尊自営・自主独立して「市民」「個人」の視点と立場から自己決定権・共同決定権に固執する．この自由裁量権を堅持し，かつそのためのエンパワーメント拡充にあらゆる努力を傾注する．そして相互補完性・互酬性・相互扶助主義の原則に立つ．

②非政府性（non-government）──NPOセクターは政治・行政とは違う公共的価値観で動いている．これまでのお上意識・支配・管理・統合・命令・強制・無謬性など「国家絶対主義」の考え方から離脱し，〈脱・反・非〉権力

的視点から諸活動に取り組む．政府は資金や情報の提供はするが，管理運営に関しては責任主体としてのNPOセクターに一任する．NPOセクターが掲げるミッションは，既存の価値体系に抗して批判的・否定的・告発的・代替的視点であり，新政策提言的な活動に繋がるアドボカシー機能をもっている．この意味において，NPOセクターは常に社会運動としての社会変革パワーになりうる．

③非営利性（non-profits）──── NPOセクターは営利主義や利潤主義から自由である．お金儲けが目的ではなく，社会正義・社会的使命の実現のために貢献する．「利益非配分の原則」つまり利益を自分自身のために配分せず，利他主義の立場に立つ．

④多様性（multiplicity）──── NPOセクターは多種多様な個人や団体の意見を尊重し，どこまでも合意と止揚の世界を追求する．多能・多彩・異質なタレントのシナジー効果に期待する．自─他の相対的関係主義の立場に立っている．

⑤組織性（organization）──── NPOセクターは個人・無償・自由参加のボランティア活動ではない．NPO法人として，組織団体の一員としての社会的責任をもち行動している．

このようにNPOセクターは，行政セクターや企業セクターから一定の距離を置き，「自立性＋自律性」を保持しつつ，「非政府性」「非営利性」の立場から公益事業に関与し，「多様性」のある価値社会の実現をめざし「組織活動」していく自発的・自主的な団体である．NPOセクターの存在意義は，経済的利益活動にあるのではなく，新しい多様な価値観を生み出し，市民の自主的な参加参画体験によって民主的市民社会を創造していくことにある．より重視すべきNPOセクターへの役割期待とは，コミュニティを超え，地域社会を超え，国家を超え，かつ地球レベルで活躍する「社会変革運動体」としての位置づけである．NPOセクターは「ビジネス事業体」としてよりも，組織目的である「ミッション」の実現追求過程そのものがより高く評価されている．つま

り「市民が市民のために市民の力でミッションを追求する」からこそ，NPOセクターは新しい歴史的評価付与がなされているのである．

3 NPOセクターの組織論

(1) 組織目標の達成

　組織論は一般に，①組織目標の達成，②組織成員の欲求充足，という視点から論考される．組織目標とは共有化されたミッションの達成である．ミッションこそNPOセクターの生命線であり憲法である．目的・目標としてのミッションと手段・方法としてのビジネスとの一体性が図られねばならない．ミッションの実現追求力が挫折したら，NPOセクターもまた解体の時である．市民公益活動において「お互いに助け合う」というミッションこそ最優先すべき課題なのである．

　NPOセクターの組織原則は，民主的組織運営のため意思決定過程への対等な参加・参画の機会と過程が制度化されているということである．分権化による権限移譲により，できるだけ自発的・自主的・機能的役割分担を重視する．絶えざる緊張と共存の共感的関係は，組織活性化のために必要不可欠であると考え，受容されている．

　組織モデルは，これまでの中央集権型・ピラミッド型の国家官僚制的組織論ではなく，脱官僚制的・動態的・開放型のネットワーク組織の構築がめざされている．組織形態としては，「コミュニティ組織」と「ボランタリー組織」と「専門職組織」を中心に縦横に組み合わされたマトリックス型組織である．

①組織構造──できる限り権限の分散・移譲を図り，フラット型・ヨコ連結型組織構造にする．マトリックス型プロジェクト方式やワークショップ型形式を大胆に導入する．意思決定権（＝稟議制）はできるだけ理事・スタッフ・専門家などに権限移譲し，いわゆる「組織内分権」（職場内分権）を徹底的に促進する．

②組織機能——NPO運営会議における内容や方針や進行などの意思決定プロセスとプログラム作成に，スタッフ・ボランティア・専門家など全員参加態勢で望む．公開・透明の場において，対話と討議，自由と対等による相互コミュニケーションプロセスを徹底する．NPOセクターは市民・顧客志向が第一であり，クライエントや利用者へのアカウンタビリティに最重点を置く．法人としての結果・成果に対する責任はきちんと取る．仕事関係は顧客ニーズに柔軟に対応し，商品・サービス提供の徹底化を図る．「顔のみえる人間関係」を志向し，相互信頼関係の確立に努める．

③組織文化——やりがい・生きがい・働きがいのある仕事としての高い意識の形成とモラールの醸成をめざす．NPOセクターは知的能力のダイナミック・ネットワーキングによって成立する．組織全体に緊張感のある競争原理の活用は必要である．自由競争力のあるNPOセクター経営という経営感覚が求められている．NPOセクターづくりはまさに起業家精神が必要不可欠である．

(2) 組織成員の欲求充足

リーダー・スタッフ・ボランティア・専門家・寄付者などNPOセクターに関わる行為主体の初期モチーフは，そもそも「パッション」に起発し，正当性としての「ミッション」の実現にある．「自分がそうしたいからする」「そうしたいからやった」というボランタリー精神の発揮である．社会的行為は自己納得の上であり，責任はすべて自己自身に帰着する．ここで大事なことは，市民公益活動は「主体—客体関係」から「主体—主体関係」へと転換していなければならないということである．

まず自己との出会いがあり，次いで他者との出会い・触れ合い・交わり合いがあり，さらに共に行動し共に生きる仲間関係へと拡大し成長していくものである．市民活動においては，まず個人の尊重，個人の自主管理や自己決定権の保障が何より重要である．ボランタリーという意味の自己確認・相互確認であ

る．その上でリーダーシップ論ではなく，成員の多様な欲求充足のためメンバーシップやパートナーシップ（従業員・社員民主主義と全員参加主義）で運営されねばならない．未来型組織モデルは，「指揮者のいないオーケストラ」のようなものだといわれるが，それは一人ひとりが対等な関係で，自律的・自発的・専門的なプロフェッショナル組織集団のことである[4]．したがってもし自分のパッションが燃え尽きあるいはミッションが喪失すれば，その時はNPOセクターを潔く解散するという覚悟も必要であろう．

(3) 組織運営上の問題点

現在のNPOセクターが抱えている組織的問題を要点列挙しておこう．

①組織——自主・独立した組織としての機能的自律性をもっているか．行政セクターや企業セクターから脱依存的関係にあるか．既存の地域組織との連携・調整機能はうまくいっているかなど．

②人材——行政マンや企業マンにまさる公益活動への意欲と能力（企画構想力，専門的技能性，判断行動力など）をもっているか．たとえば，社会的ニーズを把握するマーケティング力，他団体と連携・交渉するコーディネート力，情報発信できるプレゼンテーション力，信頼できる有能な人とのネットワーキング力，あるいは人と人とのコミュニケーション力などである．さらに多世代・多能かつ専門的・有資格的な"人財"が多く集合しているか．

③活動拠点——活動拠点としての施設を有し，自主的・定期的・継続的な活動をしているか．"公設民営"など自主管理空間が確保できているか．権限や予算は十分か．あるいは利用者のニーズを守りかつサービスの質を向上させるために，施設の自由な自主管理権つまり「利用権」（所有権や管理権ではない）をきちんと確立しているか．

④情報——一方的な行政情報に依存しないで，情報収集，情報整理分析など独自の情報受発信ルートを開拓できているかどうか．

⑤資金—— NPOセクターは事務所を構え，専従スタッフを雇用し，事業資

金・運営資金・新規事業開拓資金などを自前で調達していかねばならない．けっして無償ボランティア団体ではない．NPOセクターは，自力で資金も人材も開拓していかねばならない．そこで少なくとも会員制による受益者負担の原則は堅持できているか．行政の補助金や助成金頼りになっていないか．行政との政策・予算交渉権や自主的予算配分権をもっているか．

⑥マネジメント——スタッフやボランティアなど関与者を公益事業活動の意思決定過程にどのように参加・参画させているか．企画・人事・予算など意思決定過程への直接民主制と合議制の原理にこだわっているか．とりわけ「ミッション・マネジメント」は大丈夫か．

⑦パートナーシップ——行政セクターと企業セクターとの関係において，対等・協力的な力関係を構築できているか．NPOセクターの意見は単なる"参考意見"に過ぎず，「始めに結論ありき」の行政誘導をされていないか．各個別な利害関係を超える共通の理念や目的目標をもっているか．

要するに，NPOセクターの組織目的達成のために，人・金・物・情報・技能などをどう調達し，実現へのプロセスとプログラムをどうデザインし，いかに実質的成果を上げていくか．そのトータル・マネジメント能力が問われているのである．

4　地域セクターをつなぐ協働システム

NPOセクターが力を発揮するためには，行政セクターや企業セクターとの「協働の仕組み」が必要になる．協働の仕組みとは各セクター間のパートナーシップづくりであり，新しい市民参加システムづくりを意味する．それはまた地域社会におけるまちづくりネットワーク型組織づくりでもある．

「協働」とは，「対等関係」にあることを前提に協議し「契約」を交わし，相互の役割分担や責任所在を決定することである．協働という理念は，一つの共通目標を実現するために，お互いの個性や違いを認め合いながら，その多様性

や異質性を活かして役割分担し一緒に相互協力していくことを意味する．その協働が成立する条件として，次のような項目が必要である．

　① 相互に自律し主体性があること
　② 対等・平等・自由な関係にあること
　③ 達成すべき共通目標について相互理解していること
　④ パートナーシップの精神（互恵の原則）をもっていること
　⑤ 相手の個性や相違性を認め合うこと
　⑥ 代替案の提示など変化に柔軟な対応能力があること
　⑦ いつでもノーといえる権利と自信をもっていること[5]

　このうち重要な条件は，行政セクターとの関係において補完的・従属的・下請的関係にならないこと，逆に常に対抗的・自律的・緊張的関係をキープしていることである．NPOセクターとしての最後の存在意義は，「もう一つの（オルタナチブ）公共サービスの担い手」として，「交換原理」を有していることにある．ここにいう「交換原理」とは，「相手が魅力を感じるものを提供する代わりに，自分の必要とするものを得る[6]」ということである．

　「協働」は，① 地域社会における各セクター（行政・企業・他NPO・市民個人）間の協働システム，② NPOセクターとNPOセクターとをむすぶ協働システム，という2つの視点がある．とりわけ地域コミュニティにおいて，行政セクターと企業セクターと市民セクターをどのように組み合わせ結合し協働していく仕組み（＝ボランタリー・アソシエーションとしてのパートナーシップ・システム）をつくるかが重要課題である．

　そこで「協働の組織化」，つまり協働システム＝コラボレーション・ネットワーク＝仕組みづくりにおける行政セクターとNPOセクターの問題について検討していこう．協働とは，つまりひとつの共通な地域課題に対し，問題解決のためお互いに力を合わせ努力することであるが，その具現化方法をめぐり立場の相違からいろいろな問題が生じている．

　たとえば，行政セクターの立場としては，NPOセクター支援は必要最小限

の場所・情報の提供，あるいは初動的資金の提供などに止めるべきである．NPOセクターの意見を行政内部でどのように扱い活かしていくか，その交渉と調整過程を透明にするため窓口と協議体制をつくっておく．この「協働システム」こそ，市民と行政が出会う対等な関係づくりの機関である．そもそもNPOセクターと行政セクターは，同じ公共サービスを提供する者として「対等な関係」にあり，しかも「競合関係」にある．したがってもし行政より優れた事業能力をもつNPOセクターが出現した場合，行政はその事業から撤退するか，逆に権限移譲し全面委任するかを決断しなければならない．

またNPOセクターとNPOセクターを横断的に結ぶNPOセクター支援のための中間支援組織の育成と成熟を先行すべきである．中間支援組織は，"NPOの孵卵器"とも呼ばれ，自分たちの市民活動事業やNPOセクター運営上のさまざまな問題解決に向けて一緒に考え助言し決定していくシステムである．事業づくり，資金づくり，人材づくりなど，NPOセクターに共通する課題を勉強し，交流・連絡・協議する場と機会を設定する．

行政側と市民側とのNPOセクターの取り込み戦はますます激化している．行政は既存の外郭団体に代わる官主導型の新しい行政補完機関として，一方，市民は公益事業の新しい担い手として争奪し合っている．市民はサービス事業の提供者であると同時に利用者でもある．主客一体である市民の立場から市民事業に従事している．「市民の立場に立つ」ということは，つまり最後の「自己決定権」を市民自身がもつということである．市民主体としての中間支援組織の存在意義もまた，行政の反応に左右されない自由な意思決定権をどこまでも市民が保持するということである．中間支援組織としてのNPOの役割は，当初は行政のサポートを得ながらも，いずれは行政の手を離れ，ボランティア活動やNPOを支援することを目的とするNPOがその実施主体となっていくべきものである．[7]

5 NPOセクター活性化の諸課題

(1) キーパーソンとしての人材づくり

　地域活性化はまず「人づくり」,「人の活性化」が先決である．ひとりの有志を中心に人と人とが出会い，人間関係づくりがNPO組織づくりへ，さらにまちづくりへと発展し展開する．人づくりと事業活動づくりとシステムづくりとはリンクしている．元気な人と人が出会って，感動を共有し，元気なエネルギーを与え合い，交換し合い，まち全体が元気になっていく．市民が主体となり個人が動けば，周囲の人間が動き，行政や企業を動かし，さらにまち全体が活性化していくという論理である．このようにNPOセクターは，市民が新しく公益活動を担う時代になってきたという「市民意識の変革」を促すと同時に，「社会システムの変革運動」の一環なのである．

　NPOセクターの活性化も，結局のところ，キーパーソンとしての「努力する人」,「中心になる人」,「頑張る人」いかんによる．NPOセクターは何よりも「まず人ありき」といえる．まさに「自律した個人の市民組織」がNPOセクターそのものである．「自分は何をしたいのか」,「自分の満足とは何か」,「自分がしたいこと，できることは何か」を自問し，「何かをやりたい人間」がいて，それからコミュニティ活動への動きが始まる．

　この「キーパーソンの存在」こそすべての原点である．とくにリーダーは「組織の顔」「NPOの顔」になる．その中心的キーパーソンに共通する資質を挙げると，①パッション，②ミッション，③ビジョン，④アクション，などが挙げられる．

①パッションとは，「何よりも好きだ」という感覚，熱情と思い，人間性が明るく楽しむ力，エネルギーの塊，疲れを知らないタフネス，自分の才能・時間・エネルギー・金・精神など，すべてを誰かのために無償で提供してもいいという人，できなかったことに悩むよりできる可能性と条件と方法について考える思考パターンなどである．何よりも「最初に志ありき」である．

②ミッションとは、社会的使命感、社会正義に正当化できること、さらに社会貢献、信念、人間愛（弱者と敗者への共感能力）、未来志向、可能性を信じる能力などである。

③ビジョンとは、夢とロマン、政策づくり、企画立案能力、マスタープランとアクションプランを柔軟に描けること、あるいは想像力と創造力、イメージを具現化できる力、時代社会のトレンドを読む能力などである。

④アクションとは、行動力、実践力、フットワークの軽さ、絶えず動いていること、さらに自分から変わること、「自分が変われば、まちが、世界が変わる」と思って実働することなどである。

こうした適性能力は、まちおこしリーダーにも共通した資質である。自律した個人と個人が出会い共鳴・共振・共感し、ネットワーキングし2人から3人へと拡大し、グループを形成し組織化していく。さらにこのチームリーダーへのサポーターが、ボランタリーなスタッフとして参加・参画するようになる。

(2) ボランティアからプロフェッショナルへの転換

「ボランティアは個人的活動」、「NPOは組織的活動」であるという違いを明確に認識する。ボランティア活動は、「自分たちの暮らしを何とかしたい」「皆のためにやりたいことをやる」という個人レベルの動機や意志やパッションから取り組んでいる。しかしNPOは、企業人としての経営感覚と利潤追求、組織人としての組織目的達成や社会的使命の実現が求められている。NPOは、個人的ボランティア活動ではなく、組織団体法人としての組織目標達成に向けて取り組んでいる。そのための団体法人の安定性・継続性・組織目標の明確化と共有化などが図られている。

NPOリーダー論において大切なことは、リーダーは"代表者"ではあるが、それは「ネットワークづくりのためのコーディネーター的役割分担者」に過ぎないという考え方である。リーダーはけっして集権型のトップリーダー（"上に立つ偉い人"）ではないのである。[8]

企業セクターとNPOセクターはライバル競争関係にあり，優れた企画力を競う入札審査会などでは平等にかけられる．この対等意識への切り換えがむずかしいがきわめて重要である．公募競争入札にかかるということは，一般企業と同じ扱いを受けるということである．一定の予算内で，何が（どんな事業活動），どの程度（達成レベル），どのような方法で，どんな効果（成果）を出せるかによって選考される．他の企業やNPOと比較して，どのような独自性や特色が出せるかの競争なのである．

　したがって，個人の主観的パッションだけでは自ずと限界がある．確たるミッションやビジョンの高度な戦略戦術が必要不可欠である．新しい事業・ビジネスとして収益性はあるのか，将来事業としてどう展開するのか，当地では前例がないだけに市民の間にどれだけのニーズがあるのかなど，起業家としての鋭い判断力が問われる．リスク（借金，人生，人間関係など）を負う覚悟も求められる．さらに「自分の責任でやる」という責任性も問われよう．つまりボランティア精神に満ちた自由な活動というレベルから，組織のプロフェッショナルとしてのアドミニストレーッション能力やマネジメント能力や資金運営能力などが強く求められているのである．

(3) NPO活動は「支援」から「自律」へ，さらに「共生」から「協働へ」

　「支援」という概念は，主体―客体，上下―主従といった縦関係の絶対性の枠内にある．この概念では，いつまでも行政へのお手伝い意識が強く，もたれ合いや依存体質から抜け出せない．補助金漬けや助成金頼りの事業提案に陥りやすく，自律した市民活動は展開できない．また独立した自己決定権も行使できない．こうした「支援・援助」に伴う自立・自律精神の喪失や依存的性向への隘路に十分に配慮しなければならない．さらに組織規模の拡大に伴って，いつでも強固な官僚制組織の原理が浸入してくる可能性も高いのである．

　なぜ支援し，何をどこまで支援するのか．支援の内容と程度と期限を明確な方針として定めておく必要がある．支援が無制限・無期限に流れ込むと，支援

に頼る構造的体質が生まれ，何のための支援かわからなくなる．支援にもいずれ終焉があり，最後はNPO自身の力量（自律性）いかんということにする．外からの支援に余り依頼せず，内発的努力で自分たちのNPOを立ち上げていこうとする動きにこそ意義がある．NPOはまず自分の魂から開発し自己変革によって目覚め，他のNPOを支え，地域を変え，社会を変えていこうという運動なのである．支援の初期段階において「自立のための支援・援助」を，中期段階において「自力で独立・自尊できる自律支援」を，さらに後期段階においてこの自律を前提にした「対等・平等な共生関係」の樹立へと，「分権化と権限移譲」をしていくことがきわめて重要である．

　さらに最終段階において，市民主体と行政主体という対等関係からより高度な「協働関係」へとシフトしていくことである．協働関係であるためには，前提として双方のイニシアティブが確立していなければならない．とりわけ市民・NPO側の主体性・責任能力・自己決定性・自治意識などが成熟している必要がある．つまり「支援活動」は必ず終了することを前提に，「自立・自律から共生へ」，さらに「共生から協働へ」の道を模索していくことである．

(4)　ライフスタイルの多様化と団塊世代の増加

　現代人は戦前の「国家主義」に裏切られ，戦後の「会社至上主義」（会社人間・企業戦士）にも幻滅し，忠誠心の対象が大きく揺らぎ拡散している．われわれの1日の生活空間・時間は，「家庭生活」「会社生活」「地域生活」「個人生活」などの間を往来している．そしてさまざまな生活領域における多元的価値観への変化と新しいライフスタイルへの転換を選択しつつある．われわれは家庭人として，会社員として，住民・市民として，あるいは私人・趣味人として，まさにペルソナ（いろいろな仮面を被った役割演技者）としての多様な役割行動を取捨選択している．しかも今日の大リストラの時代・ダウンサイジング社会において，会社や職場からの解放空間（癒しの場と機会）を求め，いわば人間らしい・自分らしい生活時間の過ごし方を探求している．

とくにこれからの団塊世代は高齢化し，同時に退職年齢者が激増するにつれ（定年制の引下げや廃止など），長い人生における受け皿としての地域社会の人的インフラ整備が急務になっている．ボランタリーに自由参加できるボランティア活動，NPO・NGO活動，あるいはさまざまな社会運動などの機会と場が予め準備されていなければならない．保健・医療・福祉，文化，教育，環境，スポーツ，国際交流など，多種多様な分野で能力発揮と自己実現できるチャンスが無限に広がってきており，新規開拓できる余地は十分にある．とりわけベビーブーマー世代は，高学歴・高所得・豊かな物質・多様な価値観・ニューファミリー世界などを形成し，しかも競争主義を基本原則に生き抜いてきた層である．成熟化・高齢化と共に，こうした世代と人材が活躍するチャンスとしてNPOセクターが位置づけられる．

6　若干の考察

以上，NPOセクターは，21世紀・グローバル社会において市民と行政と企業をつなぐ新しい市民社会システムづくりの壮大な試行実験に取り組んでいる．しかし現段階において，NPOセクターが抱える問題は無尽である．たとえば，「ボランティア活動か，それとも企業法人活動か」，「ミッションか，それともビジネスか」，あるいは「社会運動体としての社会システム変革活動か，それとも公益事業体としての利潤追求活動か」といったアポリアがある．とりわけNPOセクターの存在意義を考え，「あくまでもミッション優先，ビジネスは手段」という基本原則のアンビバレンス（両価性）に葛藤している．

もちろん自律した個人や成熟したNPO法人を育成していくことは重要である．さらにNPOセクターの協働システムを構築していくことはもっと困難が伴う．しかしこうした市民公益活動に関わっていこうとする人は，現実問題より未来志向において諸問題の背景や問題解決への条件や方法の検討に，より多大な関心とエネルギーを向けていくことが大切である．

その場合，次の3つの視点へのアプローチが重要となろう．①市民・個人のパワーアップとNPOセクター自身のエンパワーメントを図ること，②NPOとNPO同士のネットワーク化を推進すること，さらに③NPOセクターと行政セクターや企業セクターとのパートナーシップづくり，つまり連携・協働システムを構築していくこと，などである．

注
1) 鳥越皓之「いまなにゆえに環境ボランティア・NPOか」鳥越皓之編 2000 『環境ボランティア・NPOの社会学』（シリーズ環境社会学Ⅰ）新曜社，pp.9-10
2) 世古一穂編著 2003 『参加協働型社会の新しい職能―協働コーディネーターファシリテーター要請講座―』特定非営利活動法人NPO研修・情報センター，p.45
3) 佐藤慶幸 2002 『NPOと市民社会―アソシエーション論の可能性―』有斐閣，pp.212-213
4) 水越伸・NHK「変革の世紀」プロジェクト編 2002 『市民・組織・英知』NHK出版，pp.117-119
5) 世古一穂 1999 『市民参加のデザイン―市民・行政・企業・NPOの協働の時代―』ぎょうせい，pp.79-80参照
6) 早瀬昇「NPOが開く行政・企業とNPOの新たな関係」『都市問題研究』第50巻第12号 平成10年12月号 pp.21-24参照．
7) 阿部昌樹「モラリズムを超えて―ボランティア・NPOの人づくり―」自治体学会編 2001 『分権社会のひとづくり』良書普及会，p.31
8) 近畿労働金庫監修，山岡義典・早瀬昇・石川両一編 2001 『NPO非営利セクターの時代―多様な協働の可能性をさぐる―』ミネルヴァ書房，p.210

第5章 アジア社会論
―アジア市民社会論・試行―

=== プロローグ ===

　今日の国家的状況を歴史的視点からみると,「ナショナリズム→インターナショナリズム→トランスナショナリズムへ」といった転換期にあるように思われる．ナショナリズム（国民意識・国家主義・愛国主義）とは，これまでの単一の「国民国家」や「自民族至上主義」といった自己完結的・閉鎖的イデオロギーであり，インターナショナリズム（国際主義）とは，国家と国家の関係性（国家外交）の緊密化により相互依存的関係を強化していくイデオロギーであった．これに対し，トランスナショナリズム（脱国家主義・国連主義）とは，今日のグローバル化やボーダーレス化といった状況を踏まえ，市民や市民団体が自由に国家を超え離脱できること，さらにひとつの国民国家という枠を容易に超越し，普遍的に共通な国際社会を創造していくことを意味している．つまり「国家・国境にこだわらず，自由に交流し合う個人や若者や世代」が急増しつつあるという現実態に注目したコンセプトである[1]．

　しかし「トランスナショナリズムとしてのグローバリズム」という世界観については，現在，ともすれば「アメリカ・モデルのスタンダード化」といった傾向が強烈であり，逆にこれに反発するアンチ・グローバリズムといった動向もみられる．このアンチ・グローバリズムの流れの中で，ヨーロッパ，アジア，アフリカ，南米といった各地域で近隣諸国間のインターナショナリズムによるブロック化（域内経済交流圏）が形成され，アメリカの一極支配に対抗する「世界の多極化現象」が同時進行していると捉え

ることができる．しかし世界の新秩序協力体制づくりは，「一極支配か，多元的支配か，あるいは国連支配か」といったパワーダイナミズムにあってまだ決着はついていない．本章では，こうした多極化の中の一極を占める「アジア地域共同体」に焦点を当て，いわゆる「アジア市民社会」への実現化プロセスとその諸課題について試論する．[2)]

1　グローバリズムとボーダーレス化

　現代は確かにグローバリズム（世界化・地球化）の時代であり，自由な経済活動に始まり，人，金，物，情報，技術，文化など，国家・国境を超えて容易に移動している．人は世界中どこでも安心・安全・快適な生活と人生を求めて，自由に往来できる時代が到来しつつある．

　しかし現実をよくみると，グローバリズムへの動向は，すなわち「アメリカン・グローバル・スタンダード」（アメリカ・モデルの世界標準化）による一極支配の様相を呈し，「アメリカによる世界の均質化」「世界文化のアメリカ化」が深く浸透している．アメリカは単一の「国民国家」を超えて，「世界」を一元化，集中化，画一化し支配しようとしている．それはつまりアメリカの「覇権主義」「帝国主義」を意味する．アメリカは，世界に冠たる経済力と軍事力と情報力を背景に，自由市場経済，民主主義，個人の人権といった基本的価値観を世界中に広め，経済や文化の圧倒的優位性をみせようとしているのである．[3)]

　しかしそのアメリカ流民主主義は，あくまでひとつのタイプやモデルに過ぎない．世界にはもっと異なる多種多様なタイプが存在している．その「異なるタイプや他者」を差別・排除しない「自己と他者の共存」するモデルづくりこそ重要である．それぞれの国や地域の歴史や文化との共生関係を構築していくことが何より大切なのである．

　そもそも民主主義には，①経済的自由（市場化）と②政治的自由（民主化）の

2つの原則がある．その自由のためには，同時に「他者の自由」や「多様な価値観」を受け入れる「寛大さ」も必要不可欠である．それはつまり「多様性と異質性の尊重」であり，「対話と妥協の技術」を駆使することである．そして"批判すべきを批判し続ける自由"が最大限に保障されねばならない．ハードパワー（軍事力や経済力）よりもむしろソフトパワー（知的文化力や知識）に価値を認める．そしてオルタナティブ（もうひとつの選択肢）によって"拮抗力"を形成し，相互依存による緊張的均衡関係を重視することである．

これから21世紀の世界秩序はいかに構築されるであろうか．支配の諸類型としていえば，① 一極支配，② 多極支配，③ 国連支配，の3タイプがあろう．① 一極支配とは，アメリカを覇権・帝国とするグローバル支配で，対米依存型の支配―従属関係である．② 多極支配とは，EUやASEANのように脱国家化を志向し，段階的にまず近隣諸国家間のブロック内での共同化を進めるというタイプである．さらに ③ 国連支配とは，国連のような国際機関を創設し，国際法に従って正当化し，自律と協力と相互理解，相互依存や互恵の原則などにより管理運営していくタイプである．もちろんこれらのタイプのそれぞれに一長一短がある．そこでそれぞれのタイプの本質，有効性，適応性を十分に検討し，一定の歴史的状況の中でどちらが世界秩序をより安定・共存させるかについて考慮していかねばならない．

その際，EUの創設は後述するようにまさに歴史的試行に値し，21世紀市民社会の原理づくりに挑戦しているかのようである．EUの市民主義は，それぞれの国民が「国家」を超えて，「国民」から「ヨーロッパ人」「欧州人」「欧州市民」となり，やがては「世界市民」「地球市民」といわれるように進化するかどうかという試金石なのである．EUの存在意義は，最近のアメリカのイラク戦争にみられる単独行動主義の問題をみるとよく分かるであろう．世界には約200弱の国と地域があるが，たった一国のパワーと横暴さえ抑制できるチェック＆バランスの機能が働いていない．いかなる国もまた国連でさえも無力である．ところがEUは欧州連合によりある程度の"拮抗力"を回復し，できる

だけ自分たちの意思と判断により,「自律して後に協力」しようという自主的姿勢を取ろうとしている.「支配の多極化構造」により多元的秩序を作り上げ,世界の棲み分けをめざしているのである. つまり EU は新しい普遍的民主主義を謳歌する「欧州市民」という理念を打ち出したわけである. われわれはこの EU 方式によって, それぞれの国の独自な歴史・文化や固有なものがどう調整され, いかに調和されていくか,「地域統合の新ビジョンづくり」として大いに注視していく必要がある.

2　今なぜ,「アジア地域共同体」のビジョンを問うのか

(1)　新しい国際秩序づくりへの胎動

21世紀に入り, 経済的グローバリズムに伴い, 国際秩序の新しい枠組みづくりとルールづくりが行われるようになっている. 貿易自由化には大きく3つの方法がある. 1つは2国間同士で自由貿易協定 (FTA) を締結すること, 2つは複数の近隣国家間でまとまりブロック内での経済交流を推進すること (EU, ASEAN, NAFTA など), 3つはすべての国家間での国際協調主義により多角的貿易交渉ができる世界貿易機関 (WTO) などの機能充実を図ることである.

現在, その WTO は世界各国の経済格差や多国間での利害調整が錯綜し, 交渉や標準づくりがなかなかまとまらないでいる. またブロック経済は域内を優先的に保護するため, 域外の国ぐにに対して高い関税障壁を設け, とかく排他的になりがちである. その意味で, まず2国間の枠組みを固める FTA 方式が主流である. 同時にまた, 近隣多国間での協力体制づくりも活発に行われている. 具体的にいえば, ASEAN 地域フォーラム (ARF) の発足 (94年), アジア欧州会議の設立 (96年), ASEAN＋3の実現 (97年) などといった地域連合体の枠組みづくりが一段と進んできた. この中でもとりわけ世界史的存在意義と役割をもち始めているのがまさに EU であり, したがって次章においてもう少

し詳細に検討しておこう．

(2) EU の動向

「ヨーロッパはひとつ」というスローガンの下に EU（欧州連合）が成立し，国境を越える新時代が誕生したのが 2000 年であった．あらゆる人，金，物の流れが自由になったのである．「国境をなくす」「国境がなくなる」というのが EU 統合の目的であった．統合市場という自由貿易地域内では，「国別」ではなく，「地域別」（地域内）へと拡大されたのである．ここではこれまでのように国家主義による"内政不干渉"や"主権の不可侵"といった従来の原則は無意味化している．EU は，「国家単位」ではなく，国家が連合し国境横断的な連携協力によって，"欧州という地域全体"で"共生の共同体社会"を構築していこうという共通理念に向けて確かな歩みを続けているのである．

しかしこのような理念が達成されるまでの 50 年以上にわたる欧州の歴史は，むしろ試練と苦渋の連続であったといえよう．この歴史過程を辿ると，ECSC（52 年，欧州石炭鉄鋼共同体，加盟国は 6 カ国）→ EEC（58 年，欧州経済共同体）→ EC（67 年，欧州共同体）→ EU（93 年，欧州連合）→ 99 年，欧州単一通貨ユーロ導入 → 04 年，10 カ国が加盟し 25 カ国体制へ，さらに 07 年欧州 27 カ国集団へ，という形で少しずつ進化・発展を遂げてきた．それも単に経済的安全保障のみならず，軍事・食糧・文化・エネルギー・IT など総合的安全保障も含めて相互交流を促進してきた．それがさらに進んで，03 年，将来の行動指針となる EU 憲法草案が首脳会議で採択された．この草案の中にはとりわけ「強い外交」と「市民参加」という理念が強く謳われている．そして 04 年 10 月，欧州連合憲法条約の調印式がローマにおいて画期的に行われた．この中で「市民の人権や自由」がさらに強調されている．さらにいえば 10 年後には新加盟国が合流して，EU は 30 数カ国に膨張するであろうと予測されている．

07 年，先述したように EU は東欧諸国 10 カ国が新規加盟して 27 カ国となり，人口は 4 億 5 千万人に増大した．EU では，農業や貿易政策が一本化さ

れ，さらに財政・移民・保健などの分野でも各国政府の調整が進んでいる．執行機関である欧州委員会，各国政府の声を吸い上げる理事会，直接選挙で議員を選ぶ欧州議会など，EU機関はうまく機能しつつある．ここではもはや単一国家といった概念は，20世紀の遺物となってしまったかのようである．まさに21世紀は，「ナショナリズム」や「インターナショナリズム」といった狭隘な枠組みを越えて，「トランスナショナリズム」（欧州市民，欧州人）へという発想転換が求められている．ここにいうトランスナショナリズムとは，地球をひとつの社会にするプロセス，あるいは超国家による異なる社会と異なる社会との融合過程であるといえよう．つまり「国家を超えるということ」，そして国際社会全体の公的秩序をつくるために「国際的に協調・協力し合うということ」，そういう歴史的転換過程にあるという意味が込められているのである．

　EUでは，閣僚理事会などが表決で政策決定する基準として，「二重多数決」といわれる制度を設けている．二重多数決とは，55％以上の国が賛成するとともに，賛成国の人口の合計がEU全体の65％以上でなければならない，という原則である．これはつまり「国」という単位を超えて，「複数の国民による民主主義」を実現するという方法である．ここに「欧州はひとつ」「欧州市民」「異文化・異民族との共存」という「市民の理念」を基本前提としているということがわかる．

　かくしてEU諸国の国民は，「欧州市民」としてEUとの直接的つながりをもつことができる．これはもちろんEUという「一定の域内のグローバル化」という限定づけではあるが，「国民国家」という枠組みを離脱したということは確かである．この流れはけっして後戻りできない．EUという制度が発足すれば，次には「欧州（人）というアイデンティティとコミュニティ意識の醸成」を図っていくということになろう．

(3) 「ASEAN＋3（日中韓）」の動向

　一方，アジアにおけるトランスナショナルな動向は「ASEAN」（東南アジア

諸国連合）10 カ国の国際協力いかんにかかっている．ASEAN は，76 年，東南アジアの経済発展と統合市場づくりのために創設された．最初の「ASEAN 協和宣言」では，「貧困，飢餓，疾病，教育が緊急課題であり，経済，社会発展のための協力が急務だ」とアピールされていた．ASEAN の首脳は，さらに「アジアの自由貿易圏構想」を掲げ，20 年を目標に経済共同体をつくることを謳った新たな宣言を採択した．EU を参考にしながら，域内経済の一体化をさらに進めようという試みである．さらに政治面でもより一層の協力を強めて，安全保障共同体もめざすというものであった．この「ASEAN 協和宣言 II」では，「2020 年を目標とする経済統合を実現し，モノ，サービス，資本の移動を自由化，貧困と社会経済格差を削減する」という趣旨を発表している．また安保，経済，社会・文化の 3 分野での共同体づくりをめざし，人権憲章の制定や平和維持軍（PKF）の創設などを掲げ，① 政治的協力の強化，② 平和主義や大量破壊兵器放棄など共通の規範の形成，③ 信頼醸成による紛争の予防，④ 紛争の平和的解決機能づくり，⑤ 紛争後の人道援助，復旧，復興への協力態勢整備，などがまとまった．

　また TAC（東南アジア友好協力条約）は ASEAN 域内の安全保障条約であるが，すでにインドと中国もこれに調印している．しかし日本はまだ加入署名していない．さらに FTA（自由貿易協定）は，貿易と投資の自由化を促進するため，関税撤廃や引き下げによる市場開放をめざしている．また WTO（世界貿易機関）でも，工業製品，農業製品，知的所有権，投資ルール，紛争手続きなどをめぐって交渉している．このうち日本が最も難航しているテーマがやはり農業問題である．アメリカ，オーストラリアなどの輸出国は自由化すべきと主張し，日本や EU などはこの急激な自由化に反対している．また途上国側は，自由化には賛成だが，自国の農業を守るため特別なセーフティネットの確立を求めている．要するに議論は分裂し，なかなかまとまらないというのが現状である．

　日本は，農林水産団体や自民党の反対が根強く，いわゆる「農業鎖国」の状

態が続いている．日本は現在，シンガポールとしかFTAを締結していない．逆にいえば，日本は農産品問題がないシンガポール以外の国とはなかなかFTAが結べないということである．しかしタイ，フィリピン，マレーシアなどから外国人専門家（看護士，介護要員，マッサージ師など）や農産物を含む市場開放の促進が強く求められており交渉に入っている．日本は遠からず農業分野や労働市場において市場開放せざるをえなくなるであろう．とくに佐賀のような農業県においては，早めに自由化の準備態勢と対策を整えておく必要がある．

現在，インドネシア，マレーシア，フィリピン，シンガポール，タイ，ブルネイの先行6カ国が主導するAFTA（自由貿易地域）の単一市場化への動きが急ピッチである．この6カ国は，経済格差を短縮するため，03年から域内関税率を原則5％以下に引き下げ，さらに10年以内に域内関税をゼロにするという．残るベトナムなど4カ国も，15年に域内関税を原則撤廃することをめざしている．つまりASEANは近未来において5億人の統一市場となる．関税がなくなるということは，つまり競争力のない国内企業や団体は崩壊するか，あるいは合併統合せざるをえないということを意味している．

ASEAN域内では，このように多国間協調が一段と進み，貿易や投資の自由化だけでなく，科学技術，人材，観光などあらゆる分野での国際協力関係がますます盛んになりつつある．とりわけ国境を超えた労働力の流動化が高まり，人的資源の移動と交流は拡大する一方である．このような相互交流は今後「アジア地域の共同体意識」をますます醸成していくことになろう．それはつまり「ASEANのEU化」がますます進んでいくということである．

そこに，高度経済成長を遂げますます躍進する中国が進出，浸透してきた．中国外交は，20年・30年先の戦略を立て，貿易自由化で多国間協力のWTOに加盟し，また2国間協力のFTAに加入し，さらに地域間協力のAPEC（アジア太平洋経済協力会議）にも積極的に参加している．中国とタイは，03年10月から農産物188品目の関税を撤廃した．中国の台頭はいちじるしく，経済成

長，人口規模，余剰労働力，低賃金など，ASEANにおいて主導的地位と役割を確保しつつある．今や中国は，「世界の工場（生産拠点）」「世界の市場」といわれるまでになった．さらにいえば中国は，08年に北京オリンピックを，10年には上海万博を開催することにより，世界・アジアの重要な一角を占めつつあるのである．

　この同じ市場をめぐり，ASEANと韓国との協力関係も強化されつつある．さらに日本を加えて「ASEAN＋3カ国」で自由貿易圏を形成すると，一挙に20億人の大市場が出現する．もし単一市場・単一通貨になれば，取引にはアキュ（ACU）といわれる「アジア共通通貨」が使われるようになる．15年を目途に統合の準備が着々と進められている．

　さらにその後はインドの参入も予想される．インドの「ルックイースト（東方）政策」は，ASEANに中国，そして日本を含めて考えられている．中国が製造業などものづくりなら，インドは知識や情報などIT産業と情報サービス業面での発展に積極的に取り組んでいる．年間50万人といわれるIT技術者が世界中に輩出されている．こうした巨大な若い人材資源は将来「巨像」に成長する可能性がある．インドは「中国に次ぐ有望な市場」と期待され，30年にはGDPで日本を追い抜き，米国，中国に次ぐ世界の3大経済パワーになるといわれている．そのインド外務省の付属機関である「非同盟諸国・途上国のための研究情報システム（RIS）」が，「南アジア開発協力報告」の中で，南アジア地域に共通通貨を導入するという構想を提案した．EUの通貨統合を参考に，南アジア7カ国でも各国通貨と並行して，域内で通用する共通通貨を導入し，長期的・段階的に単一通貨に統合していくという長期ビジョンを提唱したのである．

　85年，南アジア地域協力連合（SAARC）首脳会議が正式発足した．南アジア諸国民（8カ国，人口約15億人）の福祉促進と生活水準向上を図り，経済成長，社会進歩，文化発展を推進するのが目的で，「域内連結性」を高め，貿易自由化による経済統合の具体化に取り組んでいる．こうした声や動きは，国家間の

対立を超えて，今後ますます強まっていくであろう．

　さらに将来，この「巨龍」と「巨象」が連携協力することも予想される．「中国のハードウエアは世界一，インドのソフトウエアは世界一」といわれ，両国経済の相互補完性が高まるにつれて，政治・外交も軍事的対立から共存の時代へと大きく転換する可能性がある．経済での協力と競争が地域の緊張を緩和し，安定へと向かわせるのである．ここにアメリカの一極支配に対抗して，「多極化を掲げる中国外交戦略」と「インドの多極外交戦略」とが合致する可能性がある．もし両国が一致協力すれば，アジア地域ブロックの大国となることは間違いない．「巨龍」と「巨象」が合体して「アジアの巨人」となる日はそう遠くないのである．アジア諸国の国際的地位や価値観，力や利害は錯綜しているが，欧州流の共同体づくりの基礎となりうる諸条件，枠組み，制度，機関などの芽生えは少しずつできつつあるように思われる．

　このように「ASEAN・日・中・韓・印」という新しい包括的経済協力の枠組みビジョンを考えることができる．もしASEAN（5億人）を中心として日本（1.3億人）と中国（13億人）とインド（10.2億人）が合流すれば，人口は実に30億人という規模に膨れ上がる．現在（05年）の世界人口は，約65億人，インドの人口は01年に10億人を突破，50年後には中国を抜いて15億人となり，世界一になると予測されている．この時点で，全人類の約半分がアジアの一大マーケットに含まれることになる．つまりこの地域は将来「世界の成長センター」となりうるポテンシャルをもっているのである．

3　グローバリズムの中の日本外交戦略

　このようにヨーロッパやアジアの大きな変化が胎動しつつある国際的競争環境の中で，日本が生き残るためには「地球的規模での発想と戦略」をもたねばならない．これからの日本がとるべき外交戦略としては，次の3つの選択肢が考えられる．

> (1) 欧米指向型（アメリカ追随主義）
> (2) 国際協調型（国連中心主義）
> (3) アジア重視型（近隣諸国とのリージョン外交）

以下，それぞれの戦略についてもう少し補足説明を加えておきたい．

(1) 欧米指向型（アメリカ追随主義）

　日本は，日米安保条約（日米同盟）を基軸に戦後一貫して対米追随型の「小判ザメ」的対外政策を推進してきた．同時に自由主義，民主主義，自由競争，市場原理など，アメリカ流の価値観を積極的に導入してきた．現在，アメリカは19世紀のイギリス帝国に代わり，「20世紀はアメリカの世紀」と称され，世界唯一の超大国・覇権国家となった．圧倒的な経済力（世界経済の30％を独占）と軍事力（軍事費の40％を独占）と情報力（テクノロジー専制）を背景に，"アメリカン・エンパイヤ"（米帝）として国際社会に君臨している．グローバリズムとはつまりアメリカナイゼーションと同義であったさえいえよう．そのアメリカ支配（力による世界秩序）の確立がほとんど完結直前まできているのである．とくにブッシュ大統領の対テロ戦争とイラク戦争を通じて明らかになったアメリカの世界観とは，つまり「悪の枢軸」「敵か味方か」「ならず者国家」「アメリカの戦争はすべて正義」など，「メード・イン・アメリカ」モデルこそ"唯一・絶対・最高・神聖なるもの"であるという独善主義であったといえよう．

　今日，アメリカの「力への過信」や「権力の驕り」から単独行動主義（ユニラテラリズム）が目立っている．イラク戦争にみられるアメリカの「力は正義なり」を全世界に一方的に強要するようになっている．しかし軍事優先の支配体制や一極支配型の主従・隷属関係には自ずから一定の限界がある．各国にはその地域社会独自の長い歴史と伝統と文明があり，また多様な宗教と民族と言語が存在し，これを変えることがいかに困難であるかということが自覚され始め

た．つまり「力による支配」から「法が支配」する国際関係へ，あるいは「ヘゲモニー（覇権）」から「リーダーシップ（指導）」へという政策転換を余儀なくされている．多様性や異質性を前提にした「共生原理」を考えることの必要性と重要性が徐々に明らかになってきたのである（いわゆるマイノリティの肯定と尊重ということ）．

　欧州がEU域内の多国間協力関係を積極的に推進している理由のひとつに，こうしたアメリカに対抗できる力をつけ「世界の多極化」を進めるべきだという考え方があったことは先述した．過度の対米依存はそのまま対米恐怖とつながっている．つまりアメリカ脅威論に陥ることになる．しかし脅威論であれ救世主論であれ，日本は日本なりに独自の世界戦略をもち，使命と役割を果たしていくことが大切である．

(2) 国際協調型（国連中心主義）

　国連は，これまでのパターナリズム（父権主義）を排して，国際協調主義を基本原則に平和的外交努力による世界秩序の形成に貢献することをめざしてきた．04年現在，191カ国が加盟する国連において国際機構をつくり，国際法規を守って全包囲・等距離外交を中心に展開している．飢えや貧困に苦しむ国や地域への援助，地球的環境問題への参画，国際紛争の解決など，民主的・平和的な交渉過程に最大限尽力している．これは国家間の相互依存的・相互浸透的・相互補完的関係によって，国際秩序を維持していこうという考え方である．

　しかし現実問題としていえば，国連主導型の外交政策は各国の思惑から利害得失が錯綜し，うまく展開されていない．アメリカの単独行動主義による支配の優位性，ハードパワーへの過信などの結果，国連軽視となり，国連への期待感は失われた．とくに今回のイラク問題では，「国連の権威と信頼」が大きく失墜したといえる．にもかかわらず地球規模の諸問題にどう対応していくべきか，さらなる国連の構造改革と復権に期待せざるをえないというのもまた事実

である．

(3) アジア重視型（近隣諸国とのリージョン外交）

アジア地域では先述したように「ASEAN の EU 化」が進み，かつ中国やインドが急速に力をつけ浸透しつつある．とりわけ経済大国化しつつある中国の影響力がますます大きくなっている．結果として，「アジアのアジア化」が進行している．つまりアジアでは，経済のグローバル化，市場化，自由化がどんどん進み，「東アジア経済共同体」創設論議が盛んになっている．われわれとしてはどこの国がこの域内経済を主導していくのか，多大の関心を払わざるをえない．アジアの多国間協力関係をどのように構築していくのか，改めて日本外交のスタンスが問われているからである．「日本は，これまでのように太平洋の国なのか，それともアジアの国，アジアの一員なのか，一体どちらに眼を向けているのか」と問われている．さらに日本は，21 世紀の国づくりとして「アジアとの連携」と「アジアへの開放」を具体的にどのように進めようとしているのか，選択と決断を迫られている．欧米は遠く，APEC は太平洋共同体づくりをめざしている．日本にとっては近隣諸国との関係改善が最重要課題である．「近隣諸国との信頼関係」なくして欧米諸国との国際交流がうまくいくはずはない．とりわけ九州という地域にとっては，まず足元のアジア諸国との交流の深化こそ焦眉の課題である．

したがって，これからの日本外交は，過去の対米一辺倒から将来のアジアとの信頼関係醸成への一大転換期にさしかかっているといえよう．これは「米国か国連か」という二者択一ではなく，もうひとつ「アジア・リージョンにおける日本の位置づけと役割」という第 3 の道が選択肢として登場してきたのである．リージョン外交とは，「隣人・隣国とともに」将来を展望し，近隣諸国との協調と信頼関係を構築していく自主的外交路線を展開していくということである．

アジアでは唯一自由主義と民主主義が発達した先進国である日本だからこ

そ，偏狭なナショナリズムに陥らず，世界規模で物事を考え，アジア全体のためのリーダーシップが求められている．日本が真に「アジアに信頼される国」になるためには，「戦略的に何が本当に必要なのか」アジア志向型の政策戦略を展開しなければならない．20億人が自由に国境を横断するボーダーレス社会に対応するため，早急にこの国のリージョンの新たなるビジョンを提起し，それを共有するための具体的マスタープランとアクションプランを策定しなければならない．日本のあるべき姿（ビジョン，将来像）を明示し，その実現のための具体的行動計画を実践に移していくことである．

4 アジア社会の現状 ―アジア的支配様式―

　現在，「東アジア共同体」や「東アジアサミット」論議が盛んであるが，現実的に関係各国が平等・互恵・協力・扶助といった原則の下に，経済的・社会的繁栄を共有していくにはまだまだ多くの問題がある．図表5―1の「ASEAN各国の抱える紛争や人権・民主化の課題」にみられるように深刻な課題ばかりである．その他にも，少子化・高齢化，感染症（SARSなど），環境汚染，国内の地域間格差の拡大，域内国家間の競争激化，異常気象，急激な都市化の進行，極端な市場性の追及など，問題は山積している．

　経済的格差問題としていえば，たとえば，豊かなシンガポールと貧しいミャンマーの1人当りのGDPには，100倍以上の格差があるといわれている．さらに各国内での所得格差，教育格差，都市間格差も拡大している．こうした途上国の絶対的貧困と飢餓の解消，格差の縮小こそ最優先課題であろう．「各国」にとっていずれも問題は重要であるが，ここで問われるべきは，それぞれの「国益」を超えて「アジア地域全体」（地域益）としてどう克服していくかという課題ではなかろうか．

　アジア社会の特質は，総じていえば，その「多様性」と「重層性」にある．「多様性」とは民族，言語，宗教，文化などの多元的広がりにおいて，さらに

図表5-1　ASEAN各国の抱える紛争や人権・民主化の課題

ASEAN各国の抱える紛争や
人権・民主化の課題
（米国務省の資料などから）

国名（人口）	加盟年	主な紛争や人権・民主化の課題
フィリピン（7950万人）	1967	ミンダナオの独立をめざすモロ・イスラム解放戦線（MILF）が戦闘，現在政府と和平交渉中．イスラム原理主義のアブサヤフや共産党ゲリラが活動中
インドネシア（2億1713万人）	67	アチェ独立をめざす自由アチェ運動（GAM）が武装闘争，国軍が掃討作戦中．パプアで独立運動．マルクやスラウェシでキリスト教徒とイスラム教徒の対立．国軍がかかわる騒乱をめぐる真相追究進まず
シンガポール（338万人）	67	国会の権限に制限，野党に不利な選挙制度
マレーシア（2397万人）	67	報道の自由などに制限，イスラム過激派が活動
タイ（6348万人）	67	南部で独立をめざすイスラム過激派の活動が激化，軍などとの衝突が多発
ブルネイ（34万人）	84	国政選挙はなく，事実上の専制君主制
ベトナム（7973万人）	95	社会主義の一党独裁体制，報道の自由などに制限．南沙諸島（スプラトリー）の領有問題で中国などと争う
ラオス（550万人）	97	社会主義の一党独裁体制，報道の自由などに制限
ミャンマー〔ビルマ〕（4885万人）	97	軍事政権による独裁体制，人権は大幅に制限．民主化運動指導者アウン・サン・スー・チー氏の拘束続く．タイ国境地帯での少数民族のゲリラ活動
カンボジア（1381万人）	99	ポル・ポト派裁判の開始のめど立たず．総選挙後，連立の枠組みをめぐり与野党が1年近く対立

出典：『朝日新聞』2004年6月22日

「重層性」とは階層性と差別化において縦横無尽に複雑多義化しているという意味である．たとえば，経済格差，所得格差（富裕層と貧困層），地域格差，教育格差，あるいは民族差別，宗教差別などにおいてきわめて無限大である．貧富の格差，つまり不平等化はますます拡大し，中流の解体はさらに二極分化現象を加速している．これまでの一定程度の公平・平等に保障された社会制度から，「競争原理」や「成果主義」の導入によって，ますます「個人の実力と結果次第」というゼロサム社会へとシフトしつつあるように思われる．

多民族性としては，たとえば，インドネシアは約300以上の民族から成立しているといわれる．そして「多様性の中の国家的統一」が辛うじて行われている．ミャンマーの場合も，人口の3割が130余りの少数民族から成り立っている「モザイク国家」である．そうした複雑に絡み合い対立している社会の最大の課題は，「民族共存の道」を探ることである．

今日のアジア国家間の政治的・宗教的・民族的対立を超えて，一気に21世紀のアジア共通の基盤（システムやスタンダード）を作り出すことはきわめて至難の業である．エスニック・アイデンティティの枠を超え，トランスナショナル・アイデンティティ（市民意識）やコスモポリタン（世界人）的発想をもつことさえきわめてむずかしいといえる．にもかかわらず時代の流れは，「欧米指向からアジア重視へ」と転移しつつあり，われわれもまたアジア地域社会の一員としての「アジア・アイデンティティ」の探求と確立が求められているのである．

アジア諸国は，欧米列強の植民地支配から解放され国家的統一を果たしているものの，「民主化」という政治的民主主義の基本原理は未成熟でまだ導入，確立されていない．どちらかといえば，軍が政治的実権を掌握し，軍事政権や軍事独裁を敷く場合が少なくない（開発独裁）．たとえ文民出身者が選挙に勝って権力の座に着いた場合でも，国軍の支持は絶対的に不可欠なのである．

また権力の世襲制（専制君主制）として，先代のご威光により政権移譲が行われる場合もしばしばである．たとえば，インドネシア（故スカルノ大統領の長女メ

ガワティ），マレーシア（祖父が与党指導者だったアブドラ新首相），シンガポール（リー・クアンユー上級相の長男リー・シュンロン副首相の首相就任）など，程度の差はあれ共通している．さらにいえば血縁，郷縁，語縁，宗縁などにより結合し，グループ化しやすいことなども通底している．

つまりアジア社会は，総じて市民社会の論理のように必ずしも「個性の尊重」や「個人の原理」によって組織集団は成り立っていないというのが現実態である．しかしながら時代的趨勢としては，経済の成長と成熟，衣食住生活の物理的価値の普及・充足などに伴い，既存の価値体系が揺らぎ，満足感は低下し，個人の価値観はますます多様化しつつある．

経済のグローバル化に伴い，地域格差，階級格差，男女格差などの諸矛盾や実態が明らかになり，アジア地域全体として解決すべき共通課題となりつつある．近代化，民主化，工業化，都市化の波は，どこの国の社会にも普遍的に浸透している．伝統とモダンとの融合の格闘を経つつ，「画一性・同質性より差異性・多様性」を基礎にしたポスト産業資本主義社会へと移行しつつある．

経済格差や役人の腐敗などへの高まりと住民意識の変化により，中国農村部では末端レベルの自治組織「村民委員会」の主任（村長）を住民の直接選挙で選ぶようになった．さらに地方幹部の罷免を求めて各地で署名運動が起きたり，郷鎮や県レベルでのリコール権が行使されたり，民主化の広がりをみせている．

またインドネシアは，地方分権化が進む援助モデルとして他国から注目されている．スハルト政権崩壊後，中央集権体制から地方分権が進み，初等中等教育の権限が中央政府から地方自治体に移されたことをきっかけに始まった．インドネシア政府は04年度からバンテン州で独自予算での試行を決定したり，ビトウン市は自前予算だけにしたり，援助からの自律をめざしている．教育省の決定をトップダウンで実施してきたやり方を見直し，現場の声を反映するボトムアップ型を取り入れている．役所の決定を画一に実行するのではなく，各校の実情に応じて創意工夫による資金活用をめざし，民主的で公正な学校運営

に取り組んでいる．さらには市民同士の連帯と議論を深めて，① 社会弱者の利益を考慮，② 政策決定に住民らも平等参加，③ 透明性の確保，④ 人権や民主化の尊重などの原則に基づく ODA の共同声明が出されたりしているという (朝日新聞，2004 年 12 月 24 日)．

こうしたアジアにおける時代の変化を集約すると，「重層性から平等性へ」「一元性から多元性へ」「集権性から分権性へ」と大きくシフトしつつあるように思われる．換言すると，「ヒエラルキー的ピラミッド型社会からフラットなネットワーク型社会へ」とパラダイム転換しつつある．こうしたアジア社会の環境胎動に対応して，日本としても中国やインドなどを重要なパートナーとして位置づけ，アジア各国との連携協力関係のあり方を積極的に模索していく姿勢が求められている．しかもその前提として，それぞれの国や地域の内発的・段階的発展と安定メカニズムとを尊重し，それを支援・協力・育成しつつ，かつ多様・独自・自前の発展モデルを構築するものでなければならない．

5 「アジア市民社会」の創造に向けて

(1) 「アジア市民社会」という概念

われわれのアプローチは，アジア社会のこれまでの「近代化」や「民主化」といった視点からだけでなく，さらに一歩を進めて今日的な「分権化の問題」を問い，さらに「市民社会」というキーワードを駆使し，「アジア地域共同体の基本原理」についてより実効的に考察していくことにある．

したがってここでは，「近代化」や「民主化」と「分権化」の概念を意識的に使い分けている．

「近代化」という概念は，「アジアで最初の近代化に成功した国・日本」などといわれるが，端的にいえば「欧米化すること」，つまり先進国としての欧米モデルにキャッチアップすることを意味している．ヨーロッパ近代市民社会の成立は，過去の「古代ローマ帝国」や「中世キリスト教的世界」から解放され

て，近代国家としての「民族国家」や「国民国家」が確立されていく過程を指している．確かにこれまでの「王国」や「帝国」は，王侯や貴族の暴力や聖職者の宗教的権威など位階序列制や身分制秩序によって強力に支配されていた．それがルネッサンス，科学技術の発展，産業革命，宗教革命，市民革命などによって，いわゆる近代化過程が達成されてくると考えることができる．

また「民主化」とは，国家対国民という対抗基軸において，いわゆる「国家主権から国民主権へ」とパワーシフトしていくことを意味している．つまり民主化とは，国家権力をめぐる政治権力闘争の色彩がきわめて強い．政府に対して国民の基本的権利を要求し獲得し保障を求めていく過程であるといえる．

では，「アジア市民社会」という概念を構成する重要なキーワードとして，「市民」「市民社会」「分権」「分権型社会」とは何か．共通なイメージづくりのため，理念型としてのさらなる概念規定が必要であろう．

「市民」(citizen) は，ヨーロッパ近代市民社会の形成過程においてつくられてきた概念で，「自由で平等な個人」，「自由・平等・独立した人格者」，「市民的自由（人身的拘束の排除，契約，移転，宗教的寛容，言論の自由など）を獲得した人びと」であると規定できる．「市民社会」(civil society)」とは，「合理的理性や法的権利に従う社会」，「身分制的隷属から解放された自由な私的生産者（私的所有の主体）相互間に生み出される平等の社会関係の総体」，あるいは「物象から解放された自由な個体性としての人格と人格の関係＝自由人の連合」(『社会学事典』) であると定義されよう．

このような市民社会において共通する価値と理念は，「政治的民主主義」，「経済的市場主義」，「個人主義」，「自由と人権」，「男女平等」，「法治主義」，「人道主義」などである．さらにいえば，「市民の直接参加主義の尊重」といったコンセプトである．これら市民社会の価値の実現をめざして，市民（普通の人びと）が政策の意思決定過程に参加・参画し，発言権や影響力や決定権を行使し，権力の争奪戦を演じてきたのである．

市民社会の魅力は，自由で多様でダイナミックな個人原理に最大の価値をお

いていることである．独立心旺盛で躍動感と活力に溢れる個人の自由な発想を尊重しかつ前提にし，お互いの競合主義によってよりよいものを創り出していく社会である．また多少の摩擦や葛藤は進歩のための，あるいは活性化のための代償であると考える．また適度の競争原理は，向上心や仕事意欲，技術革新や生産性向上などに役立つものと評価される．市民社会の主体としての「市民」は，対等なパートナーとしての個人の存在を前提に，ひとつの共同体形成を志向する人びとである．また市民は，近代国家における「国民」という意味ではなく，開かれたグローバル社会（超国家）における「主体的個人」という意味での人間観である．こうした市民によって形成される社会は，市民と市民をつなぐ共通の日常感覚や価値意識やライフスタイルなどを確立しつつあるネットワーク社会ということである．

そこで，たとえば，「アジア市民社会」という概念は，アジア社会において容易に国境を超えて地域共通の文化や価値意識によって支えられる市民社会のことをいう．われわれはそのアジア社会の動向を「集権型国家システムから分権型社会システムへのパラダイム転換期」にあるものと時代認識し，「アジア市民社会における分権化政策」という視点と課題に取り組みたい．分権型社会の「分権化」というコンセプトは，あらゆる権力がこれまで国家や首都やトップなどに一極集中管理されていたあり方を，これからは地方や地域やミドル・ボトムなどに分散管理していくため，できるだけ現場や下位職や一般市民などに権限移譲（自己決定権の譲渡）していこうとするシステム変革のことである．

(2) 日本における分権型社会システム論

これまでの日本社会をみると，明治維新以来，国家官僚への中央集中化が進み，あらゆる権力の一元的管理が行われ，いわゆる中央集権的権力構造が強固に構築されてきたといえよう．その結果として，首都・大都市TOKYOへの一極集中型の国土形成が行われ，今なお継続している．そしてさまざまな「東京問題」という弊害が発生した．全国規模でみても，国中にミニ霞ヶ関，ミニ

永田町，ミニ銀座など，東京コピーを乱造してきた．

　こうした一極集権型の国家体制づくりはアジアの首都をみてもほぼ共通している．たとえば，「韓国のソウルライゼーション」，「タイのバンコクライゼーション」，「中国のシャンハイライゼーション」など，経済，政治，文化，人口，情報，マスコミ，芸能などの過度の集中化・寡占化・特権化現象が起きている．かつて東京の首都機能移転論がかまびすく論争されたが，結果的には却って東京だけを肥大膨張させてしまった（いわゆる東京のひとり勝ち）．また韓国・盧武鉉大統領は，「ソウル一極集中是正」や「国土の均衡発展」を訴え，首都移転計画を打ち出し，行政機能を移して，ソウルは経済・文化の中心として残すという構想を進めているが，これもこうした分権化・分散化・多極化政策の線上にある．

　しかしながら，都市と農村，国と地方の格差（切り捨て）はますます拡大するばかりである．地方は過疎化・高齢化・少子化が進行し，三農政策（農村・農業・農民）は無策に等しく，荒廃・衰退・疲弊している．とりわけ地域を担い時代を動かす若者や女性が地域に残らず（残れず），廃村・廃屋・空店舗へと追い詰められている．こうした大都市・大都会への一極化・集中化・寡占化の弊害は，強いライバル都市の不在を招き，競争力低下につながり，やがて都市の活力そのものを奪ってしまうことになる．都市にも地方にも力強い主体能力は生まれず，現れず，自己革新能力さえ育っていない．

　競合的・多極的な都市の存在は必要である．そのような都市ができる要素は，「人材」（人間力）と「環境」（社会力）である．ここにいう人材とは，個性的・エネルギッシュなキーパーソンやリーダーの存在であり，とりわけパッション・ミッション・アクションに溢れる若者は，国境を越えた将来の力（ヒューマンパワー）として必要不可欠である．さらにこうした若者が定住し魅力を感じる環境づくりこそ急務である．その魅力ある環境こそ，「社会的パワー」，つまり地域社会独自のアイデンティティとしての「地域総合力」（地域力，地域益）である．具体的には，経済力（東京），文化力（関西），教育力，景観力，観光

力，人材力，環境力などの総合的地域資源力である．この地域力をさらに価値付与し，美化・神聖化しストーリー化していく仕事こそまちおこし運動である．

90年代からあらゆる国家政策が失政を繰り返し，経済は構造不況に陥り，制度は機能不全を起こし始めた．そして05年，国家財政は750兆円ともいわれる未曾有の借金を抱え，根本的な行財政構造改革に取り組まざるをえなくなった．この問題は，「国家への一極集権型の統治構造がいいのか，それとも多極分権型の共生構造に転換していくべきなのか，いずれのガバナンスがより公正・安定したものになるのか」というテーマと直結している．これまでの社会では，前者の「国家への一極集権型統治構造」を肯定・前提としたシステムづくりがより多く検討されてきた．つまり後者の「多極分権型共生構造」については殆ど検討されてこなかった．それゆえに未知・未踏なる理念であるがゆえに，後者のモデル探求と実現へのプロセスに取り組んでいかざるをえないのである．

「分権型システム」とは，要するに「集権型システム」の対極にある対概念として捉えられる．この比較を動態的にいえば次のようにまとめられる．

- 「国（中央省庁）から地方（自治体）へ」（地方分権，垂直移譲）
- 「官から民へ」（規制緩和と民間活力の活用）
- 「行政官僚から地域市民へ」（市民分権）
- 「中央・首都・大都市から地方・農村・地域へ」（多極分散，水平移譲）
- 「トップからミドル・ボトムへ」（庁内・組織内・職場内分権）
- 「ハイアラーキーからネットワークへ」（組織論）

分権型システムは，一定の権限（専決権や裁量権）を他者に移譲していく制度のことである．ここにいう「権限移譲」とは，政策に関する自己決定権の主体を，国家官僚から地方・地域・現場の第一戦職員や地域住民や市民などに移

図表5−2　市民分権型社会創造の枠組み

地域主体	エンパワーメント政策	パートナーシップ政策
（民）市民セクター	・専決権移譲（自主管理権の強化） ・専門職資格取得 ・NPO・NGO活動 ・市民のイニシアチブなど	・市民参加参画制度の拡充 ・住民投票の常設 ・市民立法権（提案権）の制度化 ・市民会議の確立など
（官）行政セクター	・市町村合併 ・「三位一体」行財政改革 ・政策形成能力の育成など	・行政＝企業＝市民の協働システム ・広域行政連合方式の推進 ・自治体間・都市間連携協力など
（産）企業セクター	・規制緩和 ・大型合併 ・職場内下位職への権限移譲など	・ASEAN，FTAへの加盟 ・分社方式など
（学）教育セクター	・教員・学生・学校の活性化 ・能力評価制度の導入など	・産官学民の連携協力 ・協力協定校との相互交流 ・学校経営への住民参画など

し，自己選択・自己決定・自己責任の原則において自主管理・共同管理させていくという方法である．「地方の時代」が謳われたのは，すでに79年からであったが，「分権の時代」が始まったのは2000年の地方分権一括法の施行以来であった．この流れはさらに加速度的に推進されている．

　市民社会とは，要するに，こうした「中央集権から地方分権へ」さらに「地方自治体から地域分権や市民分権へ」という分権政策の結果として，市民自身が直接公権力に関与し，公共政策を提言し，政策の意思決定過程に直接間接的な影響力行使（入力）をしていくということである．パブリックサービスは必ずしも官僚の独占物ではなく，市民もまた公共サービスの担い手として役割と責任をもつことができるということである．

　そこで，市民社会におけるアクター（主体）としての市民セクターの役割の重要性がますます認識されつつある．とりわけNPOセクターの登場によって，行政セクターとの協働の機会が急増しつつある．たとえば，環境，開発，教育，福祉，人道支援など，さまざまな分野で国内外において活躍している．

　市民セクターは，自治体政策に対して対案を提出するオルタナティブ機能を

もつ地域のシンクタンクである．そうした機能をより強化するためには，2つ，「エンパワーメント能力」と「パートナーシップ能力」の育成が何より肝要である．図表5−2は，「市民分権型社会創造の枠組み」というテーマの下に，地域主体である行政セクター，企業セクター，市民セクター，教育セクターを縦軸に，さらに「分権化政策」の具体的取組みとして「エンパワーメント政策」と「パートナーシップ政策」を横軸にマトリックスを描いたものである．ここにいう「エンパワーメント政策」とは，個人―集団―組織―社会レベルにおいて，「主としては単体としてどのように自主的・自律的な権限を強化しているか」という内容である．また「パートナーシップ政策」とは，やはり個人―集団―組織―社会レベルにおいて，「主としては他のパートナーとの関係，相互交流，連携協力のためにどのような政策を展開しているか」という内容である．つまり「対等な協力者」として対外的・相互扶助的な政策関係について検討することである．たとえば，産学協働，産学官協働，産官学民協働，都市間ネットワーク，あるいは地域間連携交流など相互補完的関係を分析することである．

　市民分権型社会の創造には，こうした行政・企業・市民・教育・NPO・メディアなど多様なセクターが共存し，それぞれのエンパワーメントを強化しながら，他の主体との真の自律的相互的パートナーシップを発揮し，さらに協働システムを構築し活動していくことが大切である．とりわけ期待されるアクターとして，これまでの国家主体に代わり，地域主体としての「地方都市」や「自治体」や「市民団体」や「個人」などがフォーカシングされ，「市民主義」を原則とした「個性」（独自のアイデンティティ）と「連携」（協調）と「融合」（混合）の新しいシステムづくりが求められている．

6　おわりに

　以上，考察してきたように本論では，理念型としての「市民社会」を検証と

しての「アジア地域共同体」に適合しようと試行してきた．この試みは結果として不十分であり，まだアイデアの域を出ていないと考えている．しかし筆者にとってこの課題の追求は，社会学する者として，ひとつの方向性を示唆する考察過程であった．今後，さらにアジア各国の地域において「地方分権」や「市民分権」に焦点を当て，主体的・積極的に取り組んでいるさまざまな実践的政策事例から，成功・失敗を含め多くを学んでいきたい．そこから「アジア市民社会」を構築する共通なパラダイムやモデルを見出せるものと確信している．このような意図に基づき，「アジア地域共同体を創造するための市民社会論」というテーマにさらに取り組んでいきたい．

注
1) 人は自由と豊かさを求めて，自分の人生と世界を生きる．その際，「国境」という概念は乗り超えるべき障壁でしかない．「国境」という概念について非常に感銘深い表現がある．「この地域の長い歴史の中で，国境は常に動いてきた．現代の国境も永遠に続くものではあるまい．われわれにとっては，今が発展のチャンスだ」（『朝日新聞』2004.4.20）

　今日，「国境を越える世界の出稼ぎ労働者数」は，国連機関によれば，1億人前後と推定されている．このうち中国華人の海外移民は約3千万人である．この移民の流れは，80年代半ば以降，さらに増加傾向にあり，「21世紀はさらに加速する」といわれている．またWTOの予測によると，05年の世界の旅行者総数は約8億5千万人で，海外旅行支出額は1兆ドルとされている．つまりこれからのわれわれの活動領域は，日本列島だけでなく，世界およびアジア全体ということである．

2)「アジア地域共同体」という構想は，これまでもいろいろな人が提唱している．たとえば，孫文は，1924年，神戸市で「大アジア主義」という演説をし，道徳を重んじる「王道」の東洋文化が「覇道」の西洋文化より勝るとしてアジアの独立と復興を訴えた．また岡倉天心は，「東洋の理想」を求めて「アジアはひとつ」という独特のアジア観を広めた．さらに戦前の日本には，「大東亜共栄圏」という日本帝国の野望があった．

　今日，改めて経済のグローバル化に伴い，「ASEAN＋日韓中＋印＋豪」といったより大きな枠組みにおいて，新しい共同体づくりが模索されている．もちろんEUのような共通基盤や理念を欠くアジア社会にとって，「多様性」と「重層性」という問題はきわめて深刻で，地域統合はそう簡単ではない．こうした構想

はすべてが始まりに過ぎず，数百年の大計であろう．しかし「欧州の夢」が50年かかったように，ユートピアとして終わらせないためには着実な一歩を踏み始めるしかない．アジアが自分たちの意思で一緒になるという夢とビジョンを確保し，一体になるための行動を直ちに起こすことである．大切なことは，「自律する共同体づくり」であり，域内の産業政策や生活基盤の意思決定を他国に頼るのではなく，「自らつくりかつ律するシステム」をつくるということである．

3）「平等社会か格差社会か」といった二元論争については，歴史的相対主義の視点が必要である．つまり物事は正・反・（瞬間）合・正・反・（瞬間）合という弁証法的発展過程を辿るという発想である．歴史的環境状況や条件・視点・立場によって，価値判断は変わるということである．現在は，「横並び」「画一性」「平等主義」が過度に強調された時代から，「個性化」「差別化」「競争主義」が主張されている．ある程度の豊かさを手に入れた後は，「努力してもしなくても，結果はみな同じ」「みな同じものを食べ，同じものをもつ．いくら働いても同じ．それはいやだ．」といった風潮が広がりつつある．格差がなくなってしまうと活力も失われる．今度は「差異化・差別化」を求めて競争に走るということである．さらに過度の格差が広がると，社会不安と人びとの不満を引き起こすことになる．一部の人や集団や階層だけが豊かになり過ぎると，今度は再び格差是正によって「共に豊かになるシステム」を導入しようとするものである．現代は，どちらかといえば，「社会主義的平等」から経済の自由市場化に伴って「自由・競争・個人主義イデオロギー」が蔓延しつつあるように思われる．

引用・参考文献
藤岡美恵子・越田清和・中野憲志編　2006　『国家・社会変革・NGO』新評論
入山映　2004　『市民社会論―NGO・NPOを超えて―』明石書店
今井弘道編　2001　『新市民社会論』風行社
中谷美穂　2005　『日本における新しい市民意識』慶應義塾大学出版会
吉田傑俊　2005　『市民社会論―その理論と歴史―』大月書店
東海大学平和戦略国際研究所編　2006　『東アジアに「共同体」はできるか』社会評論社
田坂敏雄編　2005　『東アジア都市論の構想―東アジアの都市間競争とシビ・ルソサエティ構想―』御茶の水書房
佐藤東洋士・李恩民編　2006　『東アジア共同体の可能性―日中関係の再検討―』御茶の水書房
小原雅博　2005　『東アジア共同体』日本経済新聞社
野村亨・山本純一編著　2006　『グローバル・ナショナル・ローカルの現在』慶應義塾大学出版会
内田孟男・川原彰編著　2004　『グローバル・ガバナンスの理論と政策』中央大学

出版部
入江昭著・篠原初恵訳　2006　『グローバル・コミュニティ』早稲田大学出版部
山口二郎・山崎幹根・遠藤乾編　2003　『グローバル化時代の地方ガバナンス』岩波書店
薮野祐三編著　2002　『アジア太平洋時代の分権』（アジア太平洋センター研究叢書11）九州大学出版会

Ⅲ　職場生活

第6章 産業社会と職場生活

プロローグ

　社会変動としての近代化を産業社会の史的展開過程の中で,「前近代社会→近代社会→現代社会→超現代社会」として捉え,とくに「企業という人間集団」に焦点を当て,産業社会全体に共通する「企業における組織原理と人間行動との関係」のありようについて考察する.とくに日本的経営管理方式の特質と限界とその変化,職場集団におけるリーダーシップのあり方,あるいは個人のモラールの変化などを中心に論考する.こうしたテーマへのアプローチは,家族生活と職業生活と地域生活と個人生活とのバランス感覚に基づく新しいライフスタイルや価値観を形成していくために,「会社との心理的・社会的距離をどう保つべきか」,「人間にとって会社とはいかにあるべきか」といった今日的課題と密接に結びついている.

1　産業社会から脱産業社会への移行

　現代社会の動向を考える上で,「近代市民社会の成立」は世界史上きわめてエポックメイキングな出来事であった. 17～18世紀を境に「前近代社会」(pre-modern society) から「近代社会」(modern society) へ移行したというマクロな時代区分がなされている.「前近代社会」とは,端的にいえば,「生産力の未発達,地域的閉鎖性,自給自足性,停滞性,身分の固定性,共同体的諸関係の

優位（共同体規制や伝統の権威の支配），個人の集団への埋没などによって特徴づけられる」（濱島朗・竹内郁郎・石川晃弘編，77）社会である．また「近代社会」とは，「市民革命」や「産業革命」などによって，「資本主義」「民主主義」「個人主義」といった新しい価値理念や構成原理が創出されてきた新しい社会形態（社会構造）のことである．このような移行過程において決定的役割を果たしたのが，いわゆる「近代化」(modernization)という革命プロセスであった（後述）．ところがこの近代化過程も21世紀に入り，さまざまな自己矛盾現象が露呈してきた．もろもろの限界状況が指摘されるに従って，「脱近代」(post-modern)あるいは「近代の超剋」といわれるさらなる変革の必然性に迫られるようになった．こうした歴史的流れは大枠で掌握できるであろう（図表6-1は要点整理したもの）．

　近代化とは，つまり「市民革命」や「産業革命」などによって，中世の封建社会を解体し資本主義社会へと移行する変革過程であった（もちろん，その他「ルネサンス」や「宗教改革」なども重要な革命要素であったことはいうまでもない）．

　ここにいう「市民革命」とは，旧体制下で封建領主・貴族・僧侶などと下層民との中間層に，比較的富裕な収入を得ていたブルジョアジー（資本家階級）が「第三階級」として出現し，絶対王政を打倒，法の前に自由・平等な市民社会を創出，資本主義社会発展の道を拓いていった革命のことである．「神の意思」「教会支配」「神権政治」といった中世社会から，徹底的な非神聖化・世俗化を図ることによっていわゆる「人間」を解放し，この人間の合理性や理性を信仰して，個人の自由で主体的・自律的な活動を放任，保障したのである．そして市民は次第に自治権を獲得して自治政府を組織し，一人ひとりの権利と義務，自治と連帯などを尊重する「個人原理」を社会の基本的構成要件としていった．こうした「個人の意思」や「人間の理性」を前提として，全成員が公開討論によって合意形成し，相互的契約関係によって成立する社会としていわゆる「市民社会」が位置づけられたのである．

　このような市民社会は「共感原理」によって成り立つ，とスミス(Smith, A.)

図表6−1　産業社会の歴史的動向

	前近代社会	近代社会	現代社会	近未来社会
社会	・封建的伝統社会 ・同質性社会 ・運命的社会集団	・資本主義社会 ・社会分業の発展 ・自由競争社会 ・植民地・帝国主義の時代 ・民族主義	・管理社会 ・国家独占資本主義 ・官僚制国家 ・国家原理の優先	・多元的社会 ・多極分散型 ・ボーダレス化社会 ・「共生社会」
産業	・マニファクチュア	・産業優先主義 ・機械制大工場（フォード主義） ・自由放任主義 laissez-faire laissez-passe（為すにまかせよ・行くにまかせよ） ・経済成長主義	・テクノロジーの発達（OA化・FA化・LA化） ・マン・マシン・システム（無人工場） ・MEの時代 ・少品種大量生産方式	・市場経済と計画経済の統合 ・規制緩和 ・ソフト＆サービス部門 ・ニューメディア ・多品種少量生産方式
人間	・全体主義 ・集団主義 ・群れ的存在	・個人主義原理 ・自由・平等・独立した人格者像 ・「人間の機械化」（ロボット化） ・having指向	・「近代主義（人）の限界」 ・非人間化状況 ・ミーイズム（自分のこと主義） ・doing指向	・ボランタリズムとユニバーサリズム ・「労働の人間化」 ・個性化・多様化・差異化 ・being指向

は説明する．彼のいう「共感原理」とは，「想像力による立場の転換」によって，他人の眼や立場になって同一視したり感動したりして，他者の幸福や運命を理解することができるというものであった．このような考え方は，そもそも社会は「予定調和としての商人社会」であり，その成員は「商人」であり，さらにその商人は「健全な信頼感」と「正義の徳」をもっているということを前提にしている．スミスは，市民社会は経済的に同等な価値の所有者によって，「等価交換」や「価値法則」の貫徹する社会とみなしていた．しかも純粋な人間的自然＝利己心の自由な発露は，「神の見えざる手」によって導かれていくと考えていたのである．しかし実際には，不等価交換（搾取＝被搾取関係など）

や欲望と能力の不均衡などがあり，階級の分裂，貧困の存在といった深刻な社会問題が伏在していた．

さらに18世紀後半，イギリスの「産業革命」に端を発して近代的機械制大工業が発展し，やがて欧米各地に飛来，全世界へと普及していった．この発展過程を，スペンサー（Spencer, H.）は，社会進化論の立場から「軍事型社会から産業型社会へ」の移行とみなしていた．スペンサーのいう「産業型社会」とは，全体よりも「個人の意思」が尊重され，この個々人が自由かつ自発的に産業活動に従事し，自治的団体を結成していくというような社会のことであった．

資本主義（capitalism）社会の原理としては，たとえば，① 自由な経済活動（分業と交換，「一人ひとりが商品価値をもつ商人である」），② 私的所有（資産の私有制），③ 利潤動機（利潤追求の最大化），④ 市場制（市場機構，自由競争の原理），⑤ 個人原理（個人能力の最大限発揮，原子論的個人の対立・依存関係，「神々の深き欲望」，「万人の万人に対する闘争」など），などを指摘することができる．

こうした資本主義的価値観の発達に随伴して，近代市民社会が形成されてくる．その「近代化」の内容としては，たとえば，① 産業化（工業化），② 人口動態化（社会移動と階層移動），③ 都市化（都市人口の増加と都市的生活様式の浸透），④ 民主化（民主主義，自由主義），⑤ 組織化・官僚制化，⑥ 大衆社会化，⑦ 情報社会化（マス・コミュニケーションの普及），⑧ 国際社会化，などのメルクマールを挙げることができる．さらに「産業化」に伴う社会変化として，① 役割分化，② 構造化と官僚化（組織の巨大化），③ 権力行使の増大（政府の役割の増大），④ 職業移動と社会移動の増大，⑤ 社会関係の非人間化，⑥ 業績志向の価値意識，などがみられるようになる（小林幸一郎，1979）．

こうして「工業化が完全に達成された社会」を想定して，「産業社会」（industrial society）という概念で説明されている．このインダストリアリズム（産業主義）路線に共通する特徴を整理すると，① テクノロジーの発達（科学技術の革新），② 労使間の対立と階級闘争の制度化，③ 政府の介入と調整，④ 管

理者対被管理者の対立，⑤ 新しい専門職種の増加（研究開発，技術者，経営管理者など），⑥ 所得・生活水準の向上と余暇時間の拡大，⑦ 生活様式の画一化・平準化，⑧ 生産と消費の分離，あるいは ⑨ 資本の所有者と経営者の分離（バーナム（Burnham, J.）の『経営者革命』），などを構成原理として列挙することができよう．

　さらにいえば，この産業社会化がより高度に成長・発達した新たな段階として，いわゆる「超現代社会」つまり「脱産業化社会」(post-industrial society) が出現するといわれている．ベル（Bell, D.）やトフラー（Toffler, A.）などによって展開された代表的議論の特徴は，およそ次のような視点である．① 物的商品生産経済からサービス経済への移行（第3次産業が主軸，貿易・金融・保険・不動産業から保健・福祉・教育・研究へ），② 専門職（プロフェッション）・科学者（テクノクラート）の優位（知識集約型労働の増大），③ 管理・被管理の区別の縮小（産業民主主義の進展により階級的敵対関係の縮小，労働者の能力と責任の増大，労使協議制，共同決定制，自主管理制など），④ 価値観・ライフスタイルの多様化と多元化（脱イデオロギー化，脱画一化と差異化，「大衆」から「分衆」「小衆」へなど），⑤ 組織のソフト化（脱官僚制組織，オープンシステム化，ネットワーク型組織など），あるいは ⑥ 平等で多元的な社会の出現（社会的地位の決定要因は教育と職業選択），など．このような「ポスト」産業社会は，また「脱」「後期」「エクストラ」産業社会ともいわれている．

　かくして現代社会の構成原理は，経済的には「資本主義」，政治的には「民主主義」，文化的には「個人主義」などによって成り立つ社会システムとして発展していると捉えられる．ところが，その資本主義経済（階級社会）のもつさまざまな葛藤・矛盾・対立から，1917年にロシアで，49年には中国で，またその他の国ぐにでも「革命」によって社会主義経済体制が成立してきた．しかしやがてその体制も行き詰まり，90年代に入り，東欧の自由化・民主化要求から社会主義国家はついに全面的な崩壊・解体過程に遭遇することになった．現代社会は，総じていえば，資本主義経済はポストモダンが叫ばれながら

もなお有効な経済原理として機能しつつ，かつ各国では資本主義経済体制と社会主義経済体制とが収れん・混合するような新たな体制づくりに取り組みつつあるとみることができよう（自由市場と計画経済との統合化・混交化ということ）．

2　産業社会化における諸問題

　とくに20世紀における急激な産業化・工業化の発展に伴い，社会構造の大変動が生じ，そこにまたさまざまな新しい問題群が発生している．先述した近代化における「市民革命」や「産業革命」という視点からいえば，同時にそれらの構成原理の限界状況が露呈してきたと指摘することができる．

　① 市民革命とは，要するに「人間の発見」や「個人の解放」によって，国王や国家権力あるいは封建的・専制的・身分制的社会から「自由になるための闘争」であった．あらゆる束縛，拘束，規制，抑圧的な制度や共同体から意識的に個人を切り離し，独立した自律的個人となる権利を獲得するための闘争であったといえよう．「近代的自由人」というイメージには，こうした自律的に自己決定し同時に結果責任をも引き受けるという「強い個人」「強い人間」像が強く期待されていたのである．

　つまり近代人とは，「財産と教養」をもった市民のことである．その「市民としての個人」は，理性的・合理的存在，さらに自由・平等・独立した人格者という完全な理想的人間像として描出され，その実現が探求されてきた．そのイメージはまた「近代的自我に目覚めた人間」であったともいえよう．要するに個人こそ「神の理性の体現者」であった．それゆえに個人は何にもまして最高に尊敬され神格化された．こうして「個人主義的自由人」が高く讃美されかつ理想化されてきたのである．

　やがて人間は神の呪縛から解放され，今度は人間自身が「万物の霊長」として「最高神」となる．「万物の霊長」たる人間が，神により創造されたといわれるあらゆる自然界を征服し，"宇宙"を"地球"を支配し，そして管理して

きた．まさに「自然開発」「社会開発」という名の「開発」「成長」「発展」過程こそが，近代化＝産業化＝工業化の道そのものであった．そこには「人間の理性と知性と英知」にとって不可解・不可能なものは何ひとつないというオプティミズムが蔓延していた．それはまさに「神への挑戦」でもあった．そして神が創造された不可思議な世界を一つひとつ解きほぐし，人間の合理的理性の前に膝間づかせてきた．宇宙も人間の精神も生命の生死さえも，あらゆる聖域に挑戦してきた．そのために科学・技術・学問が発達し，近代人は人間理性による問題解決能力に絶大の自信と誇りをもっていたのである．

　しかしながら現在，そうした「個人主義的自由観の限界と弊害」も数多く噴出している．確かに社会は，「身分から契約へ」（メーン Maine, H. J. S.）と変わった．しかし，自由契約と私的自治の原則に基づいて合意形成すべきはずの個人が，当事者（主体）能力を失い，不法行為や責任不履行によって"禁治産宣告"を受ける人も少なくない．「個人の重みに耐えられない」「自由主義の権利の濫用」「自由からの逃走の可能性」あるいは「家族主義や会社主義や世間体などに依存したままの未成熟状態」など，「自立しない・弱い個人」像が社会表出しているのである．このような「弱い個人」は，集権的国家や集団主義に対処し闘争しうるだけの能力も資質も持ち合わせていない．むしろ「強い集団」や「絶対者」を希求し，これに積極的に帰依，服従，加入していく傾向さえみられる（新興宗教，ネオファシズムの台頭，英雄崇拝・個人信仰への動向など）．つまり自我の未成熟，主体性の未確立のまま，孤独や不安を救済してくれる「絶対的他者」を探求してさまよっている．まさに西欧流・個人主義の自由観という価値理念の根底にあったものが，今や袋小路に入り込み混迷に陥っているのである．

　② また「産業革命」は，先述したように法王・貴族・僧侶あるいは封建領主といった旧支配階級に対し，商人たちを中心とする新興ブルジョアジー（市民階級）が登場し，次第に勢力を拡大していくプロセスであった．「第三階級はすべてである」というスローガンの下に，財産をもつ市民・中産階級が次代を

担うエースとして権力闘争に参加してきたのである．その市民こそ「所得と資産」をもつ商人や手工業者たちであった．彼らは土地・工場・労働者などを所有する資本家層であり，手工業から機械工業へと技術革新し，ものを大量に生産—流通—販売して利潤を獲得，追求してきた．

初期資本主義社会では，個々人はスミスがいうように"ひとりの商人"とみなされ，土地でも財産でも名誉でも何か"売るべき商品"（商品価値としての自分）を所有する必要があった．そしてその富を商品化し財の交換をしてきたのである．つまり近代人にとっての自由とは，「所有（売買）する自由」（私的財産制，所有権の絶対化）を意味していた．この「所有する自由」が人間の欲望の深化，分業の進展などとあいまって，「今日の勝者は明日の敗者，今日の敗者は明日の勝者」を分けてきた．やがて「持てる者と持たざる者」「富める自由と飢える自由」あるいは「王様になる自由と乞食になる自由」へと意味変容し，次第に貧富の格差が増大していった．それはさらに有産者対無産者あるいはブルジョアジー対プロレタリアートという階級対立へと発展していく．やがて「持てる国と持たざる国」との植民地争奪戦から第1次・第2次世界大戦へと突入し，終戦を経て今日の「発展国と途上国」という世界的状況を迎えるにいたるのである．

個人主義的自由競争の原理は，当時の「進歩の思想」や「遺伝の法則」といったイデオロギーにも支えられ，優勝劣敗・弱肉強食・適者生存・自然淘汰といった資本主義的価値観が正当化されてきた．社会は生物有機体になぞらえて「社会有機体」として捉えられ，生物進化論も即「社会進化論」として応用された（たとえば，コント（Comte, A.）の社会発展の法則は「神学的段階→形而上学的段階→実証的段階」という三段階説，「愛を原理に，秩序を基礎とし，進歩を目的とする」という「人類教」の考え方，あるいはデュルケーム（Durkheim, É.）のいう「機会的連帯から社会的連帯へ」など）．

こうした自由競争社会では，優れた能力をもつ強者だけが生き残るという法則が冷厳にも貫徹されてきた．その「能力」とは，要するに「労働生産性」と

いう意味であった．この生産性の能率が高いか低いかによって，人間的価値が判断，測定されたのである．そして「能力なき者は去れ」という鉄則が支配してきた．したがって逆に生産性の低い老人，子ども，女性，障害者，病人といった「社会的弱者」は生きる権利を奪われ，社会的に見捨てられてきたのである．

現在，楽観的な「進歩の思想」は終焉し，資源エネルギーの涸渇，人口増加，食料不足，自然環境破壊，あるいは民族・人種・宗教対立など，世界的・地球的規模で問題が噴出している．また資本主義対社会主義というイデオロギー的対立や紛争は終結し，脱冷戦後の新しい世界秩序が模索されるようになった（東西問題から南北問題へ）．これまでの私的所有の自由はあまりにも大きな貧富の差を生んできたが，これからの社会では平等・公平・公正などに力点をおいた互恵主義に基づく福祉社会の実現が期待されている．私有化でも国有化でも集団化でもなく，「共有化」「共同化」「協働化」あるいは「共存共栄」「自立と共生」といった新しい価値理念が探求されつつある．

3 組織と人間

(1) 組織理論の流れ

産業社会では，組織の管理技術が発達し，管理社会的性格が強められ，いわゆる組織社会化・官僚制社会化が進展してきた．ポスト産業社会では，組織のメカニズムと人間のメカニズムとの相互矛盾・緊張関係をいかに「折り合い」をつけ，コントロールしていくかが課題となる．より高度化した産業社会においては，大規模化・巨大化・官僚制化してきた産業組織と原子化・分散化・増大化してきた労働者・大衆とを，どのように構造的関連性をもたせ管理統制していくかという，「個人化と組織化の統合」の問題が重要となっている．

組織は，一定の共同目標を設定し，そのためのあらゆる達成手段を探求し，かつ成員の諸活動を調整・制御して，組織への忠誠心や同一化を確保していか

ねばならない．バーナード（Barnard, C. I.）によれば，そのための組織の成立要件として，少なくとも①共同目標，②コミュニケーション，③協働意欲，という3つが必要であるという．さらに仕事の配分，権限・責任の規定，職務の訓練，モラールの動機づけ，報償・制裁の制度，紛争処理の方法などが，合理的・客観的・科学的に法制度化されてきた．

ところがこれまでの組織理論では，とかく経営者や官僚や管理監督者のための"How to control or management"的な管理技術論が大勢を占めていたといわれる．何よりも会社の組織効率を維持・向上させるために，いかにして成員の組織に対する満足度や欲求充足を高めるかに腐心してきた．そのために成員・個人の組織への適応・不適応行動，あるいは抵抗行動や逸脱行動などを考察して，パーソナリティ論，リーダーシップ論，モラール論，グループ・ダイナミックス論などが中心的に検討，研究されてきた．さらに最近の研究では，単に会社の内部環境の組織対集団対個人といった問題だけでなく，外部環境との関係も考慮に入れた全体社会との相互作用，相互依存，相互規定関係も次第に検討，解明されるようになってきた．

こうした一連の「組織理論の流れ」を整理すると，「科学的管理論→人間関係論的組織論→行動科学的組織論→構造論的組織論」へというフローチャートを描くことができよう（図表6－2はこれらの要点をまとめたもの）．そこでさらにこの流れを，①組織モデル，②組織人モデル，③組織と人間との関係，という位相からもう少し詳細にみていくことにしよう．

(2) 科学的管理論

「科学的管理論」は，古典的組織論・伝統的経営組織論ともいわれ，主としてテーラー（Taylor, F. W.）の科学的管理法，ファイヨール（Fayol, H.）の管理原則論などを基礎に構築されてきたものである．

① 組織モデルは，ある一定の目的・目標を達成するために，専門分化（職能と分業の体制）と階層分化（権限と責任の体制）とによって，成員の諸活動を合理

図表6－2　組織理論の流れ

	科学的管理論	人間関係的組織論	行動科学的組織論	構造論的組織論
組織モデル	・F. W. テーラー ・機械的合理性モデル ・費用・能率の論理 ・分業の原則 ・専門化の原則 ・命令統一の原則 ・管理統制範囲の原則	・G. E. メーヨー（ホーソン工場の実験） ・有機的自然体系モデル ・インフォーマル・グループ・インフォーマルリーダーの重視	・C. I. バーナード ・システムモデル ・組織は人間の意思決定のシステム	・A. エチィオーニ ・環境─組織システム ・オープン・システム・モデル ・組織は複合的な社会単位のひとつ
組織人モデル	・経済的刺激（賃金誘因） ・没人格者（没価値性・没個性的）	・非経済的刺激（欲求充足・幸福追求） ・人間は感情主体 ・人間性（動機付けや満足） ・集団規範への同調	・意思決定者としての経営人（H. A. サイモン） ・人間の活動（全人的存在と機能的存在） ・両面性をもつ複雑人（E. H. シェイン）	・機能主義的人間 ・創造的問題解決行為 ・選択的適応過程（選択権・決定権の拡充）
組織と人間の関係	・組織至上主義 ・人間は道具・手段・消耗品 ・対立・葛藤は生じないという前提	・管理された職場 ・制度化された労使関係 ・受動的参加 ・リーダーの調整	・相互依存関係を強調 ・ディレンマ・緊張の存在を肯定	・社会的相互作用 ・循環的変動過程 ・機能的自律性を尊重

的に協働させるというシステムである．科学的管理論における公式組織のイメージは，仕事の体系づくりであり，要するに「機械的合理性モデル」を基本にしている．この組織モデルは，できるだけ安い原価（コスト）で，できるだけ高い生産性を上げ，しかもできるだけ最大の利潤を獲得していくという「費用・能率の論理」に基づいている．

そのための具体的な管理原則として，たとえば，分業の原則（principle of division of labor），専門化の原則（principle of specialization），命令統一の原則（principle of unity of command），管理統制の範囲の原則（principle of span of control），などがつくられてきた．つまり分業の原則とは，作業の標準化—単純な反復作業—非能率的な人間の機械化のために，仕事内容のより詳細なプログラムを予め成員に指示命令するというものである．専門化の原則とは，部門間・集団間・個人間レベルで，さらに目的別・過程別・製品別・場所別に活動や仕事をより細分化していくことである．命令統一の原則とは，命令一元化・単一責任の原則ともいい，縦のラインに沿って責任・権限を明確にし指揮・監督の能率を高めることである．さらに管理統制の範囲の原則とは，管理活動には自ら限界があるため，トップ・マネジメントからミドル・マネジメント（部課長）へさらに現場管理者層（係長・組長）へと，人・金・物・情報などに関する責任と権限を予め移譲するというものである．

　総じてこれらの管理原則は，すでにウェーバー（Weber, M.）が『経済と社会』（1956）の中で指摘していたより高度な合理的組織構造としての「近代的官僚制の特殊的機能様式」をもっているものといえよう．その「官僚制組織」の特徴とは，いうまでもなく規則に基づく明確な権限の原則，官職階層制と審級制との原則，文書主義，私生活と職務活動との区別，専門的訓練，あるいは専門的な管理技術などである．このような「官僚制化」が国家のみならず，民間企業においても普遍的組織現象であると，ウェーバーは予言していたのである．

　② 組織人モデルは，人間を本質的に経済的刺激によって動機づけられた「機械モデル」として仮定している．出来高賃金制という報酬制度は，より高い賃金誘因によっていくらでも労働（貢献，努力）するものだとみなされている．「労働者の満足度と生産性とは相関している」という「調和説」が信じられていた．人間は「非合理存在」「道具」として捉えられ，没人格者・没価値性・没個性的なものとして描かれている．こうした未熟練労働者の生産性を高めるためには，徹底的な管理技術こそ必要不可欠であると考えられていたのである．

　③ 組織と人間との関係は，組織（会社）至上主義で，「経営にとってよいこ

とが成員にとってもよいことだ」という単純素朴な「組織信仰」が生きている．すべてに組織優先主義で，個人は組織の取り替え可能な一部分（歯車，手段，消耗品）に過ぎない．組織と個人との間には，対立・葛藤・緊張は絶対的に生じないか，あるいは生じたとしても容易に解決可能であるという前提に立っていたのである．

(3) 人間関係論的組織論

「人間関係論的組織論」は，メイヨー（Mayo, G. E.）らによって24年から9年間にわたり実施されたホーソン工場での観察・実験の結果，明らかにされた理論的・実証的な産業組織モデルである．この「ホーソン実験」によって，非公式組織の重要性，あるいは組織行動における人間行動の非合理性などが明らかにされた．メイヨーらは，インフォーマルな関係における心情的・感情的要因に基づく人間関係の存在と重要性を発見したのである．さらにいえば，組織は「テーラー主義（流）」の「仕事の組織」としてよりも，「人間の組織」として捉えなおす契機となったのである．

① 組織モデルは，組織の能率の論理ではなく，「人間の感情の論理」から自然発生し，自発的に形成される人びとや集団での相互依存的社会体系によってつくられる「有機的自成体系モデル」（グールドナー（Gouldner, A. W.）のいう organic natural-system model）である．その特徴は，フォーマル組織内におけるインフォーマル組織の存在，中間集団としての職場集団の役割，集団の機能およびインフォーマル・リーダーのもつ影響力，組織に対する人間の動機づけ要因の複雑さ（非合理的な人間感情），さらには分業化の産業労働者に及ぼすマイナス効果（肉体的疲労や心理的単調感），などを強調していることである．

② 組織人モデルは，科学的管理論でいう賃金などの経済的刺激によってではなく，むしろ情緒や態度や信念や理念などの「非経済的刺激」による誘因によって動機づけられていると主張した．人間は「感情の主体」であり，職場集団の中で人びとの感情的交流を通して自分なりの欲求充足や幸福追求をして

いるのである．そのために成員は集団規範に同調して集団内の価値や伝統を優先したり，インフォーマル・リーダーの意見に従ったり，生産高をわざと自己制限したりする．これまでの合理的な管理原則に相反する非合理的な「人間性」の存在を明らかにしたのである．

③ 組織と人間との関係は，職場集団における集団間あるいは個人間の調整機能や適応問題などに主たる関心が集中している．レヴィン（Levin, K.）たちは，小集団やグループ・ダイナミックスにおけるリーダーシップの研究から，権威的リーダーシップや自由放任的リーダーシップよりも民主的リーダーシップの方がコミュニケーションや参加や意思決定などにより有効であると主張した（後述）．またモレノ（Moreno, J. L.）は，ソシオメトリー分析において，組織が指示し規定するよりも，むしろ個人の自発的選択により集団形成を認めたほうがより心理的安定度が高いことに注目して，「積極的感情や愛好心」を強調している．さらに「理解，共感，自己認識」などの必要性を説いた．こうして具体的な人間関係の改善策が探求され，たとえば，提案箱，意見調整，社内報，相談係，ソーシャル・ワーカーなどの新制度が次つぎに導入，実施されてきた．

ところが，こうしたヒューマン・コミュニケーションの強調や企業忠誠心の培養は，経営側による人事・労務管理に活用されて，職場はますます管理強化され，成員は積極的服従や受動的参加を強いられるようになったという批判がでてきた．「幸福なイメージ」や「非現実的な理想論」ばかりが強調されて，ディレンマや利害対立や疎外感は一向に解決されず，本質的・根本的な問題解決は何もできていない，と．例示すると，経営者的発想への偏重，労使関係の欠落，管理技術（手法）への傾倒，全体的構造的変革の視点の欠如，さらには社会環境との相互作用の欠落など，人間関係論的アプローチの欠陥が次つぎに指摘されるにいたったのである．

(4) 行動科学的組織論

「行動科学的組織論」は，社会システム論や行動科学論の手法を用いて組織分析する新しい現代組織論であった．社会システム論とは，企業を社会的開放システム（open system）として特徴づけ，外的社会環境を構成している他の企業・市場・制度・人力・消費者・製品・サービスなどとの相互作用（交換―取引）を重視し，環境から影響を受けまた与え合っているものと考える．また行動科学論とは，インター・ディシプリナリー・アプローチと実証科学的アプローチとによって，個人・集団・組織レベルでの組織現象（組織行動）を考察するものである．この組織論はとりわけバーナード（Barnard, C. I.）やサイモン（Simon, H. A.）を中心としたカーネギー学派によって集大成されたといわれている．

① 組織モデルは，組織の内部要因と外部的・環境的要因との相互作用・相互依存する社会体系（social system model）として規定される．バーナードによれば，組織とはつまり「人びとの協働体系（cooperative system）」のことである．協働体系とはさらに「可変的な諸部分が相互依存の関係にある全体」のことである．組織は人間がおりなす意思決定のシステムである．そこで各人はどのように意思決定を行うか，サイモンの意思決定論によると，組織行動における意思決定は"最適化"をめざすものではなく，一定の限界の中で"満足化"すべき基準を求めようとしていると説明される．つまり現実の意思決定は，人間行動としての"実行可能性"を満足基準として行われているというのである．

② こうした組織の中の人間モデルは，より自律的なものとして描かれ，「意思決定者としての人間」像として位置づけられる．その「人間」とは，つまり合理的な「意思決定者としての経営人」（サイモン）のことである．さらにその「経営人」は，全人的存在と機能的存在とを合わせた活動をするものとみなされている．シェイン（Schein, E. H., 1965）によると，彼らは成員の合理性と非合理性あるいは同調行動と自己実現志向といった数多くの欲求や潜在能力をも

ち,「両面性を兼備した複雑人」という見方をしている.シェインは,組織のなかの人間観の変化を歴史的に4類型に分析し,①「合理的経済人」(経済的刺激によって動機づけられた古典的組織論でいう人間観),②「社会人」(社会的欲求によって動機づけられ,仲間集団との一体感を求める人間関係論でいう人間観),③「自己実現人」(自己実現欲求に動機づけられた近代的組織論における自己統制的な人間観,職務充実や目標による管理など),そして④「複雑人」という仮説を設定した.シェインのいう第④の「複雑人」という人間モデルこそ,人間を複雑な変化しやすい存在とみなし,状況に即応した統合を実現しようとするものであると考えたのである.

③ 組織と人間との関係は,不可分で融合したり,対立したり,あるいは相互依存的な関係にあるとみなされる.組織と人間性との間には,恒常的なディレンマや緊張の存在が肯定され,その双方を制御,満足させるようなシステムを考えようとしている.

(5) 構造論的組織論

「構造論的組織論」は,前述した行動科学的組織論で発案され発展してきたシステム・モデルをさらに展開したものとして捉えられる.両者の基本的違いは,行動論的アプローチが諸個人の意識や態度に焦点を当てたのに対し,構造論的アプローチではより組織レベルに注目しているという点である.バーナードの組織論は組織均衡理論といわれ,どちらかといえば組織と成員との内部関係に限定され,したがって外部環境の消費者や競争企業などの関与をあまり考慮に入れていなかったという嫌いがある.そこでさらに外部要因の組織活動への影響関係を考察していく必要に迫られる.このような研究成果として,とくにロンドンのタヴィストック研究所の社会科学者たちが,「社会・技術的体系」(socio-technical system),「組織の開放体系」(open system model of organization),「input-throughput-output」(Rice, A. K.)という連続体系,といった新しい概念を提示した.

① 組織モデルは，人間関係論的組織論の単純な「調和」説を批判，否定して，フォーマルとインフォーマル，規律と自律，経営者と労働者などの間に介在する「避くべからざる緊張とジレンマ」を積極的に肯定した上で，両者の調整を図ろうとしている．とくにエチィオーニ（Etzioni, A.）の組織分析から引用すると，１．組織におけるフォーマル要因とインフォーマル要因の両者の関連，２．インフォーマル集団の範囲および組織内外におけるこれらの集団間の関係，３．上位者と下位者の双方，４．社会的報酬と物質的報酬の双方およびそれら相互の影響，５．組織とその環境との相互作用，６．仕事の組織とそれ以外の組織との双方など，主として「環境─組織システム」という視点から考察されている．組織は複合的な社会単位のひとつとして捉えられているのである．

② 組織人モデルは，組織の構造分析において全体と部分・部分と部分との相互関連や相互依存関係を重視するという視点から，人間は「機能主義的人間像」が強調される．行為の準拠枠は組織の規範的文化であるが，しかし組織の存続と発展のためには，定型的・反復的行動ばかりでなく，「新しい創造的な問題解決行動」もしていかねばならない．とくに人間の成熟したパーソナリティと組織との間には，緊張や不適合状態が必然的に生じるものである．こうした緊張関係での人間行動は，むしろ行動主体の内発的・目的合理的な認知過程にあるものとみることができる．つまり組織人は環境刺激から一方的・決定的・無目的に規定されているのではなく，むしろ選択的・主体的・目的意識的な適応過程にあるといえるのである．

③ 組織と人間との関係は，社会的相互作用や社会システムの分析枠組みで捉えられるので，「双方向的な循環的変動過程」にあるといえる．両者の関係は相互依存性と機能的自律性の相互矛盾から絶えざる緊張が生み出されるので，その緊張そのものの本質と展開過程をダイナミックに解明していくことが重要である．組織行動と人間行動との構造内在的な矛盾・緊張─新しい問題発生─その問題解決─といった連鎖的展開過程が，つまり組織の弁証法的発展が

切実に問われているということができよう．

さて総じていえば，優れた組織理論は内外環境のそれぞれの状況変化に対応していかに柔軟に適応しうるか，その適応能力の高い組織モデルほど有効性もまた高いといえよう．とくに現代組織に求められる新しい原理は，「官僚制組織から非・脱官僚制組織へ」の自己変革の理論と実践の手法を考察することである．

その手法として，ひとつは「組織構造の脱構築化」，もうひとつは「成員の脱組織人化」という2つの視点がある．

つまり新しい組織原理として，「パッシィヴな適応からアクティヴな変革に向かう組織」，オープンでルーズでソフト，弾力的で水平的かつ創造的な組織構造を構築することである．とりわけ，権限と責任が成員の自主性・自律性を信頼して分権化され，実質的な意思決定権を第一線・現場の人びとに移譲していくことである．

さらに脱組織人化とは，何よりも会社のためにという発想から自己脱却を図り，会社は社員の「自己実現の場」でもあると考えること，本来の職務遂行以外に内外の自主的活動に参加すること，そして「個人・社員・会社にとって住民・市民・消費者とは何か」という自由な立場に立つこと，などである．これからはこうした脱組織人としての意識・態度・行動の能力開発に向けたアプローチが重要になるであろう．

4　日本的経営管理の特質

(1) 社会集団としての企業という視点

日本企業の経営管理にみられる特徴は，「社会集団」としての「集団主義」を基本原理にしていることであろう．集団主義とは，「他律的な行動原理や集団への個の埋没」を意味する．また集団主義は，「人の和」「和をもって貴しとなす」など，「全体の調和」を重視する．それは自律と責任を前提とした欧米

流「個人主義」とは明らかに対立する概念である．この個人主義の思想が日本に導入されて徐々に浸透・定着しつつあるが，日本的伝統文化としての集団主義はなお厳然として残存しているように思われる．

ここで「社会集団としての企業」という視点から，その特質を要点列挙してみよう．

① 経営家族主義（家父長的経営，支配服従的身分関係，縦の階層秩序，権威主義，パターナリズムなど）
② 集団主義的経営（責任の共有，連帯責任制，企業ぐるみなど）
③ 稟議的経営（集団主義的意思決定，共同責任体制，全員一致主義など）
④ 企業別労働組合（集団的・個別的労使関係，閉鎖的な単一集団など）
⑤ 終身雇用制（生涯一企業主義など）

こうした諸特質の根底にあるものは，やはり「集団主義への傾向が強い」という観点であろう．企業と従業員との関係は，企業は一方的に「会社への忠誠心と帰属意識」を求め，連帯感と一体感を涵養し，成員は只ひたすら「企業の繁栄と発展」に献身・努力・忠勤することを期待される．「期待される社員像は，"能力のある人"か，"忠誠心のある人"か」という二者択一を迫られた場合，われわれはとかく後者を選択，優遇しがちである．この傾向は「仕事志向」か「人間関係志向」かという問いに対しても，やはり同様な結論が導出されるであろう（後述）．

企業は新規採用にあたって，縁故，紹介，面接，家庭環境，身元調査などを重視し，安心できる協調的人間を優先的に採用しがちである．面接時の質問が，よく欧米では「あなたはわが社のために一体何ができますか．あなたの能力を示して下さい」と職務内容や業績を問うのに対し，日本では「あなたの大学は，ゼミの先生は，卒論のテーマは」などと，出身や所属を問う質問が多いといわれる．採否の理由もまた，欧米では「技能の未熟」が，日本では「人物不適」が上位になるともいわれている．

強力な縁故採用は，紹介者が身元保証人となり，家族従業員的に処遇する．

図表6—3 アメリカ式経営と日本式経営

アメリカ式経営	日本式経営
① 短期雇用	① 終身雇用
② プロフェッションの重視	② スペシャリストの重視
③ 専門化されたキャリアコース	③ 非専門的なキャリアコース
④ 個人による意思決定	④ 集団による意思決定
⑤ 個人責任	⑤ 集団責任
⑥ 部分的な人間関係	⑥ 全面的な人間関係

さらに結婚の仲人などによって、特異な家族主義的人間関係が行われるようになる。社長も出席する誕生会、会社主催の家族運動会、幹部による家庭訪問、あるいは会社の共同墓地購入なども、家族的絆をより一層強めることになる。

上司と部下との関係も同様、上司は部下の世話と面倒をみる代わりに、部下は上司への忠誠と義務を果たすため、極度の自己否定と謙譲の美徳とを要求される。まさに「忍耐は美徳なり」の格言が信条とされる。

仕事においても、欧米では個人責任としての「職務単位」(仕事の内容・範囲・責任・権限などの限定と明確化)であるのに対し、日本では集団責任としての「職場単位」(部課係などの集団執務体制、連帯責任制)になっている。日本では「個人職務」ではなく、「職場」や「部門」での「仕事の総量」が決められ、その枠内で仕事を成員に割り振るという方式を採っている。意思決定は、全員一致の賛同と承認と合意とを得るために、煩雑な稟議や根回しや会議を何度も繰り返し行うということになる。

「アメリカ式経営と日本式経営」について比較分析し、「日本的経営管理」の特質を浮き彫りにしてみよう(図表6—3)。この日米比較をみても、日本はやはり「集団による意思決定」「集団責任」「会社に対する全面的な人間関係」といった項目が顕著な相違点であり、「集団主義的志向が個人主義的志向に優先する」といわれる日本の組織原理がここでも明確に表示されている。

(2) 日本的労務管理制度の特徴

　日本的労務管理の基本は，一般論としていえば，「経営家族主義原理」に基づいた「生涯にわたる生活保障的な従業員管理」にあるといえよう．ここにいう「生活保障的な管理」とは，会社は単に働く職場・労働の場という以上に，社員にとって全生活・全人生の運命共同体，あるいは生活共同体としての全拠点になっているという意味である．例示すると，寮や社宅，住居費，交通費，被服費，食料費，家族手当，育児手当，出産手当，慶弔見舞金など，会社がほとんど全面的に補助，支給，代替している．入社から退社までさらに定年退職後でさえも，退職金の支給，嘱託としての再雇用，下請け・関連企業への就職斡旋，子女の優先採用など，まさに全生涯にわたって従業員の生活保障をしている．それゆえに従業員にとって，企業はある意味で家族を犠牲にしても絶対優先すべき忠誠対象であったのだ．それほどの重い価値付与がなされていたのである．

　その労務管理制度として有効性を発揮したのが，次のような「企業の管理技術」であった．

　① 終身雇用制（不解雇主義，企業帰属意識，「トヨタ」マンなど）

　② 年功序列制（年功昇進・昇格，能力や業績よりも勤務年数や協調的人間性など）

　③ 福利厚生制（福利厚生施設，家族ぐるみ，生活丸抱えなど）

　④ 年功賃金制（世帯生活費，諸手当，従業員持株制度など）

　⑤ 退職金制（年金，生涯扶養賃金など）

　とくに①の終身雇用制については，とくに大企業ほど雇用機会が卒業時のワン・ラスト・チャンスしか開かれていない．中途採用があまり行われていないことから，どうしても一企業に執着しがちにならざるをえない．一度入社すれば，従業員の大半の生涯が同一企業内で送られる．したがって労働者世帯のライフサイクルとも軌一し，結婚，妊娠，出産，育児，子どもの就学など，「家族ぐるみ」「生活丸抱え」で企業にお世話になるということになる．ここにどんなに安い賃金でも我慢せざるをえないという負荷根拠が形成される．

また②の年功序列制についても，仕事の質量でも職務能率でもなく，年齢，勤続年数，学歴別，性別ごとに予め設定されており，まさに定年までの生活保障的構造になっているのである．

「人事管理の特性」としては，以下のような特徴があげられよう．

① 温情主義（家父長主義，ファミリーの一員など）

② 人事考課は協調性（人物評価，人間性，人柄など）

③ 役職地位は処遇職（名誉職，待遇職，権限・部下なき管理職，中間職の粗製乱用など）

④ 職務評価は企業への帰属意識（忠誠心，一体感など）

⑤ 教育・年齢の重視（学歴，出身学校，就職年度，勤務年数，異動年数など）

⑥ 従業員教育（一般教養，しつけ教育，接遇研修など）

⑦ 年一回の採用制度（夏の入社試験，早期内定，4月一斉入社など）

さらに「組織管理の特性」としては，次のような特徴があげられるであろう．

① 仕事本位より人間関係中心（和の精神，仲間志向など）

② 部課中心主義（セクショナリズムなど）

③ 責任と権限の不明確（無責任体制など）

④ トップマネジメントの弱体（企画力・スタッフ部門・政策会議の弱体など）

⑤ リーダーシップの欠如（価値理念の欠如，リーダーの育成をしないなど）

しかしながら，これまでの集団主義的な組織編成や行動様式の結果，さまざまな問題が生じている．企業は社員個々人の能力を伸ばすことよりも「組織としての平均的強さ」を堅持することに執着し，社員は「会社人間」を演じる他なかった．しかしその企業は厳しい経営難から，社員の解雇や賃金不払いや人権侵害などをしばしば断行する．これに対する社員の怒りや不信感が高まるとともに，強烈な帰属意識もまた大きく揺らいでくる．もはや企業帰属意識としての忠誠心や依存的関係，あるいは「まじめにコツコツ」といったことだけでは「優遇」されなくなった．「会社ぐるみ」「集団無責任体制」「全員一致主義」

「みんなで一緒」といった"me-too"主義も対応能力を喪失している．「良くも悪くも皆一緒という悪平等主義」「同質性を善しとする文化」（「出る杭は打たれ，出すぎた杭は抜かれる」など），あるいは「人物・人柄中心で和と安定を重視する職場社会」ではなくなってきた．終身雇用制を前提とした「人並み処遇」や「やってもやらなくても皆同じ」といった生き方や考え方が通じなくなり，社員は「目標喪失」「判断停止」といったカオス状態に陥っているのである．

　こうした状況の中で，「人間にとって会社とは何か」，「社員に優しい企業像とは」，「会社の主人公は社員（私）である」といった新しい問題提起がなされるようになった．つまり転職を含めて社員の選択肢の幅が広がるにつれ，会社の存在意義が改めて問い直されている．会社は，単に「労働力としての人的資源を有効活用する場」「家計の所得を得る場」だけでなく，「個人が社会参加し，自己実現を図る場」とも位置づけられるようになってきたのである．

(3)　日本的経営管理方式の限界と新しい変化

　いかなる経営管理方式であれ，それを支える社会的経済的基盤が変わればそれは否応なく変質していかざるをえない．とくに時代状況の根底的条件が，グローバリゼーションの進展により，これまでの競争と対立の社会から協調と共生の社会へ，同質性社会から異質性社会へ，タテ社会からヨコのネットワーク型社会へ，あるいは集団的社会から個人的社会へと，きわめてダイナミックに変容しつつあるのが現代社会の特徴である．より具体的にいえば，技術革新，高齢化，国際化，高学歴化，女性の進出，パート・派遣労働の増加，離職・転職者の増大（雇用の流動化）など，急速な変化をみせている．職務内容もより一層高度化・複雑化・専門化している（プロフェッション性の要求）．さらにいえば，消費者の意識や好みの変化，職場でのストレス解消策，地域社会福祉との関わり方，あるいは働く人の生涯設計や生涯学習といった問題も避けて通れなくなっている．こうした環境状況の変化から，職場生活における会社と従業員との関係のあり方，つまり日本的経営の見直しが必然的になってきた．

サービス経済化など経済構造の変化に伴い,「企業行動の革新」としては,これまでの「量的拡大,輸出指向,シェア拡大」路線から,「高付加価値,内需指向,利益重視」の経営に方向転換すべきだといわれている.さらに年功に応じた処遇・賃金,新卒一括採用,終身雇用,企業内組合,ピラミッド型組織,あるいは稟議制など,あらゆる経営原則の見直しと変革が余儀なくされている.

　日本型雇用システムの根幹をなしてきた代表的な「終身雇用制度」と「年功序列制度」については,「すでに崩壊が始まっている」,「将来的に見直す時期がくる」と考えている企業が全体の9割以上に達している.つまり,圧倒的多数の企業が,将来にわたって維持していくことは「きわめて困難」と考えているのである.今後の新しいシステムとしては,賃金体系をこれまでの「年功順」の決定方式から「能力主義中心」に変えていこうとしていることは顕著である.総じていえば,従来の長期雇用,年功賃金を基本としつつも,非正規労働者（パート,派遣,契約社員など）の増大と能力給の導入を見込んでいると判読できる.

　このように「年功制・年齢給から能力制・職能給へ」と確実に変化しつつあることは,「職能資格制度を導入している企業」が8割以上に達していることからも窺えよう.職能資格制度の目的は,「年功人事を改め能力主義を強め刺激性を高めたい」,「能力主義人事の基準を明確にするため」,「社員の能力を積極的に活用していく環境整備のため」ということである.さらに管理職への昇進要件としては,「人事考課」,「上司の推薦」,「勤続年数」,「年齢」という順に,やはり「仕事の成績」を優先的に評価するようになっている.つまり給与・昇進・ポストともに能力主義,実力主義,実績主義へと変わりつつあることを示している.長年勤務していれば賃金も職位も自動的に上昇するという年功的処遇は,高度成長時代には合っていたが,世界市場の開放,中高年対策,社員のモラール向上といった理由から,なんらかの「能力評価システム」を導入せざるをえなくなってきたのである.

こうした背景には，いわば「状況の論理」と「企業側の論理」と「社員側の論理」とがうまく重なっているように思われる．ここにいう「状況の論理」とは，とりわけ 80 年代からの円高構造不況，労働力の国際的交流化，スカウト制や採用後の労働の流動化，多様化と個性化の強調といった時代社会に入ってきたことを意味する．「企業側の論理」とは，企業が経営危機を乗り切るためにいわゆるリストラクチャーという名の人員整理，賃金抑制，年棒制の導入，能力主義的賃金体系（能力給化）の確立などを積極的に導入してきたということである．企業倒産かという危機的状態にあっては，社員の身分保障などなく，人材の少数精鋭化（切り捨て）によってサバイバル戦略に賭けてきたということである．

　とくに年棒制（業績給）は，新日本製鉄，ダイエー，ソニー，本田技研工業など，多くの企業が採用している．年棒制とは，自分で仕事の目標達成度を決め，それを目安に 1 年間の給料を決めて，その成果（収益への貢献度）によっては上がることも下がることもありうるという業績評価制度である．これにより「経営への参加意識が高まった．レベルアップした．」という意見も聞かれるが，逆に達成率が振わず，契約から外され左遷，配転あるいは解雇されるという人も少なくない．経営側にとっては全体の人件費を管理，抑制できるという魅力がある反面，社員にとっては長期的人生設計を描けないといった声も聞かれる．また組織管理という側面からも，企業の多くが目標管理を導入しているが，なお集団主義的色彩が強く，個人の役割，職務の役割（ジョブ・ディスクリプション）が必ずしも明文化されていないという批判もある．

　さらに「社員側の論理」としては，仕事へのモチベーションが「仕事も余暇もという両立志向」が増え，「自己実現」「能力発揮」への欲求水準が一段と高まってきているといえる．「仕事志向」は減少傾向にある一方で，逆に「仕事・余暇志向」が増加現象を示している．これはつまり，社員が会社への「全人格的参加」から「部分的参加」へと自己転換しつつあることを示唆している．会社は確かに労働の場であるが，それは同時に「社員個々人にとっての自

己実現の場でもある」と位置づけられる．まず個人にとって，本当に「意味のある」「価値のある」仕事が求められるようになってきた．社員が個人の意欲（ヤル気）や能力（ヤレる力）や実績（成果）をもっと積極的に評価してほしいと希望するようになってきた．つまり個人の仕事上での能力発揮や職務充実こそが，職場を活性化させ，それがさらに全社員のエネルギーを結集させて会社全体の業績向上につながっていくと考えるようになってきたのである．

このように社会状況の価値観の変化と，会社側の切実な論理と，個人側の新しいニーズがうまくリンクして，企業と個人との関係が大きく変化しつつある．「豊かな社会」になり，大量消費型社会から「生活の質」（QOL）を追求する社会となってきた．確かに個人にとって，会社の存在は人間の社会生活全体の中で占める比重が相対的に低下し，会社以外での社会活動も徐々に増えつつある．こうした視点から改めて会社と個人との新しい関係のあり方が問い直されているのである．

5 職場集団におけるリーダーシップ

さらに社内の職場集団における人間関係，とりわけ上司と部下との関係をめぐるリーダーシップのあり方は，どのように変化しつつあるのであろうか．リーダー論およびリーダーシップ論とは，要するに「高生産性＋高モラール＋望ましい人間関係」（三隅二不二）を形成・確立・維持するために，どのような指導（管理）方式が望ましいかをめぐる論争である．リーダーシップとは，職場集団全体の生産性を高め，成員の仕事へのモラールを高め，さらに上司対部下，成員同士の人間関係の円満・円滑化など，これら3つの目的を達成していくスタイル（技法）のことである．よく言われるように，組織集団の業績達成や課題解決に優れ仕事の生産性向上に努める「仕事中心的」なP（Performance）型と，部下の意見もよく取り入れる「人間関係的」なM（Maintenance）型とを兼備した，いわゆる「PM型リーダーシップ」が最も望ましいことは改めてい

うまでもない．

　リーダーシップの有効性を左右する要因としては，組織集団の性格，リーダーの個性や価値観，リーダーとメンバーとの対人関係，時代状況や環境条件，あるいは有利なチャンスといったいろいろなファクターがあげられる．これまでのリーダーシップ論をまとめると，次の3つのアプローチが行われている．

　①「人格特性論」（traits approach）——これはリーダー個人の優れたパーソナリティ特性が決定的要因であるという考え方である．人格特性とは，リーダーの業績と個人的魅力，人間的迫力など，身体的・心理的特徴が秀抜していることである．たとえば，責任感，参加態度，地位など，あるいは精力的，自信の強さ，知性，雄弁，首尾一貫した態度，人間性への洞察など，その他にも，社交性，広い知識，自己統制，勤勉，忍耐力，機敏さ，独創性，適応性などを列挙できる．このような優れた個人特性をもつ者がリーダーの条件に不可欠であることはいうまでもない．しかしながら優れた能力のもち主が必ずしも優れたリーダーにはならない．同じ特性でも，ある時には成功し，他の時には失敗したりする．この理由は，リーダーの特性を発揮する「環境状況」や「対象」などが違うためである．

　②「集団状況論」（situational approach）——これは，リーダー個人の特性に全面依拠しているのではなく，むしろある特定の集団状況の中で，一定の役割期待にどう対処できるかという状況との相対的対応関係いかんによって決まるという考え方である．ある人が特別なパーソナリティをもっていたからリーダーになったのではなく，集団成員がメンバーの欲求や期待や活動内容に合致しかつ認定したからこそ，彼らのリーダーに選出されたのである．つまりリーダーは彼がおかれている「集団や成員の状況」に左右されていると考える．リーダーは常にフォロアーたる成員のニーズに応えなければならず，もし成員の欲求充足に失敗すればたちまち交代させられる．リーダーは成員の代理・代表に過ぎないという考え方である．それゆえリーダーは集団目的を達成するために集団の構造・機能によく精通し，共通な仕事を達成しかつ計画的・漸進的に活動

に従事していかねばならない.

　③「統合的立場」(combination approach)――これは，前２者の統合をめざし，リーダーの「個人特性」と「集団的状況」と「外部環境」との相互依存関係によって決まるという考え方である．リーダーシップは，リーダーがもつ能力・特性と，組織集団がかかえる共通目標，重要課題，成員の態度・要求などと，さらにそれらを取り囲む外部環境との関連性によって大きく規定され影響を受けている．したがって，リーダーは彼の価値観や信念や方針を部下に提示して理解と共感を得，支持と信頼感を確保して，部下の関心やニーズに十分注意しつつ集団目標も達成し，さらに外部環境（消費者，周囲の地域住民，一般市民など）からのさまざまな要求にも同時的に対応していかねばならない．

　とくにレヴィン（Lewin, K.）らのグループ・ダイナミックスにおけるリーダーシップ・スタイルが有名である．彼らは，①「民主的リーダーシップ」，②「権威的（専制的）リーダーシップ」，③「自由放任的リーダーシップ」という３つの指導方式に分けて実験を試みた．「民主型」では，リーダーもその一員として集団に参加し，作業内容を一緒に討議し全員で計画をつくり，仕事を配分して共同で意思決定をした．少年たちは自分たちの自由選択と同意によって仕事を進め，リーダーは彼らに激励と援助を与えた．これに対し「権威型」では，リーダーは一方的・強制的に指示命令を下し，作業手順も自分の考えを厳格に説明しただけだった．リーダーは指導する時だけグループにいて，それ以外には離れていた．さらに「自由放任型」では，少年たちは好き勝手にすることを許され，リーダーは作業にはまったく参加せず評価も調整もしなかった．

　この結果，集団内のあり方にいろいろな変化が現れた．「民主型」では，少年たちは「われわれ意識」をもち，相互に友好的・信頼的な集団雰囲気を形成していた．しかし「権威型」では，少年たちは攻撃的タイプと無感動タイプとに別れ，攻撃的行動はリーダーの身代りとしての弱い少年をスケープゴートにし，無感動タイプは従順であるが笑わず遊ばなくなっていった．さらに「自由放任型」は，まったく無統制でしまりがなく，遊びが多く，仕事の成果もきわ

めて貧弱なものであった．

このような実験研究により，リーダーシップは，リーダー個人のパーソナリティにはまったく関係がなく，指導方式（技法）の違いによって規定されることが判明した．つまり「民主型」では，作業目標の達成，親密な友人関係，集団意識の形成などにおいて最も集団効率が高く，「権威型」では，作業目標の達成で有効性（effectiveness）を発揮するが，個人的動機の充足である能率（efficiency）は低く，「自由放任型」ではまったく機能していないということである．それゆえ集団成員の民主化の度合（自主決定性，参加度，自主管理能力など）やTPOに合わせて，リーダーシップ・スタイルを使い分ける必要があるということである．ある集団成員の民主化の度合が低い場合には，まず「権威型」を駆使し，ある程度習熟してくれば「民主型」に切り替えるという具合いに，である．つまりあらゆる集団，あらゆる状況に適合するある特定のリーダーシップ・スタイルはありえないということである．

ブラウン（Brown, J. A. C.）は，さらにこれら3類型を検討した上で，産業民主主義とは，相談と協力を建前とし，権限の移譲を行い，どの部下も必要不可欠であるようにし，安心して働ける雰囲気を作ることであると主張している．リーダーはフォロアーと相対的過程にあり，常に彼らの批判と監視に晒されている．それゆえに，彼らの関心や期待や価値観を何よりも考慮に入れて自分の行動を適応させていかねばならないという．同時に彼は「部下の能力を信じること」，「部下を信じて仕事を任せること」，「実質的権限を部下に与えること」，さらには「経営参加，つまり意思決定過程に参加させること」などの大切さを強調している．

またアージリス（Argyris, C.）は，先述した威圧的で命令的な「権威型リーダーシップ」では，フォロアーはリーダーへの依存と従属をまし，成員相互間での疑心暗鬼や敵対心が生じ，モラールはますます低下すると判断した．そこで，「参加的・従業員中心的リーダーシップ」論を提唱した．しかしこの「民主型リーダーシップ」にも限界がある．それは，集団成員の多数がもともと従

属的で指示待ちで受動的な場合，あるいはレディネス（readiness）が十分にできていない場合には，個人の自主性や責任性ばかりを強調しても，かえって戸惑いや混乱が生じ，不満とストレスを引き起こすことになりかねないからである．そこでさらに，何が現実的問題であるかをよく診断した上で，その現実に適応する「現実的リーダーシップ」のスタイルを弾力的に選択し行使すべきだと主張したのである．

要するに，組織集団の業績は，リーダーが一定の課題解決に向けて，メンバーの状況に応じた現実的リーダーシップ・スタイルを行使し，成員のモラールを高めるチャンスをどれだけ多くつくることができるかにかかっているといえよう．

6　個人のモラールの変化

リーダーシップ論でも述べたように，民主型リーダーシップが有効性を発揮するためにはメンバーやフォロアーの側の民主化の度合，つまり成熟度が高いということが前提条件であった．つまり成員のモラールの程度如何がリーダーシップのあり方（態度や評価や方法など）を大きく決定していた．どんなに立派なリーダーや制度や組織であっても，それを支持・理解しまた管理運営していく成員・人間の側のあり方に決定的影響力があるのである．

モラール（morale）とは，志気，気概，戦闘意欲という意味で，「個人のモラールが高まれば集団のモラールも生産性も高まるであろう」と考えられている．そのためにいかにして個人のモラールを高めるかに関心が集中してきた．このモラールを規定する要因として，尾高邦夫（1941）は，① 作業条件，② 待遇，③ 職場の組織，④ 監督指導の方法，⑤ 会社の管理方式，⑥ 労働組合の性格，⑦ 会社と組合の社会的地位，⑧ 外社会の環境的条件，⑨ 個人差，といった9つの要因をあげている．確かに指標としては，仕事内容，待遇条件，職場集団，人間関係，帰属意識，社会的地位など，どれだけの満足感や幸福感ある

いは充足感が得られて「最適基準」にあるかであろう．ここで「最高値」ではなく「最適基準」というのは，個人の欲求に主観的個人差があること，満足感と生産性とが必ずしも単純な相関関係にないこと，さらにTPOなどに規定され相対的価値・相対的評価しか追求できないこと，などからである．

だが総じていえば，高いモラールとは，「生産性が平均以上で，仕事に対する満足感が強く，集団に対して高い誇りを感じ，凝集性も強く，待遇に対する満足度も高い状態」と定義されよう（萬成博・杉政孝編，67）．つまり個人のモラールの満足度は，会社の決定や方針に対して，どれだけ自律的・積極的・能動的に生産活動に寄与，参加できたかにある．それゆえ会社はこうした個人の自主的参加の機会を最大限に準備し，能力発揮のチャンスをできる限り保障していかねばならない．

しかしこれまでのモラール観では，どちらかといえば労働の場における仕事の働きがいといったテーマを主に追求してきたように思われる．しかし既述してきたように，職場は同時に「自己実現の場」でもあるという視点に立てば，個人の好意的態度，積極的価値，自発的動機などを大切にし反映していくべきであるということになる．つまりモラールの源泉としての「モチベーション」にもっと関心の目を注ぐべきであろう．モチベーションとは「個人の意志や欲望」である．人間は本当に好きなことなら寝食も忘れて熱中するが，嫌なことはすぐに投げ出しサボタージュする．誰もが自分の欲望を達成するためには意思がますます強くなり，欲望と無縁なことを強いられるときに意思はますます弱くなる．欲望の強弱は日々の仕事の達成感や陶酔感そのものにある．仕事を通して得られる実感（快楽）としての喜びをどれだけ味わえるかである．その喜びを本人自身が味わい，上司や同僚，さらに妻や家族などと喜び合い，感謝し合い，共感し合うという瞬間をどれだけもてるかにかかっている．人間はまず自分の欲望が心から充足されたときに，「よし，これからも大いに活躍して信頼されるように頑張らねば」と思うようになるものである．

逆に，モラールの喪失，つまり不平不満，失敗，事故，欠勤，退職などとい

ったモラールの低い・悪い社員は,「退屈な日々」を浪費するだけで,こうした本人自身の欲望がほとんど充足されていない場合が多い.会社は「生活保障的な管理体制」だからとただ我慢していても,欲望は心の中に怨念にも似た心情として蓄積されていくだけである.そうした怨念を抱けば,さらに敵意や憎悪がいろいろなトラブルを引き起こし,黙殺や追従から自身を滅ぼしていく.会社や仲間との交流も支持もなくなり,ますます仕事の生産性は低下することになる.

かつて成員は,協調性,勤勉さ,没個性といった集団主義を求められ,コンベヤー方式の流れ作業に従事させられてきた.しかし現代的傾向としていえば,会社以外にも生きがいの対象を見い出し,「個性」を前面に出した仕事を求め始めている.「自分のやりたい仕事」をみつけ,「本当に好きな仕事」にレファレンスする人も増えている.彼らは仕事を完成させる満足感や実在感といった喜びを希求している人びとともいえよう.「何のために働くか」という仕事の意義は,会社や組織全体の利益のためではなく,また賃金や地位でもなく,仕事内容そのものであり,何よりもその仕事を通して得られる本人の愛着心や誇りや達成感というものであろう.仕事は生活の手段ではなく,それ自身が目的でなければならない.そうした仕事と自分自身,上司,同僚,家族,社会的使命(価値)といった関係性の中で,成員のモラールは形成されるものである.高いモラールの充足は,個人の意欲や能力や態度による面も大きいが,それ以上に仕事の成果を励まし喜び合う周囲の職場環境や人間関係(とくに良き上司の存在)の影響がきわめて大きいといえよう.

引用・参考文献
青井和夫編　1964　『組織の社会学』(現代社会学講座Ⅲ)有斐閣
Argyris, C. 1957 *Personality and Organization*, Harper & Row. (伊吹山太郎・中村実訳　1961　『組織とパーソナリティ』日本能率協会)
Barnard, C. I. 1938 *The Functions of the Exective*, Harvard Univ. Press. (田杉競監訳　1956　『経営者の役割』ダイヤモンド社)

Bell, D. 1973 *The Coming of Post-Industrial Society*. (内田忠夫他訳　1975　『脱工業社会の到来』(上・下) ダイヤモンド社)
Burns, T. and Stalker, G. M. 1961 *The Management of Innovation*, Tavistock.
Etzioni, A. 1961 *A Comparative Analysis of Complex Organizations*. (綿貫譲治監訳　1966　『組織の社会学的分析』培風館)
藤木三千人・小林幸一郎編著　1979　『社会学―現代日本の構造と変動―』川島書店
福武直・濱島朗　1965　『社会学』有斐閣
Galbraith, J. K. 1967 *The New Industrial State*. (都留重人監訳　1972　『新しい産業国家』河出書房)
Gouldner, A. W. 1955 *The Patterns of Industrial Bureaucracy*. (岡本秀昭・塩原勉編訳　1963　『産業における官僚制』ダイヤモンド社)
間宏　1963　『日本的経営の系譜』日本能率協会
今井賢一　1984　『情報ネットワークの社会』岩波書店
今井賢一・塩原勉・松岡剛監　1988　『ネットワーク時代の組織戦略』第一法規出版
今田高俊　1986　『自己組織性』創文社
兼子宙編　1959　『モラール』筑摩書房
Lawrence, P. R. and Lorsch, L. J. 1967 *Organization and Environment*, Cambridge : Harvard Univ. Press. (吉田博訳　1977　『組織の条件適応理論』産業能率大学出版部)
松島静夫　1962　『労務管理の日本的特質と変遷』ダイヤモンド社
Mayo, G. E. 1933 *The Human Problems of an Industrial Civilization*. (勝木新次・村本栄一訳　1951　『産業文明における人間問題』日本能率協会)
萬成博・杉政孝編　1967　『産業社会学』有斐閣双書
三隅二不二　1966　『新しいリーダーシップ―集団指導の行動科学―』ダイヤモンド社
三隅二不二・山田雄一・南隆男編　1988　『組織の行動科学』(応用心理学Ⅰ) 福村出版
村上泰亮　1975　『産業社会の病理』中央公論社
野中郁次郎他　1978　『組織現象の理論と測定』千倉書房
尾高邦雄　1941　『職業社会学』岩波書店
Ouchi, W. G. 1981 *Theory Z.*, Reading MA : Addison-Wesley Publishing Company. (徳山二郎監訳　1981　『セオリーZ』CBS・ソニー出版)
Parsons, T. 1937 *The Structure of Social Action*, New York : McGraw-Hill. (稲上毅・厚東洋輔他訳　1976―89　『社会的行為の構造』(5分冊) 木鐸社)
佐藤慶幸　1991　『生活世界と対話の理論』文眞堂

佐藤慶幸・吉田裕・吉川学一　1968　『組織社会学』学文社
Schein, E. H. 1965, *Organizational Psychology*, Prentice-Hall, Inc.（松井賚夫訳　1966『組織心理学』岩波書店）
Selznick, P. 1957 *Leadership in Administration : A sociological interpretation*, New York : Harper and Row.（北野利信訳　1963　『組織とリーダーシップ』ダイヤモンド社）
Simon, H. A. 1976 *Administrative Behavior : A study of decision-making processes in Administrative Organization*, (3rd ed.), New York : Free Press.（松田武彦・高柳暁・二村敏子訳　1965　『経営行動』ダイヤモンド社）
塩原勉　1976　『組織と運動の理論』新曜社
田尾雅夫　1987　『仕事の革新』白桃書房
田杉　競　1960　『人間関係論』ダイヤモンド社
Taylor, F. W. 1911, Principles and Method of Scientific Management.（上野陽一訳編　1957『科学的管理法』産業能率短期大学出版部）
Toffler, A. 1980, The Third Wave.（徳岡孝夫監訳　1982　『第三の波』中央公論社）
富永健一　1990　『日本の近代化と社会変動』講談社
梅澤正　1986　『企業文化の創造』有斐閣
若林　満・松原敏浩編　1988　『組織心理学』福村出版
渡瀬博　1983　『組織と人間』同文舘
Weber, M. 1921-22 *Soziologie der Herrschaft* (Wirtschaft und Gesellschaft).（世良晃志郎訳　1960　『支配の社会学』Ⅰ・Ⅱ　創文社）
安田三郎・塩原勉・富永健一・吉田民人　1981　『基礎社会学　第Ⅳ巻—社会変動—』東京経済新報社
石川晃弘・田島博実　2001　『変わる組織と職業生活』学文社
長谷川昭彦　1997　『近代化のなかの村落—農村社会の生活構造と集団組織—』日本経済評論社
富永健一　1997　『経済と組織の社会学理論』東京大学出版会
太田肇　2003　『選別主義を超えて—「個の時代」への組織革命—』中央公論新社
岩内亮一・村田潔・高橋正泰・青木克生　2005　『ポストモダン組織論』同文舘出版

第7章 職場における人間関係
―女性の新しい生き方―

> **プロローグ**
>
> 　私がこれからいいたいことをひと言でいうとこうなる．女性よ，自分の能力を自縄自縛していることに気づけ．気づいたら何がその原因かを考えよ．そして原因がわかったら，勇気をだしてそれに体当たりせよ，ということである．
>
> 　男性の私が女性よ奮い立て！というのもおかしなものだが，社会学者の私としてはどうしてもそういう帰結にならざるをえない．しかし理由はそれだけではない．私の個人的体験からしてもそういいたいのである．
>
> 　というのは，私の妻は私を夫として選ぶ基準として，彼女自身がもっている人生計画を第一に考え，それを実現するのにふさわしい男性かどうかをまず考えたという．私は彼女のこの発想は彼女個人の性格の問題ではなく，今日の女性一般の人生態度のあらわれだと思うのである．私は結婚してみて，やはりこれからの女性は「一個の自立した人間」としてのあり方を模索しなければならないと確信するようになった．こういう私の生活体験が本章執筆のひとつの動機になっている．

1　女性の新しい生き方

　「翔んでる女」「キャリア・ウーマン」「いまを生きる女」などのキャッチフレーズやスローガンが，女性雑誌のテーマにあふれている．書店には「新しい

世代」の「新しい女性」の「新しい生き方」を特集したヤング・アダルト向けの新刊本が並び，よく売れている．ファッショナブルな生き方が重宝がられ，ニューファミリー神話が美化されている．

　ところで，私の原稿をここまで読んだ編者の国分康孝から電話がかかってきた．問うていわく「ニューファミリーとは何ぞや」と．「ニューファミリーとは亭主が台所にも立つし，赤ん坊のおしめも替えるファミリーのことですよ」と私．つまり，夫妻の役割が昔と今とでは変わってきたのである．今の若い人たちはこのようなファミリーに新鮮さを感じているのである．とくに女性はこういう結婚のあり方に憧れている．

　国分さんは「ほほう」と複雑な反応を示した．「へえー，いまの若い連中はそんなファミリーに憧れるのかねえ．そうかなあ」そんな響きの「ほほう」であった．

　国分さんは1930年生まれで，戦中派の最後尾だそうである．私は戦後のベビーブーム生まれ．「ほほう」の意味がおわかりかと思う．時代はいまや変わりつつあるのである．私の妻は仕事をもっている．国分さんの奥さんもお仕事をもっておられるときく．そして子どもさんもおられる．しかしどうやら私ほどには台所に立たれないし，子どもさんの面倒もどちらかというと奥さん任せとおっしゃる．これはやはり時代の差である．

　では時代はどう変わったのであろうか．何が今日の青年を変えたのか．とりわけ女性の思想や願望を変えたのか．実際には週刊誌がいうほどに翔んでいる女性がそんなに多いわけではない．門限10時の女子寮もある．そして文句もいわず，デイトもそこそこに寮にとんで帰る女子学生も少なくない．数からすると旧タイプの男性や女性が多いのかもしれない．しかし時代全体をながめると確かに世の中は変わってきた．世の中が変わってきたから，青年男女の求める生活も変わりつつあるのである．

　私のいう世の中の変化とは具体的には次のようなことである．

　▽教育期間・教育水準の向上

知は力である．最近の父兄は教師なみの教育水準に達している人が多いから，教師に昔ほど盲従しない．それと同じで女性も男性なみの教育をうけているので，昔のように男尊女卑を許容しにくい．

▽出産・育児期間の短縮

40数歳で子どもから解放されるので，そのあとどう生きるかが問題となる．昔の女性よりは後半生を意識せざるをえない．育児だけに無我夢中になるわけにはいかないのである．

▽平均寿命の伸長

老後をどう生きるかが問題となってきた．若いうちから自立の精神を養っておかないと老後の不安は解消できない．あなた任せにはできないのである．

▽自由時間（余暇）と所得の増大

働きさえすればよいという時代は去った．人生を生きるとは時間をどう費やすかということであるが，その内容が育児や家事だけという単純なものではなくなってきた．自分をどう活かすか，時間をどう使うかを意識せざるをえない時代である．

先日，朝の10時ごろ私はスーパーに買いものに行った．朝なら空いていると思ったからである．ところが意外に混んでいた．カウンターの店員がいうのに「最近の奥さんは朝のうちにショッピングをすませて，それぞれテニスに行ったり，ミーティングにでかけたりするらしいですよ」と．そんな時代である．

▽社会進出機会の増加

人間というものは役割をもつとしゃんとするものである．どんな役割にも若干の責任と権限がついてまわるからである．PTAの母親たち，会社勤めの女性たち，ボランティアの夫人たちがその例である．

▽結婚・離婚・再婚の自由化

昔ほどには世間に気がねしないでもよい時代になった．泣き寝入り，忍従がだんだん不用になってきた．逃げた妻にもどってきてくれと夫が哀願するテレ

ビ番組があった．夫婦の力関係が変わってきたのである．
　▽体格の向上と肉体的早熟傾向
　今の小学生の中には，明治時代の中学生なみの体格の子どもは珍しくない．つまりみかけがそれだけ大人っぽくなっている．ということは，世間からとくに男性から大人としての期待をよせられる．それゆえ稚心から早く去らねばならないのである．年齢は幼くても心理的には大人である必要がある．
　▽資格・免許の取得可能性の増大
　職業上の資格・免許はいうまでもないが，一番わかりやすい例が自動車の運転免許である．これは女性の意識や自信にかなりの影響を与えていると思う．男性と同じくらい行動範囲が広げられるからである．

　こういうわけで，現代女性は知らず知らずのうちにライフスタイルを変えている．かつての女性はともすれば家族に甘え，男性に甘え，学校に甘え，会社や社会に甘えていたが，今やこのパターンを根本的に変えねばならなくなっている．いわば「依存」から「自立」へと変化しつつある，それが今日の女性像である．

2　2つの生き方

　今の女性は「自立」という新しい生き方を求めつつあるといったが，この自立にもスタイルがある．主なスタイルが2つあると思う．人に迷惑をかけないかぎり人間は自分の生きたいように生きればよいという人がいる．原則は確かにそうだが，私は「生きたいように生きる」その具体的内容を吟味すべきだと思う．
　では，今の時代の新しい女性の生き方を2つ紹介したあとで，私の考えを述べよう．
　まず，ある女性が田舎から都会にでてきて職についたとしよう．彼女の故郷

には老いた両親が住んでいるだけで，とくに彼女を惹きつけるものは何もない．彼女はいつしか都会の根無し草あるいは流民になってしまう．彼女にとって都会の暮らしぶりはとくに快適とはいえないまでも，それほど大きな不満もない．ほどほどの所得と貯蓄と消費生活を楽しみ，飢えや貧困とは無縁である．カネとヒマをつくって，ちょっとばかりデラックスな旅行もできる．

「なるべく楽しく生きればいいわ」というモットーで，娯楽と趣味とを生き甲斐として過ごす．できるだけ自分の生活を大切にし，遊びも上手に，かつファッショナブルに生きていくことを信条としている．世間体もあまり気にせず，自由奔放な生き方を楽しんでいる．

もしも何かいやなことがあれば，割に簡単にその場から去っていく．転職・転校・転居・転科がその例である．「あるがままの自分」を迎え入れてくれる人びとと場所を求め転々としていく．けっしてそこにとどまり，対決しようとはしない．いわば徹底した「私生活優先主義」である．

もうひとつの生き方は，世間体を気にしなくてもよい今の状態を最大限に利用し，女性の新しい生き方を模索しょうとするタイプである．既成の価値観に疑問を投げかけ，その難題の克服に全情熱を傾ける．たとえば，従来女性の天職とされてきた家事・出産・育児ということにはきわめて批判的・否定的である．むしろ仕事を通じて，自分自身をこの人生で発揮していきたいと願っている．

こういう女性を昔風の男性は「女らしくない女」と内心評すると思う．彼女はそれを百も承知している．こういう男性が主流を占めている社会の中にあって，どうすれば女性も男性と同じように仕事を通して人生が展開できるものか，その解決策に関心があるのである．

これまでのように女性に自己犠牲や忍従を強いるあり方に対しては，その変革を要求し，女性運動にも積極的に参加したりする．「何ごとも我慢，我慢の世の中よ」という旧来の自己抑制的生き方をけっして許容しようとはしない．

さて，以上ふたつの生き方には最大公約数がある．それは「女らしさ」より

は「自分らしさ」「人間らしさ」「あなたらしさ」を重視する点である．まわりの人びとに自分を合わせる生き方ではなく，「自分自身のため」に生活を貫こうとする人生態度である．これが，いわゆる新しい生き方に結びつく．

ところで，女性でありながら女性である自分を軽視し，「人間であろう！」「自分自身であろう！」といって，はたして女性は幸福感にひたれるのかと疑問を表明する人もいると思う．女性としてのアイデンティティ（「私は女です」という自覚）がなくても，女性は満足できるのか，と．

この点について，今の若い女性たちがぜひ自問自答してほしい．そして私たち社会学者は，女性としての自覚よりも「人間としての自覚」を第一義にしている女性たちの人生の充実感を，ぜひ調査研究しなければならないと思う．今ここでいえることは，今日の女性たちは他人に強いられた言動ではなく，自分自身の選択で毎日の生活を送ることを求めているということである．私はそれでよいと思っている．男性と対等の状態になったとき，あらためて女性としてのアイデンティティを考えればいいのではないか．今はまず，「人間としての自覚」を第一義にしなければならないと思う．

女性としての自覚をもつ前に，「まず人間としての自分を意識せよ」といったが，具体的にそれはどんなことであろうか．ここに19歳になるある女子学生のレポートがある．それが人間としての女性の意識とはどんなものかよく物語っていると思う．「とにかくOLにはなりたくない．ただ毎日決められた仕事を決められたようにやり，自分のしたいこともできないまま，いつのまにか結婚，そして出産，子ども，あっというまに40代，そして老後．そんなただ何となくまわりに流されてゆくだけの人生は送りたくない．いつも自分というものをもち続けていたい．」

このような意見に共感し，こうした生き方に賛同する女性は多いはずである．「拘束されたくない」「自由でありたい」というのは，とりわけヤング・アダルトたちの普遍的切望でさえある．

ところがなかなか願望は現実化しないようである．なぜ，思うとおりにいか

ないのか．ひとつには社会の風潮が女性のこういった願望を許容するほどに変化していないことがある．たとえば，つい先日，テレビである著名な老作家が語っていた．今までの女性はいかにも虐げられてきたかの如く語る人がいるが，どうも私にはそうは思えない，と．このような考えの人が少なくないと思う．自由と平等を求める女性に対して世間はそれほど協力的とはいえない．しかし女性の解放を妨げるものは，実はこのような外界にだけあるのではない．女性の心の中にもある．

　すなわち女性が伝統的束縛から解放されないのは，女性自身の中に封建的価値観がなお残存するからである．女性はこのことに気づいていないかもしれない．しかし私のみるところそうである．

　今日の若い女性たちはそれこそ新しいことをいう．思想や言葉は新しいけれども，感情はどちらというと旧式である．思想と感情，意識と行動が分離している．たとえば，男性が「可愛い女」を求めていることを女性たちは知っているので，わざとむずかしい話はさける傾向がある．女性が政治や哲学や人生論など語ると「可愛い女」と思ってくれないので，話したくても話さない女性が少なくないのである．

　思想と感情が一致するときこれが真の自己変革であり社会変革だと思うが，今のところそこまでにいたっていないといえる．とくにこのことが職場にどうあらわれているか．次にそれを考えてみたいと思う．

3　職場における男女の差

　こんな話がある．ある夫人が姑にひとつだけ不満があるという．それは姑が遊びにくると中学生の孫娘に「女性はお嫁さんに行くんだから，短大にでも行けば上々．そんなに勉強はできなくてもいいよ」というそうである．これでは娘が勉強しなくなると夫人は気にしている．私が思うに，今の若い男女の中にも大正生まれのこの姑のような考えの人がいる．しかし今や時代は変わりつつ

あることを知らねばならない．

　女性たちの職場進出が急増しているのは統計的にも間違いない．全就業者数の実に50％が女性なのである．ワイフ専業女性よりも，職に就いている女性の方が全国で約300万人以上も多い．1955年頃は女性雇用者の65％が未婚女性であったが，だんだん減少している．逆にそれだけ既婚女性が職場に進出してきたのである．

　これはどんな意味があるのか．職業に対する女性の態度が一般的にいって変化しつつあるということである．つまり昔は，婚前の20代の若い女性が世間勉強がてらに働くというケースが多かったが，今は違うということである．昔のような「職場の花」型は少数派になってしまった．

　ところがこのように女性はやる気があるのに，女性に対する職場の態度は「差別的」である．職場は依然として性差にもとづく男性優位の社会なのである．つまり，職種，採用，賃金，昇進，定年，再就職，転勤などについてなお不平等・不公平な格差が現存している．

　たとえば，「職場の男女差別」と題して，列挙するとざっとこんな具合である．

「初任給から男女で1万円の格差がある」（秋田・運輸業）

「英語研修の場合，男性は費用会社もち，女性は本人もち」（大阪・サービス業）

「男性は一定の年齢になれは約8割が昇任．が，女性は1割程度」（宮崎・公務員）

「4年制大卒は正式採用しない．採用しても嘱託」（東京・商社）

「親元通勤，一戸建て住宅が条件」（京都・金融業）

「契約なしの口約束で働く」（石川・保母パート）

　おしゃれな格好で何やら楽しそうに語っているOLをみると，若い男性は

心踊るものがあると思うが，この女性たちは以上の例にみるように，男性志向社会の中にあって「なめられている」のである．当人はそのことを何とも思っていないのだろうか．

　労働基準法では同一労働・同一賃金が規定されている．にもかかわらず平均して，女性の賃金は男性賃金の約60％である．その理由は，年功序列型賃金体系により勤続年数の長い人ほど高い給料がもらえる仕組みになっているからである．女性が結婚・育児でいちど離職すると，たいていは元の職場にはもどれない．別の職場に再就職すると給料は最初から出直しである．

　さらに悪いことには，そういう場合，臨時雇い，パートタイマー，またはアルバイトになってしまうから，ますます賃金格差は開いていく一方である．また職場での地位も低く，「役職別女性管理職」に就いているものも少ない．大卒女性の就職はなお門戸が狭く厳しい．しかも女性は最初から幹部要員としては採用しない企業が多い．さらに入社後も，男性は人事異動，配置転換，職員研修などをうけて昇進昇格していくのに，女性にはそういう教育訓練の機会や道は開かれていない場合が多い．経営者側は「女性にやる気がない」，「すぐやめてしまうから」と非難し，女性側は「いつまでも責任ある仕事をさせてくれない」と嘆く悪循環を繰り返している．

　女性の進出分野の職種も非常に偏っている．たとえば，従来女性の聖職とされてきた看護師は97％が女性であり，医師は10％にすぎない．学校教員の構成比も，幼稚園で94％，小学校55％，中学校30％，高校17％，専修学校70％，短大38％，大学9％が女性である．社会的地位や収入が高い職種ほど男性が占め，低いほうに女性が多いという傾向である．これもまた女性の適性能力や進路選択に対する偏見が根強いことを示唆している．

　この偏見がとくに強いと思われる分野は，事務系とパート・内職組である．事務系とはいわゆるOLである．仕事内容は単純労働で単調なリズムの繰り返しが多く，男性の補佐役，小間使い的な作業が多い．主体的な仕事はほとんどなく，むしろ男性本位の上下関係のなかで翻弄されつつ働いているといえる．

パート・内職組とは主婦層や年配者，臨時雇いやアルバイトの層である．この人たちの割合は男子の6％に対し，26％である．このグループは低賃金・長時間労働で黙々と働き，苦しい家計をまかなっている．余暇を楽しむとか自己実現とかからは縁遠い生活．いわゆる「キャリア・ウーマン」や「翔んでいる女性」の背後には，このような恵まれない女性たちがたくさんいるのである．

　ところで性別による差別が比較的少ない分野は，マスコミ，ファッション，デザイナー，スポーツ，レジャー，芸術，音楽，文学，芸能，出版，編集など，いわゆる「キャリア・ウーマン」の世界である．また偏見が比較的少ない分野は，ライセンスを必要とする技術的専門職業である．たとえば，教員，保母，看護師，栄養士，美容師，薬剤師など．しかもこのような教育・福祉・文化・医療・保険などで働く女性はますます増えている．

　増えてはいるけれども，性別による不公平さを皆がみな意識し，現況改善のために何かをしようというわけではない．「自分らしさ」「人間らしさ」を求めて働く女性は今のところ少数派である．しかし世の中は徐々にではあるが，女性への門戸開放へと動きつつある．

　ここで思い出すのは，ある高卒の女性事務員である．私の先輩が教授をつとめる大学に私は彼を訪ねた．レストランで食事をすませたあと，彼のすすめるままに研究室に立ち寄った．他学科の女性事務員が彼の秘書と会話をすませてちょうどでてくるところであった．先輩は愛想のつもりで「また，遊びにいらっしゃい」といった．その女性事務員は「遊びにきたんではなく，仕事があってきたんです」と応じた．勤務時間中に私的会話をするためにわざわざやってくるのがいまどきの若い女だ，と思ったら大間違いですよ，と注意している感じのいい方であった．どうやらその瞬間は，女性の方が先輩より意識が高かった．先輩のいい方はおざなりであった．女性のそれは今日の男性一般の女性観に挑戦する毅然たる気迫があった．

　このような女性が身近に出てこないと，男性の女性観は変わらないと思う．女性は自分が差別されていること，なめられていること，偏見をもたれている

ことを意識し，男性の思い込みの女性観を粉砕するのがよい．

4　女性のなかの「ダメ女」

　ところが，新しいライフスタイルへの転換を迫られているにもかかわらず，多くの女性は依然として古い考え方に固執し逃避しているように思われる．差別意識をいつまでも温存させているのは男性や制度もさることながら，女性自身にも原因があるのではないかと思う．女性自身の原因とは何か．それは次の3つである．

　① 女性自身への甘え

　② 女性同士の競争心

　③ 男性への迎合

　まず第1に，女性が女性である自分に甘えている．「女だから」「女である」という自意識に拘泥し，「女らしさ」「女らしく」という一定の社会通念の枠内に自分自身を当てはめている．

　すなわち「素直な女」「可愛い女」という自己イメージを賛美する．この種の女性は，ウーマン・リブとかキャリア・ウーマンといった言葉そのものになじめない．とにかく「女らしさ」の殻から逸脱しようとする同性を極端に嫌悪するのである．

　試みに，何人かの女子学生に意見をきいてみた．「やっぱり女と男では，身体の構造がちがうのだからどうしようもない」，「男女平等などといわれているが，それはきれいごとにすぎない．どう考えてみても，平等であるはずがない」，「女だから，覚えたり教えたりする必要のないこともたくさんある」，「男の人は一生の仕事だから，給料は男の方が多くもらえて当たり前です」．さらには「私は男性より高い立場に立ちたいとは思いません．やはり自分としましては，家庭業に専念する女性になりたいです．それが一番の女らしさだと思います」とさえいい切ってしまう．もちろん，このような女性だけではないであ

ろうが，ちょっと囲りをみわたしてみれば，このような女性が多いことに気づくはずである．

　第2に，職場生活における女性同士の競争がある．若い女性は，入社して1～2年は職場の花，3年くらいでベテラン，5年でハイミス，10年経てばオールドミスとよばれ，同性からは「あの人まだ辞めないのかしら」,「どうして結婚しないのかしら」と噂される．少し長い独身貴族に対しては，周囲からその女性が辞めるよう仕向けられ，いやがられ，いびられ，あるいはけむたがられる存在となる．また仕事のできる有能な女性ほど，とかく同性からはうとんじられる．とりわけ同年齢層の同性から，足を引っぱられることも多い．美貌やおしゃれな服装，あるいは男性や上司との交際に対してジェラシーを燃やしたりする．

　つまり「仕事より，まわりの人や女性同士のことにとらわれてしまう女性労働者が多く，全体的にみれば，女性が女性の足を引っぱっているような気がする」という意見に集約されるであろう．

　第3に，男性に対する女性の迎合や従順，あるいは不必要な媚や依存傾向が見受けられる．「耐える女」,「涙にくれる女」が男性に好かれ，気に入られる女性像であると，今なお思い込んでいる女性がいる．だから弱々しくみせかけて，同情をひくことに精一杯になる．「どうせ女はオフィスの花よ」と割り切り，お茶汲みと掃除に生命をかける．「男性は女性に上に立たれるとみじめになってしまうから」と理解のあるところをみせたりする．

　何か失敗しても，「女の子だから，ひとりしかいないし，怒るわけにもいかないし，しかたないな」といわれて，「どうもすみません」．これにて一件落着．しかしこれが自己主張する意識の高い女性の場合，「とかく最近の女性は問題を起こしやすく，使いづらい．権利ばかり主張するし，口はうるきいし」ということになる．なお意地を張れば，「女のくせに」「なまいきだ」「男まさり」「傲慢な女だ」と，ますます風当たりは強くなる．さらには「世間体」「世間の恥」「白い眼」とも闘わねばならず，「親の気持ち」や「家の恥」とも葛藤

しなければならない．そしてこうした闘いに疲れはて，苦境に立つと，「私はやっぱり女の子だから」となる．結婚は，こうした職場生活の苦しさから逃避する格好の脱出口であった．

　これではいけない．これからの女性は次の３つのモットーをいつも頭の中に入れて生きなければならない．そしてこれからの男性も，女性に対してはそのモットーを念頭に入れて接しなければならない．私はそういいたいのである．

　▽性差から個人的能力差へ
　▽依存傾向から自立精神へ
　▽オフィスの花型からキャリア実証型へ
　それぞれについて簡単に説明するとこうなる．
　▽性差から個人的能力差へ

　泳げない女性が，初心者クラスに編入されたからといって差別だといきまく人はいない．泳ぐ能力がないのだから当然である．ところが泳ぐ能力があるのに，「女性だから」「外国人だから」「美人でないから」「学歴が低いから」という理由で初心者クラスに編入された場合，これが差別である．無関係の事柄をもちだして人を評価・判別するのが差別である．性別と無関係に仕事をする場合に，男女によって賃金に差をつけるのは差別である．

　しかしそこで注意しなければならないことは，本当は能力が低いために差がついているにもかかわらず，「これは性差別だ！」と自分の無能を棚にあげてはならないということである．たとえば，自分の教育技術（能力）が貧弱なのを棚にあげて，「私が女性だから生徒は，バカにするし，男教師も私をなめている」と訴える女教師がそうである．

　能力差に由来する扱われ方の差は，甘受しなければならないと思う．入試不合格がその例である．女性が性差別でなく能力差別を体験するようになると，自立精神もぐんと育たずにはおれないと思う．たぶん，無能なくせに男性であるということだけで職や地位を得ていた男性は，みじめな自分に気づくと思う．それでよい．無能者に使われる有能者はもっとみじめである．

▽依存傾向から自立精神へ

　職場で女性が自立するとはどんなことか．その仕事にふさわしい権限と責任を与えられるということである．どんな役割にも権限と責任があるはずである．ところが性差別のつよい職場では女性の権限と責任が他者にまきあげられている．月給は役割に対して払われているのだから，権限も責任も果たしていない役割に金を払うのはおかしな話である．また権限と責任を果たすから人間は自立的な性格にもなるのである．

　権限と責任を与えない側にも理屈はある．「女性にはそれだけの能力がない」，「いつやめるかわからない」，「自分の考えがない」など．しかし，男の中にもこんな手合はけっこういる．はたして女性は男性に劣るのか，こういう問い方はよくない．男女を問わず能力に応じた役割を与え，権限と責任を付与すべきである．たとえば，T大生とW大生とどちらが劣るかという議論を商社ではしない．各自の能力に応じて仕事を役割分担する．あれと同じである．

▽オフィスの花型からキャリア実証型へ

　にこやかで人当たりがよいから職場でちやほやされる女性は時代おくれである．職場は仲よしクラブではない．女は愛嬌ということは少なくとも職場では通用すべきでない．仕事がどれだけできるかで評価されるべきである．でなければ男女平等とはいえない．キャリア実証型とはライフワークの展開のことである．何をなしとげたか，その実績を人に示せる女性でなければならない．パーソナリティだけで評価するされる関係は交友関係である．職場の関係はそこに仕事の能力が加味される．これからの時代は女性もそのような評価をうけるようになると思われる．

5　これからの女性

　では，女性にとって職業とはどういう意味があるのか．家計を助けるとか，家族旅行の費用を稼ぐとか，とにかく収入になりさえすればよいのか．世の中

にはそういう人も少なくないと思うが，やはり人間には尊厳とかプライドとかといった精神性が必要である．差別されてもよい，食えさえすればよい，という態度には自尊心が欠けている．仮に食うに困っても不当な扱いに対しては断固ノー，というだけの人間としての自覚が必要だと思う．

女性なるがゆえに給料も低く，昇任もさせてもらえない，定年も早く，やり甲斐のある仕事も分担させてもらえない，教育をうけたという理由で敬遠される――こういう事態に対して義憤を感じるのでなければ現代女性といえない．不当な差別をうけながら，何ごともなかったかのようにニコニコと性的アピールをまきちらしているのは欺瞞的である．自分のおかれている状況を敏感に読みとり，少しでもそこで自己主張するのでなければならない．

また男性も，今日の社会で女性がいかに差別されているかを知らねばならない．たんなるヘルパー程度の理解では時代おくれである．自信のない男ほど女性に対して威圧的なのではないか．

このような考え方は「女性をますますなまいきにさせるだけだ」と反論する人もいよう．しかしそこはよくしたもので自己主張すれば外界と衝突するから考え込まざるをえない．そしてどうしたら自分も満足し相手も満足するかを考えるようになるから，女性解放の思想はけっして女性上位の文化をつくりはしない．

女性は外界との衝突をおそれずに自己主張を続けるとよい．この闘いのプロセスが女性を自立させるのだと思う．

こうみてくると，職業というものは女性にとって人間としての自覚を育てる契機になる．経済的な意味以上のものがある．人間としての自覚を育てるという意味で，職をもつということは――仮にパートであり，あるいは無給のボランティアだとしても――人生学校に入学するようなものである．

職場が女性に人間としての自覚をもたせるといったが，男性に伍して仕事をしているうちに，女性らしさとは何かがぼやけてくるであろう．女性としての自分がつかめなくなる．人間としての自覚だけで満足できないものが残りそう

である．つまりアイデンティティの問題である．「私は人間です」としかいえないとしたら，やはり物足りない．自分というものをつかむためには，さらに性別・主義・人種・家族・職業など多様な役割を取り入れる必要がある．「私は女性です」「私は仏教徒です」「私は日本人です」「私は○○家の一員です」「私は教師です」といった具合に自分を規定しないと本当に自分をつかんだことにはならない．ただ，人間としての自覚だけではまだまだ空虚である．

　こうして人間としての自覚を育てる一方，既述したように，「自分とは何者であるか」という意識（アイデンティティ）を創造していくこと，これが現代に生きる女性の課題であろう．

　最後に，人間としての自覚と自分自身のアイデンティティを創造しようとした２人の女性の事例を紹介したいと思う．

　漫画家志望の27歳になるある女性は，「自分は絶対漫画家になるんだ」と信じて疑わなかったそうだ．ところが何度原稿を出版社にもち込んでも，いつも没にされた．それでも「この次は大成功よ」と楽観的に考えていた．そして何回も何回も原稿をもち込んだ．そのうちにやっと穴埋めの仕事が入った．それからだんだんと自分の仕事が入りはじめた．彼女はようやく漫画で食べていけると自信がついた．それまでに８年かかったそうである．

　この女性はどこまでも自分というものを信じていた．自分にはこれしかないと考え，自己能力の可能性を信じてただひたむきに前進してきた．結果に対する不安はあったろうが，楽観視していた．それより今自分が為すべきことに熱中してきた．彼女は自分で自分を育てていくことに自立して立ち向かってきたのである．

　次の女性は，ある社会運動の活動家であったが，主婦としても夫や息子，娘の面倒をよくみていた．ところがある事件を契機に活動家として多忙になった．そのため息子がノイローゼに苦しみ，家庭は崩壊した．やがて夫婦の離婚にまで発展した．彼女は活動家としての仕事からは一銭の収入も得ていなかっ

た．食べていく分は，病院の医療手伝いでまかなっていた．彼女は離婚後，アルバイトで旅費をつくり，アメリカに渡った．いろんな職業を転々としながら，二度目の結婚．しかしその夫も航空機事故で失う．今度は美容学校で美顔術を学ぶ．そしてお店をもつと同時に，三度目の結婚．それからお店はやめた．今彼女は英会話を生かした仕事をしているという．

　このケースは，見方によっては批判もあろうが，ある力強さを感じさせる．彼女はひとり，全情況との泥まみれの格闘の中で，自立への営みを満身の力をふりしぼって立ち向かってきた．とにかく前に進むしかないと，全力で生きてきた．疲れてなお，彼女の人生の主役を演じきることに懸命であった．この世に信じられるのは，親でも先生でも夫でも，あるいは友だちでもなく，そうした相手や生き方を選んだ自分自身なのだ，というふうに彼女は生きてきた．「裏切られ騙されたとしても，その人を信じたのはこの私自身なのだ，その私を信じたい」と考えている．安易な他人依存ではなく，あくまでも自分に基準をおき，自分の目的と意思をもって，独力でまわりの状況と対決してきたように思われる．

　少なくとも私には，こうした女性から"ジリツ"という言葉の息づかいが聞こえてくる．

第8章 女性の職場参加・社会参加

── プロローグ ──

　本章の趣旨は，要するに，これからは女性の時代，主人公としての女性自身を生かす職場環境に変革していかねばならないということである．女性を「職場における仕事のイクォール・パートナー」として正当に位置づけ，ウーマンパワーの能力開発，人材育成あるいは職場開発などに努力していかねばならないという結論である．そのために，女性の有能な部下と男性管理職との対応関係において，仕事関係や人間関係を具体的にどのように変革し，かついかなる意識変革や行動変容を成し遂げていくべきかについて論考する．

はじめに

　ここで「女性の職場参加」というテーマの「参加」というコンセプトについては，単に女性が「職場に出る，働きに行く」という意味であれば，それほど珍しいことではない．女性の職場進出はかなり以前から行われており，女性労働者の割合は全女性の5割を超え，うち既婚女性が6割を占めている．つまり未婚・既婚にかかわらず，ライフワークとしての職業従事者は増加しているのである．

　むしろここで強調したいことは，あくまで「職場進出でなく，職場参加さらには職場参画へ」という観点である．つまり「参加の量から質への時代」を迎

えつつある．参加・参画ということは，もっと高いレベルで，会社や組織への経営参加，重要な政策決定や意思決定過程への実質的参加の機会を求め始めているということである．もちろん最高・最終的な意思決定権はトップにあるとしても，その決定過程に少なからずの影響力を行使したいと期待し，実際に多大なインフルエンスを行使できる立場や地位に有能な女性たちが就任し始めているという動向である．

　若年労働力の減少，高齢者の増大，あるいは労働力不足などとの関連において，新しい戦力として，女性のもつ潜在能力をいかに引出し，有効活用するかが，経営者や管理者の切実な課題になりつつある．職業選択の幅が拡がり，転職の自由が謳歌されている時代（"デューダ現象"）にあって，有能な人材を確保し引き止めておくためには，もはや「魅力ある職場環境」に改革していくしかない．若者から"３Ｋ"や"７Ｋ"といわれる職場や仕事が極端に嫌われ拒絶されていることは周知の通りである．つまり"危険，汚い，きつい"に加え，"休暇が少ない，給料が安い，経営者か悪い，管理者がわかってない，結婚できない，化粧がのらない，薬に頼る"などと，否定的要因は膨らむ一方である．

　このように現代女性をとりまく「労働」や「職場」の意味内容が大きく変貌し，女性の生き方や考え方が変わり，その存在と役割を軽視できない．もっと最大限の有効活用を図っていかねばならないという状況になってきたのである．それでは，「何がどのように変わりつつあるのか」について，まず「女性と環境」という課題から考察していきたい．

1　女性と環境

(1)　女性をとりまく環境の変化

　「女性と環境」（図表８─１）の動的変化とは，いわゆる女性の"解放"の時代はすでに遠く過ぎ去り，今や女性の"自立"は当り前，これを前提とした新し

図表8−1　女性と環境
　　　　—女性の解放から女性の自立の時代へ—
1．男尊女卑の風潮　→　男女同権・実質的平等化
2．依存的精神　　　→　自律的精神
3．欲望の満足感　　→　生命の充実感
4．職場の花型　　　→　キャリア実証型
5．個々人の自立　　→　女性全体の連帯的自立
6．家庭優先型　　　→　仕事と家庭の両立型

い女性環境づくりが探求されつつあるということを表示したものである．イメージ・コンセプトでいえば，図表の左側から右側へと大きくチェンジしつつあるということを示唆している．

　個々の概念説明は省略するが，要点は「新しい時代の新しい女性像」として，男女同権と実質的平等化が進展しているということである．女性は，自らの自立的精神や生命の充実感を求め，仕事と家庭との両立を志向し，職場ではキャリア実証型，能力主義本位をめざしている．かつ個々（一部少数）の女性エリートの参加だけでなく，もっと多くの女性全体の連帯的自立に向けて取組んでいるということである．あらゆる分野で，確かに「女性が主役」「女性が主人公」となっている．ワーキングウーマン・キャリアウーマンの活躍ぶりは，感性，パワー，エネルギー，時間，要望，行動など，いかんなく発揮されつつある．もちろん同時にその困難性や限界も表面化しているが，ここではむしろ新しい可能性や超克の拡がりの方を強調しておきたい．

　女性のポテンシャリィティ（潜在能力）やポシビリティ（可能性）を積極的にプラス評価できる理由として，次のような「女性の価値観の変化」（図表8−2）を指摘するこができる．

　図表8−2は，「女性の生きがいの対象」が「他人志向型から自分志向型へ」と大きくチェンジしつつあることを示している．これまでは「家庭優先型」で，結婚・妊娠・出産・育児イクォール退職であり，専業主婦を希望し，家事労働を最大優先してきた．生きがいの対象は"やさしい夫とかわいい子どもと小さな家"であり，マイホーム中心に女性の小さな世界ができあがっていた．

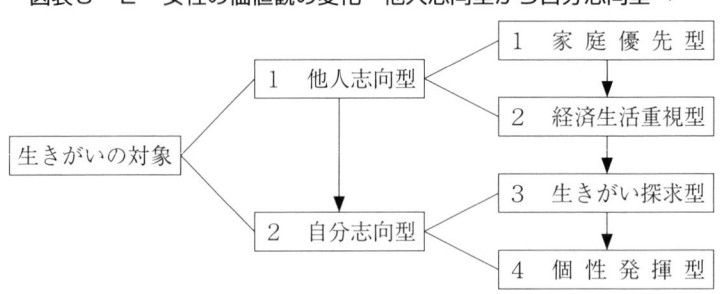

図表8—2　女性の価値観の変化—他人志向型から自分志向型へ—

```
                            ┌─ 1 他人志向型 ─┬─ 1 家庭優先型
生きがいの対象 ─┤              │              └─ 2 経済生活重視型
                            │      ↓
                            └─ 2 自分志向型 ─┬─ 3 生きがい探求型
                                            └─ 4 個性発揮型
```

　それが，高度経済成長や消費生活水準の向上などから，"金・物"を追求する「経済生活重視型」へと移ってくる．もっと豊かでもっと高級な生活を求めて，"給料を稼ぎ，ローン代を支払うために"共働きや共稼ぎ，内職やパートが急増するようになった．

　さらに時間的・経済的余裕が生まれ，また夫離れ・子離れが進んでくると，もっと面白くて楽しい「生きがい追求型」が出現してくる．これは，家庭から外の世界に目を向け，家離れから地域社会や仲間との交流を求め，ボランティア活動やカルチャーセンターへの参加など，自分の趣味や娯楽を満喫するようになるのである．

　最近では，「家事・育児と仕事との両立」はもちろん，「仕事と趣味と実益」とが合致した職場を求めるようになっている．しかもその仕事内容は「自分の個性や能力を十分に発揮できるもの」でなければならない．その仕事を通して自分の存在を確認し，自己実現や自己成長と強く結びつく「個性発揮型」の職場を求めるようになってきたのである．

(2)　女性の職場参加を支えるもの

　このように女性の価値観が変わり，生きがいや働きがいの対象がむしろ「自分自身の能力」や「個性の発揮」に向けられてきた．ではこうした女性の動きの背景にあって，それを支えているものは何であろうか．この「女性の職場参

図表8－3　女性の職場参加を支えるもの
1. 経済的自立
2. 社会的独立
3. 精神的自立
4. 身体的成熟
5. 時間的余裕
6. ライフサイクルの変化
7. 教育水準の向上
8. 制度的保障の確立

加を支えるもの」(図表8－3) として, 次のような要因が考えられよう.

「経済的自立」とは, たとえば, 同一労働・同一賃金といった社会的諸条件の整備保障, 共働き夫婦の一般化などである.

「社会的独立」とは, 能力発揮の機会均等, 社会的活動への参加欲求, 主婦業からの解放などである.

「精神的自立」とは, ひとりの人間としての生きがい探求, 独立自尊への欲求, パーソナル・アイデンティティ (自分らしさ) の自己表現, 教養や文化の学習から自主的・創造的活動への意欲向上などである.

「身体的成熟」とは,「より美しく・より若々しく・より健康にありたい」という健康志向, 女性美への執着, あるいはさらなる肉体的欲望の充足などである.

「時間的余裕」とは, 家事労働の軽減, 自由時間の増加により,「何かをしたい, 何かをやりたい」という精神的ゆとりに恵まれるようになったことである.

「ライフサイクルの変化」とは, 平均寿命の伸長, 出産・育児期間の短縮化などから女性のライフスタイルに変化が生じ, 30代から80代までの約50年間 (半世紀) をいかにすごしていくか, 各ライフステージでの新しい生き方が模索されている.

「教育水準の向上」とは, 高学歴化して, 今や大学進学率は男性より女性が多くなり, したがって知的水準の上昇, 資格取得の女性が急増している.

最後に「制度的保障の確立」とは，"平等かつ対等の時代"を反映して，採用・賃金・待遇・異動・研修など，あらゆる労働条件の差別（格差）が少しずつ撤廃されている．とりわけ女性にとって最も関心の高い，出産・育児休暇制度，保育・託児・施設の充実，女子再雇用制度の実施など，「職場復帰への保障」が確実に進行しつつある．女性の職場参加をバックアップするものとして，こうした制度化の確立こそ緊急課題であろう．

(3) 新しいライフスタイルの追求

女性の生き方が少しずつ変化しつつある．いくつかの特徴がみられるが，とりわけ「快適な人生」や「遊び感覚の生活様式」が求められつつある．これを集約的に表現すれば，「より若く，より美しく，より楽しく，より健康に，より充実して生きたい」という「生活重視型」のライフスタイルの追求である（図表8-4）．

「幸福感パラダイム志向」とは，精神的幸福感を求めて，よりリッチに，より積極的に生きていきたいという願望である．とくに"美・快・幸"への願望が高く，これらは女性としてのプライドを実現してくれるものである．キーワードを列挙してみると，"誇り，自尊心，潤い，おしゃれ，ぜいたく，ゆとり，やすらぎ"など，満たされた幸福感イメージの追求である．

「ハイクオリティ志向」とは，女性の金銭感覚の変化に裏付けられて，"より高級・より良質・より上品なもの"を好むようになってきた．必ずしもお金の心配をせずに"ワン・ランク・アップ"をめざし，"どうせ買うなら少しでも高いもの，少しでも良いもの，少しでも美的なもの"を選ぶようになった．高

図表8-4　新しいライフスタイルの追求
1．幸福感パラダイム志向
2．ハイクオリティ志向
3．ハイセンス志向
4．アメニティ志向
5．クリエイティブ志向

水準化の商品市場において，"安いから売れない"のである．定価を下げないブランドものの方が結構よく売れている．

「ハイセンス志向」とは，あらゆるものの判断基準が"感覚志向—アート感覚"に変化し，"いい感じ""ステキね"といった美意識で評価されるようになった．上品さ・品性・品位・格調というセンスアップが求められているのである．

「アメニティ志向」とは，快適な生活環境の重視と探求であり，清潔で居心地のいいもの（人，金，物・サービスなど）に至上価値を置く．自分の好みを大切にし，やすらぎの時間・空間を確保しようとする．その世界はまさしく女性的センスの"丸く・白く・明るい"ところなのである．

「クリエイティブ志向」とは，知識・情報・技術の学習過程から，さらに主体的・自主的な創造活動に展開していくことである．"see から try へ"，"DIY"（Do it yourself）へと自己実現型の欲求を達成しようとする．

こうしたライフスタイル（生活様式）の追求は，おそらく女性のライフステージ（生活周期）での変身願望と相関性があるかもしれない．これは一般論としていえば，「男は保守的・現状維持的であるが，女は変化を好む動物である」「女は変化・革新・生まれ変わりへの願望が強い」，「一日の時間帯によって女は変わる」，「昼の顔と夜の顔は違う」などといわれている．女性は男性より一生のうちに何度でも生まれ変わるチャンスに恵まれているように思われる．たとえば，10代に生理として少女から女へ，20代で処女喪失して娘・乙女から女性へ，また女性としての妊娠・出産・育児へ，30代で成熟した素敵な大人へ，40代の自信に満ちたキャリアウーマン・職業人へ，50代の閉経期はおばあちゃんとして第2の青春へ，さらに70代は夫の死亡後，ひとりの老婦人として第3の青春へ，などと変身する．女性はそれぞれの時期（節目）においてイニシエーションとして自己演出するのである．女性はこうしたライフステージで，"自分をよくみせたい""自分をもっと大胆に，もっと積極的にイメージチェンジしたい""生まれ変わりたい"と，ダイナミックな変化・変容・変身

を求めているのである．

　こうしたライフスタイルの変化が，テレビドラマの主人公として登場する華麗なキャリアウーマンの世界へと憧れ，職場に過大な夢を抱くことになる．こうした夢と希望がたとえ現実との間にギャップが存在するとしても，一般事務＝雑用係ではなく，能力発揮の場と機会を不断に求め続けてきた．しかしそれがやがて少しずつ変革のモメント・エネルギーとして拡大してきたのである．

2　現代女性が職場社会に求めているもの

　先程，女性の生きがいの対象が「他人志向型から自分志向型へ」と変わり，「生きがい探求型」や「個性発揮型」が増大しているということを指摘した．また女性のライフスタイルが，よりクリエイティブでアメニティ・ライフを志向し，新しい自己発見や自己啓発や能力開発に価値観が転移しているということも考察した．

　つまり"see から try へ"，「単に見るだけでなく，自分からやってみよう」，「聞くだけでなく，話す側へ行ってみよう」，さらには「ゲストからホストへ」といったように，「客体（お客様意識）から主体のサイドへ」と移り変わりつつあるというように考えることができる．このような観点に立つと，「現代女性が職場社会に切実かつ共通して求めているもの」として，少なくとも次の2点が挙げられよう（図表8－5）．ひとつは，「自己能力の開発・育成・発揮」であり，もうひとつは，「意思決定過程への参加・参画」というニーズである．

　まず，「自己能力の開発・育成・発揮への願望」とは，端的にいえば，仕事を通して個人的成長，人間的充実感，専門的達成感などを体験したいということである．図表8－5の項目に沿って説明すると，「自分の潜在的・適性能力を大いに活用したい」，「本当に満足できる，納得のいく仕事がしたい」，「自分の自由な発想やユニークな面白い企画を生かしたい」などである．これは逆にいえば，現在の有能な女性たちがいかに疎外・差別・抑圧されて，自分の能力

図表8—5　現代女性が職場社会に求めているもの
1. 自己能力の開発・育成・発揮
   - 自分の潜在的・適性能力を活用したい
   - 本当に満足できる仕事がしたい
   - 自分の自由な発想や企画を生かしたい
2. 意思決定過程への参加参画
   - 自分（たち）で自主的に選択し，決定し，行動したい
   - 重要な仕事と権限と責任とを与えてほしい
   - 人事権・予算権・企画立案権（提案権）などに参加参画したい

を発揮できないでいるかの証明でもある．不満やストレスはそれだけ発揮したいというエネルギーのマイナス・ベクトルの表出であると考えられる．

　これらの能力や意欲や適性を生かすためには，「より高いレベルで，より重要な意思決定過程への参加・参画」を求めているといえる．今，やる気のある女性たちの間には，「重要な仕事をさせてもらえない」，「信頼して仕事を任せてもらえない」，「チャンスが少ない」といった不平不満が叫ばれている．自分の知識・体験・情報を政策や方針の決定に反映して，仲間として一緒に仕事をしたい，しかしそうできない"状況"にある，と主張しているのである．

　具体的にいえば，「自分（たち）で自主的に選択し決定し，行動したい」，「重要な仕事と実質的な責任と権限とを付与してほしい」，さらには「人事権，予算権，企画立案権，提案権などに参加・参画したい」といったレベルまで，要求水準はエスカレートしている．これらは要するに，人間としての基本的権利である「オートノミー（自律性）の原則」（自己決定権，自由裁量権）の獲得願望である．「よかれあしかれ，自分のことはまず自分自身で決定したい」という普遍的ニーズの実現である．こうした女性の要求に応えて，先進的な会社や職場では，新しいシステム（ルールやルートづくり）を導入しつつある．

　一例を挙げてみよう．最近，病院の職場に「ケース・カンファレンス」「ケース会議」といわれる新しい合意形成システムが採用されている．この決定方式は，ひとりのクライエントの症状，治療法，退院時期などをめぐり，その患者に関わっているすべての医療スタッフが一堂に会し，総合的・多面的・複眼

的・客観的に評価，検討し，決定していくという仕組みである．医師はもちろん，ナース，MSW，ケースワーカー，理学療法士（PT），作業療法士（OT），薬剤師，臨床検査技師などが参加し，ときには患者家族まで含めて，「どうしたら患者のためになるか」について，あらゆる可能性を"全員参加体制"で何度も検討していく．最終的決定権は担当医に任されているが，論点は，その最終的判断や決定にいたる過程で，より多くのコ・メディカル・スタッフの何らかの意見やコメントをいえる機会が設定されているということである．つまり医師の意思決定過程に直接間接的な影響力を行使しているのである．

かつて医師の診断・治療行為は絶対的優位性をもち，ほとんどワンマン・独裁的な感があった．他者が口をはさむことはタブー・アンタッチャブルであった．しかし医療の高度化・複雑化・専門分化に伴い，また患者の知る権利，生と死の自己決定権（尊厳死）などが主張されてくるに従って，より多くの医療スタッフの協力体制が必要不可欠になってきた．大切なことは，こうしたカンファレンスに参加することによって，患者の病気の全体的見通し，患者に対する責任感の自覚，情報の共有化・コミュニケーションの円滑化，他のスタッフとの相互協力関係，チーム医療メンバーとしての相互認識と自己確認などができるというメリットである．そしてチームワーク・チームメンバーとして，多くの仲間たちと一緒に仕事に従事しているという充実感や満足感を得ることができるということである．

同様に，企業における「企画会議」「新製品開発チーム」「販売会議」，あるいは地域社会における「女性会議」「女縁ネットワーク」など，女性が積極的に発言できる場のシステムづくりが盛んに実施されている．

3 現代女性の問題点

女性参加の機会や門戸があちこちで切り開かれている．にもかかわらず，こうした流れにブレーキをかけているのは男性だけでなく，むしろ女性自身の側

図表8－6　現代女性の問題点
1. "女性"という社会通念への逃避
    - "女性だから"という甘えや依存性向の残存
    - 「○○してくれて当り前」という意識
2. プロフェッショナル意識の欠如
    - ライフワークとしての自己認識が低い
    - 仕事へのコミットメントの度合が弱い
3. 女性同士の拒否反応
    - 女と女との闘い（ライバル意識・敵対心）
    - すぐに仲良しグループで群れたがる習性

にも大きな原因があるように思われる．もちろん社会制度や組織の側に多大な原因が存在しているが，他罰主義的に相手や周囲を責めるばかりでなく，内省してみると，女性自身にもいくつかの欠点や問題がみえてくる．一般的には次のような傾向があるように思われる（図表8－6）．

「"女性"という社会通念への逃避」ということは，"女性だから""女なのに"という甘えや依存性向がなお残存していて，男性や上司，社会制度や古い価値観などからまだ脱却できていないということである．仕事や会社や遊びに疲れたら，即結婚＝定年退職といった安易なシンデレラ・コンプレックス志向を選択する人がなお少なくないように見受けられる．また"女の子なのよ，○○してくれて当り前じゃないの"，"そんなこと当然じゃないの"と，一方的・習慣的に男性に依存し期待し続け，希望通りにしてくれないと不満や批判を言い出すというパターンが目立つ．いつでも，「誉められたい，好かれたい，愛されたい，やってもらいたい」といった受身的姿勢なのである．感情的好き嫌いで判断し，いやなら即やめる・やめないとエスカレートしていく．むしろ「自分自身が本当に何をしたいのか」，「どうしたら，明るく楽しい職場環境になるのか」，「今果たすべき自分の責務は何なのか」など，もっと積極的に考え取り組んでいくべきではなかろうか．

「プロフェッショナル意識の欠如」とは，知性も高く，高等教育を受けているわりには，自分の仕事に対する職業意識やコミットメントの度合が低いので

はないかという疑問である．全体的にまだまだライフワークとしての認識が甘く，それゆえ簡単に"とらばーゆ""デューダ"してしまう．また「女性は管理職になりたがらない，あまり関心がない」から管理職比率がなかなか上昇しないのだといわれたりする．あるアンケート調査では，「管理職にはなりたくない」という女性が6～7割もいたという報告も出ている．これは確かに法制度の不備もあるかもしれないが，「チャンスや能力の欠如」ではなく，何よりも「意欲や努力の欠如」ではないか．もしチャンスが与えられていない，作られていないのであれば，そうしたチャンスをつくるように頑張ればよいのだ．むしろ問われるべきはそうした「意思・意欲の欠如」ではなかろうか．

　さらに「女性同士の拒否反応」とは，案外に男性との闘いよりも，女性同士の敵対心，嫉妬心，ライバル意識などから疲れ果ててしまうケースが少なからずあるのではないだろうか．能力差・個性差・業績差というよりも，もっと低次元で未婚者対既婚者，先輩対後輩，子どもあり対子どもなし，総合職対一般職など，相互の拒絶反応があるように思われる．そして仲良しグループだけで結集し，すぐに群れをつくりたがり，他のメンバーを拒否，排除してしまうという傾向がある．このような"女対女の闘争"が見受けられる．問題はいい意味でのライバル関係に立ち協働し対処行動していくことであろう．

4　女性の戦力化に向けて

　では，女性が十分な意欲と能力をもっていて，さらに欲しているものは何かといえば，やはりその能力発揮のチャンスが開かれているかどうかということであろう．長所や適性を活かすいい職場環境ができているかどうかである．

　経営者の能力もまた，これらの女性をウーマンパワーとして，有望な戦力としてどれだけ活用できるかにかかっている．そのためには女性に対する考え方を，「人手から人材へ，さらに人材から人財へ」と発想転換する必要がある．つまり"人手"とは人手不足といった軽い意味で，お手伝い・補助的作業とい

図表8−7　新しい職場環境づくり
1．安全・安心・快適に働ける場所
2．能力開発と研修制度の拡充
3．女性管理職や女性リーダーの登用
4．女性のグループ活動支援体制の確立

ったニュアンスが強い．"人材"は経営資源のひとつであるが，どこかに消耗品・部分品・使い捨て的イメージがなお残っている．これに対して，"会社の財産としての人財"とは会社の貴重な財産であるという意味内容で捉えられる．「これからの女性は職場における仕事のイクォール・パートナーである」として，男性に伍す人財として大切にしていかねばならない．とくに人事管理担当者の意識転換が急務であろう．

そこで，こうした新しいイメージをもつ女性を受け入れる新しい職場環境づくりが必要になってくる．その「職場環境づくり」のメルクマールとして，次の4点を列挙しておきたい（図表8−7）．

まず何よりも「安全・安心・快適に働ける場所の確保」が大切である．女性にとってとりわけ切実な保育所・託児所や設置，勤務時間の選択制（夜勤問題，フレックスタイマー制の導入）など，出産・育児休暇として1〜3年間の保障制度，さらに育児休暇後の職場復帰の身分保障などである．

「能力開発と研修制度の拡充」とは，女性の潜在的能力開発，意識啓発，体験学習などから，自己訓練の機会をより多く設定し，十分な予算を組んで先行投資すること，「優れた人材は優れた教育・研修システムから生み出される」ということである．

「女性管理職や女性リーダーの登用」とは，昇進昇格のチャンスをより多く設定し，女性管理職を大量に採用していくということ．有能な女性ビジネスリーダーはこれから大切に育成していくのだという気概で取り組むということである．

最後に，これが大切であるが，「女性のグループ活動支援体制の確立」であ

る．有能かつ意欲的な女性たちをサポートするシステムを積極的に導入する．たとえば，女性の感性を活かした女だけのプロジェクトチームの編成，○○を考える女の会，社内女縁グループ，女性会議，自主的政策研究会などを主宰し，ここでの成果を必ず企画書・提案者として担当部署に提出し，その実現と実行に向けて努力することである．

5　まとめ

　本論で主張したかったことを要約すると，確実に「性差・年齢差から個人差・能力差・個性差」を問う時代に入っているということである．それゆえいつまでも"男らしさ・女らしさ"にこだわらず，もっと「自分らしさ」「私らしさ」「人間らしさ」を自己表現していくべきであるということである．さらに「女性の職場参加から職場参画の時代」とは，ウーマンパワーを有力な人財と位置づけ，「仕事のイクォール・パートナー」として有効活用していくことであった．そのためには経営者・管理者をはじめ，誰よりも女性自身がこのような時代的変化の必然性に気づき，かつそれに対応した改革への取り組みを直ちに実行すべきであるということである．

第9章 仕事のイクォール・パートナーとして

― プロローグ ―

　本章においては次の3点を強調したい．ひとつは，現代女性をとりまく社会が変わり，職業意識が変容し，したがって仕事に対する思考態度がライフワークとして積極的に取り組むようになり始めたということ．もうひとつは，男性側もこのことに気づき，とりわけ多数を占める男性管理職は，これからの時代，こうしたウーマンパワーを上手に使えない上司は，もはや管理職としての資格はないということ．それゆえ，企業のサバイバルは，女性を"職場における仕事のイクォール・パートナー"として正当に位置づけることができるかどうかにかかっているということ，である．

はじめに

　こうした女性の能力を発揮させ効果的に活性化させていくためには，職場環境全体の開発が必要である．その方法は2つ，①組織や制度の「システム変革」であり，②それを支えている「人間の意識・態度・行動変革」である．前者の「組織上の問題」としては，たとえば，昇進昇格制度，賃金格差，業績や能力評価，勤務体制やサポートシステム，研修体制，コミュニケーションの問題など，組織管理上沢山の課題がある．こうした制度上の欠陥や不備を早急に改善すべきはいうまでもなく，女性にいわれなき差別や不当な不利益をもたらす背景を根本的に改革すべきは至極当然の急務である．

しかしながら，こうした制度を支え作り出しているのは誰よりも「組織人・人間自身」であり，「あなた」なのである．なかんずく経営者や管理者の考え方や責任は重大である．現実に女性の職場進出がきわめていちじるしいにもかかわらず，なお多数を占めているのは男性である．それゆえにその進出を許容し受け入れる側の意識変容，行動変革が先決なのである．そこでここでは，男性管理職の側から，その基本姿勢がどう変わっていかねばならないのか，その望ましい方向性を検討しながら，具体的実践のノウハウについても考察していきたい．

1 管理職としての性格チェック

まずはじめに，あなたの管理職としての自己イメージについて性格チェックをしてみよう．これから14項目について質問しますので，できるだけ正直に回答して下さい．それぞれの質問について，「どちらかといえばそう思う」というイエスは○印，「どちらかといえばそうではない」というノーは×印を回答欄に記入していって下さい．必ずどちらかを敢えて選択して下さい．○の数で評価します（図表9−1）．

さていかがでしたか．左側の項目（1−7）が，いい上司，部下に好かれる管理職タイプであり，右側の項目（8−14）がダメ上司，部下に嫌われる管理職タイプである（あなたの上司はどちらのタイプでしょうか．）．左側の項目でイエスの○印が4つ以上ある人は合格点，いいパーソナリティで女性からも好かれることでしょう．逆に右側の項目で4つ以上あった人は要注意，大いに自己反省と自己変革の必要があります．

人間はもともと自己防衛本能が強く，自分自身をよりよくみせようとし，ひいき目にみて自己肯定・プラス評価しやすいものである．しかし現実には，もっと厳しい他人の目にさらされているので，実際には予想以上に辛い点数で評

図表9—1　管理職としての性格チェック

	質問： 「あなたはどちらかといえば」	回答欄		質問： 「あなたはどちらかといえば」	回答欄
1	親身になってやる （相手の立場や気持への思いやりがある）		8	ルーズである （いい加減でだらしなく，怠惰・意志薄弱である）	
2	頼りがいがある （豪快で男っぽく，安心感や余裕がある）		9	自己中心的である （利己的・閉鎖的・わがまま・幼稚性性格である）	
3	明るい （健康感・開放感があり，笑いとユーモアがある）		10	人の悪口やグチをいう （おしゃべりである）	
4	約束を守る （信義，誠実感がある）		11	八方美人である （調子がよくて浮気っぽい，うそつきで見栄っぱり）	
5	能力がある （積極的・前向きで，仕事ができる）		12	優柔不断である （納得のいく回答をしない）	
6	けっして怒らない （包容力があり，感謝する気持で受け取る）		13	陰気である （嫉妬深くてしつこい，下品で無口で不健康）	
7	創造的である （夢とロマンを追い，柔軟に対処している）		14	自信がない （臆病で卑屈，消極的で迎合的，劣等感が強い）	

価されている．それゆえ自己認知レベルでの自覚症状が4つ以上あるということはやはり大変なことである．とりわけ女性のみる目は，どちらかといえば生理的・本能的・直感的な外見性から入っていく場合が多いといわれており，明らかに"拒否され，嫌われている"と思って間違いない．

　重要なことは，基本的人間関係は上司と部下との相互的信用関係の成立が大前提であることである．いうまでもなく「第一印象」がきわめて大切で，「相手をよく思えば相手からもまた好意的に思われる」という「好意の返報性」「期待の相補性」という原則がある．自己イメージはできるだけプラス・イメージ（プラス評価）の方がいい．自分自身を否定的にマイナス評価している人

図表9-2 ダメ上司の共通項

1. 権威主義的で虚勢を張る
2. 説教タイプ
3. 「ノー」「ダメ」を連発する否定上司
4. 性役割分業論者
5. 部下の成長を喜ばない嫉妬深い性格
6. 責任感なしのいい加減タイプ
7. 「わからない」のではなく，「わかろうとしない」上司
8. 「女のくせに」という女性蔑視観の持ち主
9. 女子社員への無知・無関心・鈍感
10. 時代の変化や女性の新しい生き方への無理解

は，他人からもあまり好かれない．概して人びとは喜び・幸せ・笑いなどがあふれている人の周囲に自然と集まり，不幸と涙と悲劇の渦中にいる人物のところには敬遠してあまり集まらない．こういう意味において，できるだけ肯定的・成功裡に人生を歩んでいる人の方がよりよいといえる．さらにいえば，マイナスからプラスへと自己変革・自己成長していくチャンスにより多く恵まれた人間の方がより幸せだといえよう．

2 ダメ上司の共通項

ダメ上司とは，先程の自己イメージをマイナス評価した管理職に多くみられやすい．嫌われやすいダメ上司に共通するいくつかのタイプを要点列挙してみよう（図表9-2）．読者自身，思い当たる節があって，内心じくじたるものがあるかもしれない．またあなたの身の回りにこのようなダメ・タイプはいませんか．これらの項目についてもう少し補足説明していきたい．

1．「権威主務的で虚勢を張る」タイプとは，「俺が課長だ！」と威張っている上司である．むしろ「あんたこそ最大の障害物よ．老害で，化石人間じゃないの」といわれるかもしれない．

2．「説教」タイプとは，何かにつけて訳知り顔で「そもそも女というものは」云々と言い出す．こういうタイプとの論争は，固定観念を繰り返すだけで

疲れる．時間・意欲・エネルギーの浪費家・妨害者である．

3．いつでも「ノー」「ダメだ」を連発する否定型上司である．文句ばかりをいうマイナス思考であるから，部下のせっかくのいいアイデアや企画をつぶしてしまいかねない．

4．「これは男の仕事だ」，「女にはわからん」，「女性には無理かな」などという性役割分業論者である．ことさらに女の性を強調するタイプである．

5．「部下の成長や成功を喜ばない嫉妬深い性格」で，他人の失敗を喜んだり，邪魔したりする性悪なタイプである．こうした上司についた有能で意欲的な部下こそ，最大の不幸・悲劇であり，被害者である．

6．「責任感なしのいい加減タイプ」は，自分の部下を厳しく教育訓練して育てていこうとする意欲もリーダーシップ能力もない．

7．「わからない」のではなく，「わかろうとしない」上司である．これも好奇心・感動・若さ・冒険心などが衰退し，感性の不適応症状を起こしている．もはや"意欲喪失""金属疲労""逃避行動"ばかりが目立つ．

8．「女のくせに」，「どうせ女にはわからん」という女性蔑視感の持ち主である．今なお男性優位の幻想を追いかけている化石頭である．彼はいずれセクシャル・ハラスメントの批判や対象にひっかかるかもしれない．

9．「女子職員への無知・無関心・鈍感」なタイプである．自分の大切な部下の一人ひとりの身体的・精神的・性格的・行動的パターンをまったく把握していない．女の意地もプライドもメンツも特性もわからず，気づかない上司である．

10．「時代の新しい変化や女性の新しい生き方への無理解」タイプである．現代女性の新しい価値観や動向に対して，まったく理解や関心を示さない保守的タイプである．

これらの項目のうち，とりわけ7の「わかろうとしない上司」こそ最悪で，典型的なダメ上司といえるかもしれない．なぜなら新しい時代の新しいニーズへの対応力こそ組織の死活問題であり，その第一歩としての前向きな姿勢・意

思，取り組む構えにおいて決定的に欠如しているからである．

　こうした古いタイプの管理職が女性に求めている役割は，あくまで補助的・補完的な職務でしかない．男性の職場社会として居心地のよい環境づくりに女性らしい細心の注意を払ってくれることを求めているだけである．たとえば，① 感じのよい応対をすること，② 職場を明るく，楽しい雰囲気にしてくれること，③ 与えられた仕事はきちんとスピーディに処理してくれること，④ 男子社員の気づかない面に協力・協調して適切なアドバイスをして欲しいこと，などである．つまり女性に対しても，フェアに能力発揮の場と機会が与えられ，仕事のパートナーであるという発想はここにはない．最低にして敬遠される上司とは，自分の言動に無頓着・無関心・鈍感なタイプであり，加えて善意でやっていると思い込んでいる人である．なかんずく ① 年齢（先輩後輩，職位序列，秩序優先など），② 婚姻の有無（ミス，離婚），③ 子どもの有無（何人），④ 雇用形態（パート，専任）などにこだわる上司はもっと嫌われる．

3　これからの管理職に求められるもの

　それでは，新しい時代的変化に即応したこれからのリーダーとは，一体いかなるタイプであろうか．これからの管理職像としては，次の２つのタイプがあるように思われる．ひとつは「組織の管理運営型リーダー」，もうひとつは「職員の人材育成型リーダー」である．

　前者の「管理運営型管理職」とは，部下をうまく管理・統制することが管理職の使命，至上命令だと思っている．こうしたマネージャーは，とにかく上からの指示に絶対忠実で，したがってまた部下にもその絶対服従を強要する．トップの意向に過敏なほど反応し，上意下達や安全管理ばかりを優先する．それゆえ統率力や職務遂行能力，管理能力，指導能力などは一定程度高いものがある．

　しかし仕事は管理職ひとりではできない．どんな有能なリーダーであって

も，個人の能力には自ら限界がある．むしろこれからのリーダーに期待される能力は，後者の「部下や人を育てるリーダー」，「人材を創り出せるリーダー」である．新しいリーダーの能力とは，統率力や遂行力だけでなく，むしろ教育力や育成力である．「教育能力」とはその人がもっている能力を最大限引出し，育て，成長させる力である．つまりいかにして女性の潜在能力を育てられるかということである．

　育成のためにはまず，女性や部下の希望やニーズをよく知ること．部下が「どんなことをしたいのか」，「今何を考えているのか」，「どんな仕事をしたがっており，何に満足を覚えるのか」，これらにじっくりと耳を傾けて聞くことである．リードされる人びとがいかに満足し，どんな達成感が得られるかを知ることである．部下の意欲とやる気に火をつけ，基本を教え，支援し援助してあげること．さらに，部下の個性に合わせた指示・援助・激励をしてやることである．できれば部下と一緒に仕事それ自身を楽しみ，従事してみることである．「一緒に協働して達成していこう」という協力的姿勢をみせることが何より大切である．「同じ目的を共有すること」，「同じ夢をみる相手として，接し，話しかけること」がキーポイントとなる．

　このような「同じ夢や目的を共有する相手・間柄」とは，「仕事のパートナー」，「お互いにメリットのある関係」である．上司対部下，リーダー対フォロアーといったタテ的権威主義的関係ではなく，仕事の達成過程に伴う喜びも悲しみも共に分かち合う仲間（メンバー）である．いいパートナーであれば，「自分のためになること」が同時に「上司のため」にもなり，かつ「会社のためにもなる」という関係が成り立つ．自分の仕事の利益が相即的に会社全体の成果や利益にもつながっているのである．

　こうした「いいパートナーシップ」を発揮する条件としては，少なくとも次のような要件を満たしていることが肝要である．

　① ともに働き，ともに成長し合うこと
　② 相互の堅い愛情と信頼関係とで結ばれていること

③ 自由な討論と合意の尊重と情報の共有化が図られていること
④ 第一線・現場の人びとの意見を重視すること
⑤ 何よりも「ここは私たちの職場なのよ」という連帯感で結ばれていること

これからの上司への役割期待は，こうしたパートナーたち（けっして部下としてではなく）が，その実力や意欲や努力を思う存分発揮できるような"いい環境づくり"や"仕組みづくり"に貢献することであろう．しかも彼らの方がどんどん成長し向上していくから，それぞれの発達度や成熟度にあわせて適切な指導法，対処法，教育法を自らも学習し行使していくよう心掛けるべきである．

部下の仕事の達成や成果については，必ず一定の評価を与え，「それは自分の働きによる手柄なのだ」と肯定し，激励し，充実感を与える．働いたことに対する報酬と満足感を提供する．「お疲れさん，有難う，ご苦労様，いや助かったよ」などと心を込めて感謝する．いい仕事は自分ひとりではできない．皆なの協力に対して，こうした「マジック・フレーズ」を繰り返し何度もいってあげる．人間とは単純なもので，「よくやった」と，尊敬し信頼する上司から誉められたことにより，疲労感など吹き飛んでしまうものである．それは誰もが日常体験していることであろう．

そこで確認の意味で，「これからの管理職に求められるもの10ヶ条」を列挙しみよう（図表9－3）．

総括すると，これからのリーダーは，まずできる部下を育成していくこと，とりわけ女性の潜在能力開発に努力すること，その能力発揮のチャンスをフェアに与えること，そして「できた」「やった」という成功体験をもたせ，共に喜び会い，自信をつけ，「仕事のできるイクォール・パートナー」として成長させていくことである．何よりも「自信の強化」は仕事の成功への第一歩である．どうしたら女性の部下に自信をもたせられるか，をとにかく創意工夫する．女性のもつその人なりの個性と持ち味と特質とを伸ばし，意欲とやる気を

図表9—3　これからの管理職に求められるもの10ヶ条
1. 仕事ができるひと
2. 目標（夢とロマン）を与えられる人
3. 独自の情報網をもっている人
4. すべてを前向きにプラス思考ができる人
5. 「できた」という自信と成功体験を与えられる人
6. 相手の立場で考えられる柔軟な思考をもっている人
7. 女性を上手に使いこなせる人間関係づくりがうまい人
8. 「面白いじゃないか，やってごらん」とやる気をもたせる人
9. できる部下を育成できる人
10. 仕事仲間として付き合える人

起こさせ，エンカレッジ・サポートしてやることである．

4　基本的スキルとしての2つの提案

　望ましい管理者像となるための具体的手法として，どのような点に心掛けるべきであろうか．いろいろな手法が考えられるが，ここでは次の2点のスキルに絞ってまとめてみたい．ひとつは「叱り上手としての叱り方」（図表9—4），もうひとつは「誉め上手としての誉め方」（図表9—5）である．

(1)　叱り上手としての叱り方
　1.「叱る理由をはっきりさせよ」とは，間違いは間違いとしてきちんと指摘すること．何が大事で最も優先すべきであるかを教えなさいということである．

　2.「まずは冷静沈着に聞いて，相手の言い分を確かめる」とは，「どうしてそうしたの」とやさしく聞いてあげること．部下にもそうした理由や根拠が必ずあったはずである．

　3.「女性の容貌・人格・人柄には触れるな」とは，たとえば，バカ・デブ・ブス・チビ・ババア・足が太いなどといってはならない．それは絶対タブーである．そんなこと改めていわれなくても，本人自身が一番知っている．

図表9―4　叱り上手としての叱り方
1. 叱る理由をはっきりさせよ
2. まず冷静に聞いて，相手の言い分を確かめろ
3. 女性の容貌，人格，人柄には触れるな
4. 3つ誉めて，1つ叱れ
5. 自尊心を傷つけるな
6. 他人と比較するな
7. 確信に満ちた態度で断固として叱れ
8. タイミングをみて叱れ
9. 愛憎と見守りと激励とに満ちて叱れ
10. 仕事はハードに，人間関係はソフトに

「よけいなお世話よ」と反発されるだけである．

　4．「3つ誉めて，1つ叱れ」とは，まずは誉めて，感謝して，ご苦労様と労をねぎらってから，それから失敗やミスを指摘すること，これが鉄則である．

　5．「自尊心を傷つけるな」とは，とにかく人間の心は傷つきやすいということ．"何もそこまで言わなくても"というところまでいってしまうと，逆に反発され，あるいは落ち込み，心ある部下の信用さえ失ってしまう．そこで，「そうだね‥‥だけど，こういう方法もあるよ」という「Yes―But方式」を使うこと．

　6．「他人と比較するな」とは，とくに有能にして美人な女性と比較してはならないということ．そうすると，「どうせ私なんか」と反感を買うだけである．

　7．「確信に満ちた態度で断固として叱れ」とは，本当に怒った時は，全力・全生命を賭けて，断固，信念をもって当たること．にやけた態度や顔つきで怒ってはならない．

　8．「タイミングをみて叱れ」とは，TPOを考えて，チャンスをつくり，みつけて叱ること．チャンスを逸すると効果は半減する．

　9．「愛憎と見守りと激励とに満ちて叱れ」とは，相手が自分の行為を反省して自覚し，再び繰返さない，それだけ成長したのだというように，心を込め

図表9—5　誉め上手としての誉め方

1. 否定禁止型ではなく，肯定激励型がよい
2. 長所をみつけて伸ばしてやること
3. 惜しみなく誉めて誉めて誉めまくれ
4. 一日にひとつ，誰かひとり，何か一箇所ずつ誉めてやる
5. 相手に優越感・成功感をもたせる
6. 「できる，できる」というプラス暗示をかける
7. タイミングをはずさず，具体的事実を誉める
8. 叱りあう人間関係こそ，ともに成長し合う人間関係である
9. スキンシップ（肩を叩き，握手するなど）
10. 自信の強化（小さな成功体験の蓄積）

て叱ることである．

10.「仕事はハードに，人間関係はソフトに」とは，仕事には厳しく，しかし人間的には温かく，優しくあれということである．

では，叱る目的は何とか．私たち（上司）は一体何のために叱るのであろうか．それはおそらく失敗したことを部下に気づかせ，反省させ，再び繰り返さないために，またその人を大切に思い，立派になってほしいから叱るのである．「叱ればよくなる，伸びる，成長する」という期待感があるからこそ叱るのだ．逆にいえば，何にもいわれない，どこも叱られない人は見放されたも同然である．ダメなリーダーは叱りもせず，誉めもせず，部下を育てようとしないのである．

つまり，叱られる立場に立って考えてみると，いい上司の叱り方がみえてくる．いい叱り方とは，① その失敗の原因に気づかせてくれること，② これからの対策について助言してくれること，である．まず，原因について一緒に考え，「相手か」「本人か」，または「環境状況が悪かったのか」，「どこに一番の原因があったのか」について検討し，お互いに共感し合ったり認め合ったりする．それだけでも十分である．

さらに，「では，どういう対応策を立てたらよいか」「そのよりよい状況や理想的形態はどうあるべきか」，そこにいたる具体的・実践的手法について示唆を与えてやることである．あとは本人の意欲と能力次第である．それ以上に干

渉する必要はない．本人の自己成長力，自己変革能力を信頼し，期待して，後はじっと待っていればよい．

(2) 誉め上手としての誉め方

1．「否定禁止型ではなく，肯定激励型がよい」——相手の欠点ばかり指摘して，欲求を抑制・禁止していると，いつの間にかその人がもっている本来の長所や個性をも殺してしまうことになりかねない．

2．「長所をみつけて伸ばしてやること」——人は誰でもその人にしかない，"世界にたったひとつしかない特質"をもっているはずである．そこをみつけて生かしてやれるかどうかが，上司の大きな役割である．

3．「惜しみなく誉めて誉めて誉めまくれ」——よく「うそでも百回言えば本当になる」といわれる．「誉めればいつかはそうなる」と思い，そのためにどんどん惜しみなく誉め言葉を使った方がよい．

4．「一日にひとつ，誰かひとり，何か一箇所ずつ誉めてやる」——人は暗示に弱いもので，いい気分にさせてあげることが大切である．「いい部下だ」といっていると，必ずそのようになっていくものである．

5．「相手に優越感をもたせる」——もともと人はコンプレックスの塊りみたいなものである．逆に優越感を与えることで，人より優れたいい仕事ができるようになる．

6．「"できる""できる"というプラス暗示をかける」——人は誉められると，明日はきっと，今日よりも必ずもっとできるようになるものである．

7．「タイミングをはずさず，具体的事実を誉める」——おべんちゃらではなく，確かな事実だけを適確に誉めてやる．

8．「叱り合う人間関係こそ，ともに成長し合う人間関係である」——共感・共鳴し合う人間関係の成立こそ，あらゆる行為の前提である．

9．「スキンシップを使う」——単にほめ言葉だけでなく，「頼むぞ」「よかったね」「よくやった」と肩をポンと叩いたり，強く握手することで，身体で感

じ合う．身体的接触，これは効果がある．

　10．「自信の強化」一人は「できた」という自信をつければ，さらなる行動にかりたてられるものである．できるだけ「やればできるじゃないか」といって，小さな成功体験を積み上げ，自信と能力を確信させてあげることだ．

　誉め方の要点を端的にいえば，「とにかく誉めてやること」，この一言一句に尽きる．「誉めれば誉められる」，「情けは人のためならず」，「言葉はもどる」といった格言も同意である．あのD．カーネギーの不朽の名著『人を動かす』の中でも，「たとえわずかなことでも，惜しみなく誉めてやること」，「称賛と激励こそが部下の新しい能力を育てる」といっている．人間の本質的欲求として，"人に愛されたい，好かれたい，可愛がられたい"という深層心理がある以上，"上司から必要な存在だと思われたい"という願望は切実かつ普遍的なものである．したがって誉めるということは，こうした女性らしさ，人間らしさ，その人らしさのセルフ・アイデンティティを認め，評価し，指示してやることなのである．

　「誉め上手」とは，つまり

① 「聞き上手」（部下の話を聞いてあげる．人はだれも自分自身のことに最大の関心をもっているもの．部下や女性の誕生日・出身校・趣味・スポーツなどに，普段から関心をもつことである．）

② 「扱い上手」（女性の願望や欲求を知り，そのニーズを満たしてやること．変身願望・離脱願望など，変化へのチャンスを与えること．相手の立場に立って元気づけ，励ますこと．とりわけ女性は上手に扱ってほしい，うまく指導してもらいたいと思っているものである．）

③ 「支え上手」（きっかけを大切にし，不安を解消してあげる．「大丈夫だ」やってみろと励まし，自信をつけ，積極性を育てる．成長へのサポート役を担う．）

④ 「叱り上手」（部下はやる気が出るようにうまく叱られたいと思っている．相手の自尊心を満たしながら，叱るべきときは毅然とした態度で叱ること．）

　これらをフローチャート化していえば，「誉め言葉　→　プラス暗示　→

図表9−6　人を動かす10のルール
1. 一声運動に心掛けること
2. 名前を覚え，名前で呼ぶこと
3. 怒るよりも，まず笑顔で接すること
4. 能力発揮のチャンスは，公平・平等に与えること
5. take よりも，まず give すること
6. 話すよりも，まず謙虚に聞いてみること
7. 言うよりも，まず自ら率先垂範すること
8. 責めるよりも，まず誉めること
9. ありがとうの感謝の言葉をいいなさい
10. 相手の価値を認め，存在感・重要感を満たしてやること

心の変化　→　身体の変化」という流れが描かれよう．つまり，「惜しみなく誉め」，「誉めて誉めて誉めまくれ」という「誉め言葉」によって，部下の可能性を示唆し，潜在的欲求を動機づけ，「プラス暗示・プラス思考」させる．このプラス評価によって，「心理的変化」をもたらし，意欲を充満し，エネルギーを蓄積し，自信を強化する．こうした意識変革はやがて「態度変革」をもたらし，「とにかくやってみよう」という行動への着手となる．小さな成功体験や代理体験によって，やがては自分の思った通りになっていくであろう．

5　人を動かす10のルール

1．「一声運動に心掛けること」—女性は自分に関心を示されたがっている．相手の女性に対して関心を示すこと，何をいえば，どうすれば相手が喜ぶか敏感になる．そのために挨拶は有効な手段である．"今日は，有難う，お願い"といった"マジック・フレーズ"をさりげなく気軽に投げかける．心を込めて惜しまずに口に出すことである．

2．「名前を覚え，名前で呼ぶこと」—愛称（ニックネーム）でもよい．「○○さん，○○ちゃん」と，いつでも必ず名前で呼ぶこと．そして思いを込めて心から呼び掛ける．そこには「あなたは私にとって，とても大切な人なんですよ」という気持ちが入っているからである．

3.「怒るよりもまず笑顔で接すること」——「微笑は美粧である」,「100万ドルの微笑」などといわれるように,笑顔は貴重な財産である.人の顔の中で印象に残るのはスマイリング,微笑みの力である.真の微笑は鮮明に目に浮かぶものである.その輝く眼差しは「あなたのこと好きですよ」という好感の度合が示されている.

4.「能力発揮のチャンスは,公平かつ平等に与えること」——特別扱いやえこひいきは禁物である.比較はタブーである.とくに男性はタテ社会的発想に慣れているが,女性はグループをつくりたがる.しかも平等扱いを前提とした序列なき集団を形成しやすい.女性はヨコ思考に対してきわめて敏感なのである

5.「take よりも,まず give すること」——「give の哲学」を優先的に実践することである.

6.「話すよりも,まず謙虚に聞いてみること」——辛抱強く相手の言葉に耳を傾ける.積極的に質問する.相槌を打って,話をはずませる.人間は自分のことを話したい,聞いてもらいたいと常に望んでいる.「部下の作業意欲は,上司が部下に示す関心に比例する」とさえいわれている.

7.「言うよりも,まず自ら率先垂範すること」——100万語を費やすよりも,ひとつの実行が如実に自己表現しているという場合が少なからずある.

8.「責めるよりも,まず誉めること」——「欠点さがしは才能を枯らし,誉めことばは人間の才能を伸ばす」といわれる.どんな小さなことでもよいから,事実(具体的な行為や特徴)を誉めてあげることである.

9.「ありがとうの感謝の気持ちをいいなさい」——お茶も食事も自動的には出てこない.お茶一杯さえ,感謝とともに飲み干すことである.エレベーターに乗った時も,心からお礼を言えるだろうか.「どうもありがとう」「大変だったね」「ご苦労様」「お疲れ様」といった一言が,相手との重要な橋渡し(コミュニケーション)となる.

10.「相手の価値を認め,その人の存在感・重要感を満たしてやること」——

できるだけ人間の自尊心を傷つけず，あなたの存在には十分な意味があり，一定の役割を果たしていますよと確認してやることである．

6 まとめ

　職場社会における新しい人間関係とは，こうした基本的ルールを踏まえつつ，何よりも女性心理に長けたリーダーが求められているということである．現代女性が何に興味関心をもち，何を考え，何を望んでいるのか，相手の声に耳を傾け，その言動から心理状態を察知し，かつそのニーズに応えてやることである．女性の潜在能力を開発・育成し，「仕事のイクォール・パートナー」として活かすことができる上司こそ，これからのリーダーではないだろうか．

Ⅳ 個人生活

第10章 遊と学
―遊々学々的人生―

プロローグ

　戦後の高度経済成長は大衆の精神的荒廃をもたらしたといわれるが，その反面，飢える生活から解放された分だけ精神的余裕を生み出したともいえる．とりわけ現代青年の特徴としては，与えられることに慣らされてきた世代である．その若者の価値観とライフスタイルは，「進学，進級，就職，結婚など，そんなに急いでする必要はない」，「大学はレジャーランド，仕事はアルバイト，恋愛はゲーム」，「レッツ・エンジョイ・マイライフ」，「ライフワークよりライフレジャーへ」，「楽しくなければ人生じゃない」といった"面白い楽しい生き方"が大勢を占めるようになった．今や何もかもが〈あそび感覚〉によって判断されるようになってきたのである．

　またこれまでは"確かなもの"といわれてきたものへの不信と懐疑，科学主義や合理主義などへの不安と批判も高まっている．そうして若者の「心の過疎化」がますます進行している．それがまた若者の「動機なき感性的反乱」（事件）となって現出するのである．

　では，なぜ若者は，学問研究や創作活動を漠然とした閉塞感や苦痛感や寂寥感を伴ってしか営為しえない傾向があるのか．なぜ「遊は楽，学は苦，したがって楽がいい」という二元論的残滓をいつまでも払拭しえないのか．遊と学とはいつまでも相対立した概念なのであろうか．

　われわれの視点と立場を提示すると，この遊概念に疑念を提起する．今日の遊びは，本来の自由で主体的・個人的な参加機会が与えられておらず，むしろそのレジャー化，商品化，管理化が優先しているのではない

> か．事前に計画され，与えられ，学ばされる「遊」や「知」や「信」になっているのではないか．もしそうであれば，それは本来の遊ではない．とくに創造的世界に携わる者にとって，「遊びの精神と態度」はきわめて重要な要素である．そこでわれわれは，「遊に学的志向を持ち込み，学に遊的精神を導入する」という「遊学同一」という視点から検討する．結論的にいえば，「人生は遊びだ，しかしそれは真剣な遊びなんだ」という「遊々学々的人生」のあり方を自らに問うことを求めるものである．

1 現代社会における「遊」の位置づけ

　現代という時代状況とは何か．それをどのような概念と枠組みによって認識・把握し，さらに矛盾超剋の論理をどのような地平に見出すのか．このような設問に対し，ここではいわゆる大衆社会論と青年文化論との接点に立ち，できるだけ「遊概念」にクロスオーバーさせながら考察していきたいと考えている．

　大衆社会論についてはすでに論述し尽くされた感もあるが，筆者なりに整理すると，それは「近代（化）主義」思想のいわゆる「合理化・効率化・産業化・組織化・民主化・平等化」といった聖なるスローガンのもとに構築されてきた社会論である．それはまた資本主義の論理に基づき大量生産―大量流通―大量販売―大量消費の普及・発展に伴ってもたらされた高度に市場化された産業社会でもある．さらに労働生産よりも消費生活を中心とし，個人の最大限の欲望解放とその完全な欲求充足とをめざす社会でもある．大衆は，この豊かな物的社会の恩恵を被り，福祉国家政策による多少の受益感覚も加味して，"良くもなく悪くもなく"，また"多くもなく少なくもない"という中流意識と平均的イメージの世界に住む．こうして大衆は端的にいえば，「画一化・孤立化・一元化・没個性化・部品化・歯車化など」と揶揄されるマイナス・イメージと

なって出現するのである．

　また大衆社会においては，「一人ひとりが商人」である個人の完全解放によって，さまざまな利害対立や紛争が噴出する．そこで，「万人の万人に対する狼の闘い」を調整・処理・解決すべく，国家の管理統制機能もまたそれだけますます厳しいものとなる．共同体の崩壊，地位をめぐる競争の激化，社会的連帯の稀薄化，孤独と不安の増大など，緊張処理の役割がきわめて重大かつ不可欠なものとなっている．こうして「官僚制化・系列化・制度化・社会化・中央集権化・役割分化」といったキーワードを中心に，統合化の機能もまた強化されてくる．この結果，社会生活の組織化・秩序化・安定化はより一般と進み，さらに大資本とマスメディアとテクノロジーはより強固な中央集権的管理社会を構築していくことになる．

　かくして大衆社会は，大きく二項対立化の基本図式を描出することになる．すなわち，① 孤立化し弱小化する個人と強大化する一方の国家，② 少数のパワーエリートと無力かつ大量の大衆，③ 個性の喪失と普遍的画一化の傾向，④ 無関心（アパシー）と同調過剰（オーバーコンフォーミティ），さらに ⑤「ピラミッドを登る人びと」と「オアシスに憩う人びと」（ピカート Picard, M.）等々の二極化現象である．こうしてますます二極分解化を一層進めていくことになる．換言すると，自由と束縛，抑圧と解放といったアンビヴァレント化の状況をますますはっきりと露呈するようになる．だがこのアンビヴァレントな世界は，一見何もかもよくみえるが，同時にまたまったく何もみえない世界であり，恰も「絶対矛盾の同時存在」にも似てきわめて二律背反的なのである．

　こうした相矛盾し自己相剋した緊張過程において，現代人は自己選択行為することを強いられている．大衆には個人の力量を超えた危ない自己責任能力が課せられている．しかもその責任は一歩のミスが即自死にまで追い込まれかねない危うさを秘めている．人間関係の連結ピンはきわめてか弱く，脆く，朽ちており，否あるいはすでに壊れているかもしれない．しかし近代社会がダウイニズムの法則の通用にある以上，人びとはこの弱肉強食，優勝劣敗，適者生存

といった諸原則の中で否応なく生きていかざるをえない．多かれ少なかれ大衆はそうした厳しい状況下におかれているのである．

　ではさらに，そこに生きる青年の心的状況はどうであろうか．よくいわれる「大人の現実主義対青年の理想主義」といった対立構図はあまり該当しないように思われる．現代社会の計画と管理，知識と情報の徹底普及により，ある意味で「未知の予想化」，「未決の既決化」，「許容より制限」，「不可視の可視化」といった現象がより一般化・促進している．そして青年は，「将来の自分のライフサイクルがなんとなく読める」，「10年・20年後の私の姿がわかる」，あるいは「なんとなくわかってしまった私の人生」といった漠然とした感じをもっている．それはより多くの青年が共通して直面している戸惑いである．ここには，「理想主義」が必然的にもたらさざるをえない冒険，逸脱，対立，闘争，攻撃，破壊，征服といった言葉は，ほとんど完璧に喪失している．さらにいえば，夢も希望も，革新も創造意欲さえも衰退してしまっているのである．

　この結果，青年像を大きくいくつかのカテゴリーに分類できる．まず，「人生なんてこんなもんさ」，「夢見た俺がバカだったのさ」といった諦念と挫折に共感を抱きやすい青年のタイプである．彼は何か悟りきったように，うまく功利的・現実的に対処していくことをよしとしている．

　逆に，「いつまでも大人になりきれない」，「少年少女期の甘くセンチメンタルな夢想をひきずったまま」の青年のタイプである．ユニ・セックスや無性化，少女コミックやマーガレットの世界から脱しきれていない「ロリ・コン世代」か，「モラトリアム世代」である．彼らはまた，「若年寄」「とっちゃん坊や」「ブリっ子」「マザ・コン」などともいわれる．

　さらに，大衆消費社会，レジャー時代の落とし子として，日常生活自体をすべてレジャー化し，「感覚的・刹那的人間」として生きていくエンジョイ型の青年のタイプである．「面白いからやっている」という感覚主義的モチーフが原動力である．ここにはかつての政治闘争や学生運動がもっていた自己犠牲的な悲壮感や使命感や屈折感を基調とした言動は微塵もない．「ただ楽しいから

やっているにすぎない」のである．

　しかしいうまでもなく，こうしたタイプを個別に拳証していっても，そこからトータルな現代青年像は抽出できない．多くの場合，彼らはそのいくつかを組み合わせ，多面性を兼有しているからである．そこで共通してみられる諸現象を括って考察しなければならない．この共通項こそ，われわれが対象とする本質的問題であり，またすぐれて今日的課題でもある．

　それは，できるだけわれわれの「遊概念」に引き寄せて考えれば，ヨーハン・ホイジンガ（Huizinga, Johan）のいう「ホモ・ルーデンス（homo ludens）」としての人間観，すなわち「遊ぶ存在，遊戯する人」という観点の欠如である．彼の言葉によると，「遊びこそが人間を特徴づける生の根源的な範疇である」，「人間文化は遊戯のなかに―遊戯として―発生し，展開してきたのだ」と規定されている．すなわち「よい遊戯者」としての眼差し（後述）が，とりわけ文化の創造において欠落しているのである．このような観点はまた E. H. エリクソンの用語であるアイデンティティの拡散やアイデンティティ・クライシスといった内容にも通底している．青年がいわゆるカウンター・カルチャーの担い手としての役割行動を十分果たさず，また果たせなくなっている．その根本的源泉を，われわれは「遊精神の涸渇化」あるいは「遊哲学の貧困化」にあると看做すことができる．では何故そうなってしまったのか，その社会構造的背景を今少し考察しておきたい．

2　遊びの商品化

　今日，戦後過程を支えてきた正当化イデオロギーは悉くその幻想性が暴かれ，虚構は打ち壊され，擬制は終焉しつつあると状況認識できる．たとえば，デモクラシーや自由主義といった戦後啓蒙主義への懐疑，言葉・論理・理性への不信感，権威主義的なものへの反発，あらゆる「知」的世界の拒絶反応，といった現象がそうである．さらにはユニバーサリズムやヒューマニズム，ある

いは合理的精神や科学主義などに対しても不信感が浸透している．こうしたあらゆるものの相対化・曖昧化の社会において，われわれはまさしく「偽装の時代」に遭遇しているといえる．それはみせかけの世界，虚偽の表明，情報操作による信憑性の創出に狂奔する社会である．ここでは「功利的—非功利的関係」づけが主であり，「対立—妥協のなれあい」や「シナリオ通りの試合運び」が慎重に行われる．いわば「八百長の制度化」が精密機械のごとくに行われているのである．試験制度，スポーツ，裁判，ギャンブル，レジャーもまたしかりである．さらにいえば，議会制民主主義下の国会審議，エスタブリッシュメント化された労使関係，進歩的文化人の虚妄性，労働貴族の特権化など，現実主義・功利主義（実利の原則）に基づいたゲームやドラマが秘かに展開されているのである．

　だが，カイヨワがいうように「失策や思いがけないことの起る可能がまったくなくて，ゲームの展開過程が前もってわかっており，不可避的なある結果に到達することが明白だとしたら，それは遊びの本質と両立しない」（『遊びと人間』）．「予想と結果の不確実性」こそ，ゲームの魅力であるはずである．だが実際には，事故防止や安全対策，周囲の迷惑や時間の遅れといった名目で，そうした遊び的要素は一切排除されている．むしろ却って法規範の強化，義務化，拘束力の増大となって帰結する．そしてますます「制度化された逸脱現象」が確実化されていくのである．

　現代人にとって大切なことは，こうした「虚構の世界」や「偽装の時代」において，狂言であれ何であれ，いかに華麗なプレイに徹し，自己を最後まで演出しきれるかである．それがたとえ「ホントらしいウソ」や「まじめなウソ」や「まがいもの」であっても，「自らそれを信じ」，「それらしく振舞う」ことである．あくまでも「本物らしく」，「本物らしさ」を演じればよいということである．それゆえに多様なアレンジ，バリエーション，アクセント，イミテーションあるいはファッショナブルなものが，ますます主張され強調される．「アウラ（一回性）の喪失」（ベンヤミン　Benjamin, Walter）による写し（コピー），

模擬，模倣，模写，模造といった類似品や代用品が氾濫する．世の中には同工異曲の製品だらけであり，「あなただけ」へのメッセージが全国的規模で届けられているのである．

　さらには商品そのものではなく，イメージやコンセプトやレトリックさえ売られるようになる．ゴッフマン（Goffmann, Erving）のいう「印象操作」（impression management）は，あらゆる日常生活の場面で見出される．「相互作用状況のなかで他者を前にして行為するとき，人は多かれ少なかれ演技者である．俳優が舞台で役を演じるように，私たちも，ある状況のなかで何らかの役を演じ，そこに「理想化された自己」や「偽りの自己」を投射する．つまり人は，状況を舞台とし，その状況にふくまれる他者をオーディエンスとするパフォーマーであり，自分のパフォーマンスをとおして，自分が他者に与える印象を操作しようとする「印象の演出者」なのである」（『うその社会心理』）．つまり，われわれの日常生活は「演技（者）」としてのコミュニケーション行為でしかなくなっているのである．

　さらに一歩踏み込んで，それらの演出行為でさえも見え透いてしまったところに今日的問題の根深さがあるといえよう．あるいはこれまで自明視されてきた「客観的事実」でさえも，その虚構性が鋭く看破されてしまったのである．「近未来の既知化」，「虚構の透視化」，「偽善の自覚化」など，いわば真贋を自己認知した心的状況にあるということである．こうしてわれわれは，「信ずべきものが何もない」という「不信の常態化」の中で，それでもなお生きていかざるをえないのである．

　このような心的状況下において，青年はともすればかつての「まじめ主義」にみられた優等生タイプのエリートコースやキャリア組，「有名塾から銘柄大学へそして一流企業へ」といった出世型・上昇志向型を簡単に棄却しかねない．「しこしこ勉強して，いい学校に入って，一流企業へ就職して，マイホームを建てる．そして子どもを育て，老後の心配をする……それがどうしたっていうんだ」というずっこけ派や居直り派，あるいはシラケ派を生む．一方で，

ドロップ・アウト的生き方に魅せられ,「もう人生ゲームはやーめた」「もうおりた」ということにもなりかねない. 事実多くの青年が, 発狂するか, 神仏に帰依するか, 自殺するか, あるいはニートになるかといった逃避的手段に追い込まれている.

そこで, われわれは「遊概念」の再検討と導入を目論む. それは単なる自己防衛的役割としてではなく, もっと状況打開的な積極的意味づけが企図されている. 井上俊の言葉を引用すると,「だから逆に, ある種のストレス状況(たとえば, 激烈な競争状況や人間の疎隔状況)に対して「あそび」の態度を導入すること(たとえば, 実生活での競争をゲームのように, 人間関係をドラマのようにみなすこと)は, ストレスを緩和し, 自我を防衛するひとつの方法たりうる. それは, 実人生のシリアスさを軽減し, ありうべき失意や敗北を先どりして, それらを多少とも耐えやすいものとするのに役立つ」(『遊びの社会学』)という.

だが, われわれの「遊概念」は, このような説明に依拠しつつも, もう少し積極的に位置づけられる. つまり「遊を愉しむ精神」とは, 井上のいう「シリアスさの軽減」や「失意や敗北の先取り」だけではなく, なおそこから新しい創造や変革のエネルギーを輩出する根源として把握されている. とくに先述してきたように,「遊びの商品化」(欲望, 生産, 労働, 消費, 余暇のあらゆる側面を含む)が進み, もうどうしょうもなく逃げ場のない日常生活の支配装置が自覚化されてくればくるほど, その脱却や克服への欲求もますます高まってくるものである.

にもかかわらず, 遊びの現況は, 必ずしもその本来の自由さ, 楽しさ, 面白さが具現されているわけではない. 遊びは管理化され, ルール化, ゲーム化, 制度化が先行している. そして運動や闘争のレジャー化, ショービジネス化, ドラマ化, 計画化が確立されている. ここでは実験的な試行錯誤は許されず, また個人的自己関与の機会もなく, 人間の主体的活動としての遊びではなくなっている. 遊びの名人といわれる子どもの積み木世界のような空想力, 想像力の開花する遊びはほとんどない. 積み木世界のようにまったく無邪気にも一切

を壊し，一切を始め，一切を創るなんてことはありえない．とにかく何のハプニングもファナティズムもなく，「既定方針通り」，「すべては計画・規定通り」に事が進行していくことが至上的価値をもつのである．「ルール違反」や「異議申立て」は非難と注目の的となり，厳罰や辞職（辞任）を強要されたりする．

こうして今日，本来何ものにも拘束されないはずの「遊」が，「管理された遊び」あるいは「遊びの商品化」といった，きわめて目的合理的なものに転化されてしまった．このような「遊の無償性から功利性へ」という傾向は，近代の合理化や文化の商品化，社会の保守的安定化といった流れとけっして無縁ではない．むしろそうした時代社会の象徴的現象とさえ看做すことができるであろう．

3 遊概念の再検討

「ホモ・ルーデンス」（遊びをする人）として捉え，そこから人間観の視座転換を図ろうとする場合，果たしてその「遊精神」とは何か．それは，何よりもまず「自由な活動」であり，「自分の本当にやりたいことを楽しくやる」，「やりたくないものはあくまでやらない」，「束縛されない」ということを挙げることができる．もし自由が強制された遊びであった場合，それはもはや遊びではありえない．遊びへの参加はどこまでも本人の自発性に依存する．「遊精神」はまた，「こんなバカバカしいことをよくやってるよ」，「アホらしいけどやめられない」といった自己否定や自己相対化の能力をもつ．突き詰めれば，「仕事も私生活もシャレでありたい」という自己批評能力であるともいえる．このように，「遊精神」は，実人生・実生活をある程度遊びとみなし，なんでもどこまでも愉しむ態度そのものを保持することである．

また「遊精神」は，けっして物事をあまり深刻に考えず，勝敗にさえひどくこだわらず，斜に構えた姿勢でどうでもよいという態度を堅持する．それは不徹底で曖昧かつ漠然とした態様を呈するが，遊びそれ自体が目的であるから始

めから他者世界との関係づけなど考慮されていないのである．あくまでも気楽で自由な精神領域としての遊の存在意義である．したがってそうした精神の内面化がよりよき遊戯者の条件となる．

　遊びは，「実際生活の強制や拘束を離れた自由で主体的な活動であり，またそれ自体を目的として行われる自己完結的で非生産的な活動である」（井上俊『遊びと文化』）といえるが，さらに進んで「遊精神」は，こうした生産的—非生産的といった結果至上主義的なものにさえ執着しないという態度を意味する．つまり功利的成果は敢えて期待していないのである．目的—結果といった因果論的発想ではなく，しいていえば，「無目的的目的」，あるいは「道程や過程そのもの」であるといえよう．

　われわれはこのような「遊精神」を日常的現実世界に導入してくる．既述した通り，遊の原理はいわば「快楽原則」を基本とする．したがっていかなる不条理や悪戦苦闘，艱難辛苦といえども，常にそれと戯れ，その感触を楽しむという命題に立つ．悪徳にさえ魅力を感じ，危機的問題状況さえ甘受する．いかなる挫折や失意，不利益下にあっても，「ムキ」になって「マジ」になり，ますます事態を悪化・崩壊させてはならない．けっしてシリアスにはならず，自己を見失わず，醒めて後に闘い，冷静沈着に行動することを第一義的に要請されている．つまり現実のいかなる苛酷さも，彼らにあっては「遊び」にしてしまうのである．

　またわれわれは「遊精神」の「ニヒる」ことのラジカルさに注目する．「ニヒる」ことは，一歩退いてものをみること，社会の流れにとらわれないこと，他人に関与しないこと，けっして深くのめり込まないことを信条とする．しかし何事も一歩引いた時間の流れや姿勢が，ある余裕を生む．そうした「ニヒるホモ・ルーデンスの眼差し」は，いかなる聖域（タブーやアンタッチャブル）も認めず，既存のあらゆる権威や定説にとらわれず，ものごとの本質を見抜くことができる．硬直した原理主義や抽象化した普遍主義さえ疑い，もっともらしい外観や美辞麗句の背後にあるものさえ容易につき止めることができる．

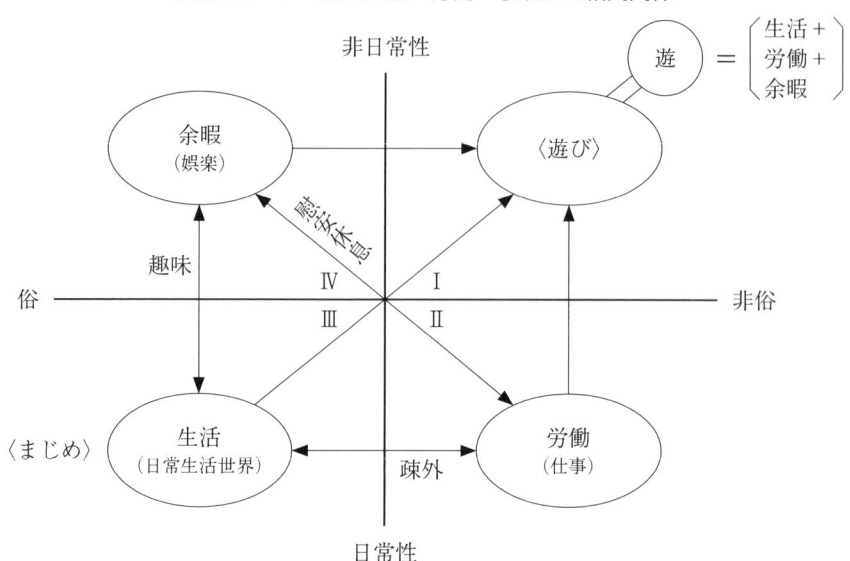

図表10-1 遊と生活・労働・余暇との相関関係

$$遊 = \begin{Bmatrix} 生活 + \\ 労働 + \\ 余暇 \end{Bmatrix}$$

図の要素：
- 縦軸：非日常性（上）―日常性（下）
- 横軸：俗（左）―非俗（右）
- 余暇（娯楽）、〈遊び〉、生活（日常生活世界）、労働（仕事）
- 趣味、疎外、〈まじめ〉
- 象限：Ⅰ、Ⅱ、Ⅲ、Ⅳ

　このように，「遊を愉しむ精神と態度」を意識的・自覚的に導入してくることにより，つまり遊に満ち満ちた醒めた眼差しをもつことによって，新しい何かがみえてくるという視座を確保することができる．そしてこの遊を媒介とした新しい何かの発見と解釈（バーガーの見解によれば，社会学は社会的事実の発見ではなく，「重層化された意味の解釈」であるという）こそ，現代の重苦しい閉塞状況を打破していく変革契機となりうるものと考えられる．
　さらにもう少しこの「遊概念」を中心に実生活領域における生活・労働・余暇との相関関係について考察していこう．

4　遊と生活・労働・余暇との相関関係

　図表10－1は，非日常性―日常性という縦軸と，俗―非俗という横軸を描き，それぞれの空間に遊びと生活・労働・余暇との相関関係を図示したもので

ある．われわれの日常生活は通常この三者を結ぶ枠内で過ごしていることになる．

　まず，「生活」とは，「俗―日常性」の空間における日常的生活世界であり，日々単調な無意識の繰り返しである．それは何よりも秩序と常識と規範とが支配する社会生活全体である．ここでは命令と禁止，規則と道徳によって正常な世界が保持されている．この生活と遊びとの関係は，日常世界から非日常性への出離願望に基づく「脱出＝離脱試行」として捉えられる．これはさらに，①「離脱願望」としての日常的生活空間からの脱出（蒸発，家出，旅行，部屋の配置換えなど）と，②「変身願望」としての日常的自己からの脱出（化粧，アクセサリー，ファッションなど），LSD，シンナーなど，カイヨワのいう「めまいのあそび」とに分けられる．いずれにせよ，平常の意識からの離脱を図り，「新しい世界への招待を受け」「ちょっとちがった気分」を味わうという体験である．

　次に，「労働」とは，現代資本主義社会の支配的価値体系―生産市場主義，組織中心主義，業績主義，効率主義など―の中で，やはり日々の労働生産活動に従事している．ここは，何よりも"生産・労働・効率の原則"に基づき，規律と勤勉と業績とが重視される生産社会である．人びとは巨大組織の中の一組織人，一労働者，一被指導者として位置づけられる．彼らは利害打算と功利主義との緊張関係の中に否応なく投げ込まれている．そこでは，被害者や敗惨者への同情は禁物であり，いつ自分が相手の立場に逆転するかわからないという冷厳な関係に立たされている．そうした職場社会での絶えざるテンションが過労とストレスを蓄積させる．したがって労働は「強制・苦役・受苦」としてしか認知されず，いつも抑圧感や疎外感に苦悩しているということになる．

　こうした労働と遊びとの関係は，いわゆる疎外からの解放を求めてやはり別世界（＝盛り場空間）へと向かう．この盛り場空間はいつでもこのようなちょっと疲れた労働者を暖かく迎え入れてくれる．人びとはここで若干の解放感と慰安休憩を味わうことができる．しかしこの大衆消費社会は「いつでもお客様（お金）は神様です」という甘い言葉が待ち受けているのである．

また「余暇」とは，こうした生活と労働から解放された自由時間の活動である．しかしこの余暇と遊びとの関係は，商業資本によりレジャーやレクリエーションとして，すでに「遊びの商品化」が成就されている．たとえば，激情と熱狂と興奮とで渦巻くはずの「祭」でさえも，管理化された一定のルールにそって整然とつつがなく，予定（時間）通りに進行する．そこにはハプニングや意外性はない．レクリエーションはまた明日の労働エネルギー再生産の活力源（気分転換）でしかありえない．この余暇からは自己目的実現のための活動などあまり期待できない．

　ともあれわれわれは，この「生活―労働―余暇」を結ぶサイクル内で日常生活を送っている．そこに共有される原理は，「生活の論理」，「常識の世界」，「秩序の要請」である．あるいは「現実原則」によって貫徹され支配されている．そして管理化はさらに網の目状に拡大し，大衆は大勢（体制）順応を余儀なくされているのである．

　このような諸原則が優先する現代社会において，「遊」はもはや作られ与えられた「遊び」でしかない．この「遊び」は，商品化（賞品，配当金，換金），断片化（エネルギーの拡散），物質化（即物的），物神化（拝金主義）され，かつ機械化（テレビゲーム，ゲーム，マシーン，マイコンなど）されている．しかもその「レジャーとしての遊び」は，"安全で健全な遊び"でなければならない．危険で冒険的，挑戦的試行といった行為は，「法律違反」か，「当局の不許可」となる．もちろん人びとはそうした一定枠内での制約，条件，制限に従っても，ある程度の面白さは体験できる．事実多くの場合そうせざるをえないし，またそうしている．

　とりわけ期待される「まじめ」主義青年は，努力と報酬，勤勉実直と誠実といった徳目をきわめて忠実に，また何の違和感もなく守り従うことに懸命である．さらに功利的配慮や実利的関心の高い人は，「遊び」による「金もうけ」を実践している．

　しかしわれわれの判断では，「まじめ」主義の遊びは，極論すれば，タテマ

エ主義，厳粛主義，教条主義，権威主義などの弊害が目立つし，とくに管理社会化状況はその"当為"のための形式合理化や硬直化の悪影響が大きくなっていると思われる．そこでは，やはり〈反〉や〈脱〉や〈否〉は許されない．遊びは目的のための手段と化し，それ本来の楽しさから離脱せざるをえず，却って不自由な世界となっている．つまり，遊びの象徴である「自由の感覚」を失っているのである．生活の贅沢のための上昇志向，モーレツ社員の余裕なしのあわただしさ，商業ペースの余暇活動，ヒステリックなレジャーブーム，余剰エネルギーの拡散等々，こうした「遊びの氾濫」の中で，人間の自由で主体的な活動としての「遊」が本来的には実現されていないのである．

　その本来の「遊」とは，あらゆる既成価値に反逆し，「反まじめ主義」の立場に立つか，あるいは「まじめ主義」の徹底的相対化を図るものである．またあらゆる制度や人間のあり方に対して，「否定的感性」をもつことである．

　したがって，その「遊」世界は，反近代，反権力，反文明，反権威主義であり，また脱生産優位主義，脱科学技術至上主義，脱合理主義などを志向する．まさに「魔術からの世界の解放」(M.ウェーバー) された自由空間である．要約すれば，「遊」とは，「生活＋労働＋余暇」が統合された世界であると同時に，それは，シリアスな諸問題を一歩離れてみるだけの余裕をもつ精神と態度とが形成されている心的状態であるということができるであろう．

　ここでわれわれは，この日常性における「遊び」と価値理念としての「遊」とを概念区別しておく必要がある．「遊び」とは一般に，「面白いことをして楽しむ」，「仕事がなくてぶらぶらする」，「意義や目的にかかわりなく，興のおもむくままに行動する」(諸辞典より引用) といったニュアンスが強い．これに対して，同じ「遊び」の中に，「ゆとり，よゆう」，「まなぶ，従学する」といった別の意味もあり，こちらがわれわれの使う意味内容に近い．

　例示的に「子どものゆとり」について検討してみよう．ゲームセンターに集まる子どもを眺めていると，彼らにはのびのびとした楽しみも笑いもない．そこにあるのは，重々しい機械と対決し熱中している子どもの姿である．彼らは

遊びながら本当には愉しんでいない．その遊びについて考えるだけのゆとりもない．また身体的，金銭的，時間的なゆとりもない．彼らは一回百円の作られたゲームやルールで，金と時間とエネルギーを消費しているだけである．ただ日常性の退屈から逃避し，時間を消化し，身体の疲れを待っているにすぎない．その姿は孤独であり，遊びながら友と語りあい，共に笑い合うことはない．もちろんそこには関係的テンションもない．商品価値としての遊びは，金銭がなくなればそれで終りである．本来の遊びがもつ想像力，創造力，感動，創意工夫，発見，育成，決断，闘志，共感といった精神のゆとりが喪失しているのである．

　要点を整理すると，われわれがいう「真剣な遊び」は，既述の硬直した「まじめ主義」の信奉とは違う．「真剣な遊び」は，遊には徹するがどこか一点で醒めており，また醒めていながら真摯なアウラ性を大切にする．アンビヴァレントを知覚しつつ，なお今この生きている実感に専心する．それはいわば「日常─俗」的な生活─労働─余暇世界から離脱し，「遊」世界に遊ぶが，再び現実に還帰しうるだけの強靭な精神力（余裕とゆとり）をもっていることである．さらに収斂すると，よき遊戯者とは「よきゆとリスト」であるということであろう．

5　遊学の精神

　では，図表10－1の第Ⅰ空間にある「非俗─非日常性」において「遊」精神と「学」とは，どのように結びつくのであろうか．それは結論的に述べると，「遊の精神で学し，学の領域に遊精神を持ち込むこと」であると規定できる．この遊と学との関係を，さらに次のように分類できる．

> ① 遊×学（遊と学とが二元対立した考え方）
> ② 遊＜学（学こそ第一義的なもの）
> ③ 遊＞学（すべてに遊を優先する考え方）
> ④ 遊〇学（遊と学との統合・可能性をめざすもの）

　①は，遊と学は，勧善懲悪の思想のごとく，まったく別世界のものという思考態度である．学は理念的，理性的なもの，まじめ一本主義で，すべてに仕事中心である．逆に，遊はその聖なる仕事から解放された俗的世界であり，非合理・官能なものである．それは一時的・刹那的・快楽主義を追及する．唯一信じられるものは，自分の実感と感性と体験だけである．また"勉強する子"は"よい子"として誉められ，優等生と評価される．それに対し，"遊ぶ子"は"悪い子"で，劣等生，落伍者，破滅型と非難される．ここでは両者は相対立するものとして考えられている．

　②は，遊に対して，学がすべてに優先する思考態度である．遊を棄て，学のための勉強，学習，努力，勤勉を大切にし，やがて特権的・優越的地位を獲得していく．学の後に，即ち学に保障されて，将来いつかゆっくり遊べる時間がやってくると信じられている．小・中・高・大への受験勉強，就職予備校としての大学，続いて資格試験や免許取得，さらに昇進・昇格のための社内研修といった「学の有用性」に絶対的信仰を抱いている．学こそは今日的人生のすべてなのである．

　③は，逆に，学より遊を優先するタイプである．とにかく「楽しくなければ」，「面白くなければ」という．勤務条件が厳しいからといって，バイトを簡単にやめる．半月働いて，半月を自分の自由時間に使う．本雇を拒否し，フリーなパートかバイトを希望する．義務や拘束がいやなだけである．それは家庭，学校，会社，社会生活などのすべてにおいて同じことがいえる．

　④は，「遊即学，学即遊」という統合化・融合化を探求する視点である．遊

の中に学的要素を持ち込み，かつ学をある程度「遊戯化」してしまおうという志向性である．あるいはまじめな生活程度であっても，それを「諧謔の精神」でみる眼である．「シャレで仕事も勉強も私生活も過ごしていこう」とする態度である．いかなる仕事（職業選択）であれ，いかなる進路決定であれ，またいかなる意思決定であれ，選択したものに対しては，「自分の生を充実して生きる」，「日々を精一杯楽しむ」という姿勢を貫徹することである．

ところで「遊学の精神」は，既述したように"不信を前提とした信頼関係"を作っていかざるをえないという状況に対応している．あらゆる虚偽と欺瞞，猜疑と狡猾の中で，人びとは「うそだ」，「信じないよ」という地点から出発せざるをえない．そして自分自身さえ信じられないという極限状況にさえある．しかしそれでもなお全否定した後に全世界に関与していこうと考えているのである．

こうしてわれわれは否応なく道化じみた衣裳をまとって生きるしかない．自らを喜劇化することによって，あるいはぶざまな姿をさらし，ピエロに徹しつつ，現実の哀しみに耐えていくしかない．しかしそうした生き方は，世俗的欲望に衝き動かされながらも，必ずしもそれに固執しないという生き方に結びつく．また自己諷刺も含め，すべてを一笑してしまうだけの精神力を身につけるようになる．それはもはや単なるユーモアのセンスをはるかに超えたものである．それが生活態度としての「遊学の精神」である．

したがって，「遊学の精神」は自他への過剰な期待を一切放棄し，突き放すことになる．同時に自分自身さえ自己対象化する．ここまできて，人びとはようやく他者世界と対等に関与できる．お互いに何かをし合っているという「相互的意志行為の関係」に立つ．そこで共同責任の原理も確立されてくる．いわば「遊学の精神」は，自由の拡大とともに，責任の自覚化，自主・自律性の確立，主体的選択行為などを何よりも必須用件としているのである．

「リーマンとスコットは，要するに，あらゆるインボルブメントを注意深くさけて，第三者的な位置に身を保ちつつクールであることが望ましいことを主

張しているようにみえる．しかし，真に必要なのはむしろ，当事者として状況にかかわり，まきこまれつつ，しかもなお冷静さを失わないこと，人やものや観念に愛着しつつ，その愛着が妄執や固定観念におちいらないだけの自己抑制をもつこと——つまりインボルブメントのなかでクールネスを保つことではないだろうか．ゲーム世界が要請し，また涵養するクールネスとは，そういうものだ．」(井上俊『遊びの社会学』)

　さらにいえば，「遊々学々的人生」は，まさしくこのような自己責任原理と自己抑制能力とを徹底的に原点に据えている．それゆえに，「まじめ」にやっている自分を「遊び」の見地から眺めることができる．この時，遊と学とは各々隔離されたものではなく，むしろ結合された世界としてある．ひとつのメタファーとしていえば，もはや加害者でも被害者でもまた救済者でもなく，同時にまたそのすべてでもあるのである．彼の精神は，あらゆる重荷を自らに引受けつつ，しかもそれらの負荷行為を十分受苦できる．苦を楽に転換しうる精神であるからである．あらゆる社会的行為，日常的営為の総体が，いわばエクスタシーの連続である．こうして遊と学と生きがいとは同一のものになる．すなわちあらゆる現実的社会生活が，自由で主体的な楽しい活動となるのである(学問の娯楽化ということ)．

　ここでは，もはやすべての行為が「何かを創りたい」，「楽しくて仕方がない」という自己の内発的衝動から始まる．基本モチーフは，既成社会から意味附与されたものではなく，自己の知覚化，対象化，認識化によって形成されてきたものである．さらにはどうしょうもなく湧出してきた自己表現の結果物としての「作品世界」ということになる．それが「遊々学々的人生」として創造活動に関与した場合のひとつのあり方なのである．

引用・参考文献
井上俊　1977　『遊びの社会学』世界思想社
仲村祥一・井上俊編　1982　『うその社会心理—人間文化に根ざすもの—』有斐閣

第11章 プロフェッションの条件
―個人的資質と環境と仕事―

プロローグ

　「現代社会は誰でもプロフェッションになれるシロウト総参加の時代である」という幻想が飛び交っている．昨日までごくありふれた無名の新人が，ある日突然，有名人に変身する．やがて彼は何ヶ月かの本格的トレーニングを受け一人前となり，それなりの言動やタレント性を身につけて再登場する．そして恰も苦節云十年のキャリアをもつ第一人者のような顔をして，威風堂々ブラウン管に出演する．隣席しているベテランはもはや片隅へと追いやられ，より小さくみえたりする．

　こうした社会現象（＝"シロウト化現象"）は他にも見出せる．芸能界におけるポット出の新人タレント，文学界における新人賞だけのレビュー，学生バイトによる趣味的起業の大成功，あるいは転職サラリーマンのサクセス・ストーリーなどである．

　シロウト全盛時代にあって，改めてプロフェッションとアマチュア，玄人と素人，ベテランと新人の違いは何か，あるとすればその根本的・決定的な相違とは何か，かつまた真に"プロ中のプロ"（いわゆる超一流といわれる人びと）の条件とは何か，さらにではどうすれば超一流のプロフェッションへの形成過程を辿ることができるのか，といった疑問が次つぎに提起される．われわれの問題関心は，「現代におけるプロフェッションの条件とは何か」，とりわけその形成過程にある青年や学生が，このコンセプトをいかに捉えればいいのかという視点から考察してみる．

1 今なぜ，プロフェッションの時代か

(1) 社会的時代的背景

現代社会においてプロフェッションの資質や条件が改めて問われる背景に，今日の"シロウトの噴出現象"に対応した「スペシャリストやプロフェッション待望論」があるように思われる．その社会的背景として次のような変化がある．① 日本的経営管理方式の崩壊，② 有資格者の時代，③ 出向社員の一般化，④ 派遣社員制度の導入，⑤ 少数精鋭主義化，⑥ 社内応援体制のシステムづくり，⑦ 人材の国際的交流化などである．これらの意味内容をもう少し説明していこう．

① 日本型経営管理方式の崩壊

　(ア) 終身雇用制の終焉——一般的に定年制は 60 歳であるが，一方，一部企業では年齢の引き下げが実施されている．つまり人事の若返り，勧奨退職，40 歳定年制の導入など，「選別もれ→コース踏みはずし→片道出向→転職の勧め」が次つぎに採用されている．

　(イ) 年功序列制の終焉——団塊世代の上昇に伴って，中間管理職のポストレス化，ポスト減らし，出世コースの過酷化，出世限度などがより一層進んでいる．一つのポストをめぐる過当競争はますます激化するばかりである．実力主義・能力主義・実績主義といった名目で，昇進・昇格試験があらゆる職位・階層で行われるようになった．

② 有資格者の時代

高学歴化・教育水準の向上は，大学（短大含）進学率 50％となり，この傾向はやがて大学全入時代を迎えることになる（2008 年）．それは大学の"大衆化""レジャーランド化""スポーツ・センター化"により，いわゆる専門的知識や高度な技能を修得しえない者が続出することを意味する．逆に学習意欲が旺盛な学生は，大学の一般的授業にあきたらず，並行して専門学校にも籍をおき，本格的技能を学習して資格試験に合格し世に出るという"ダブル・スクール"

の社会現象さえ生んでいる．曖昧かつ中途半端な大学の教養コースより，明確な目的志向と将来設計をもつライセンス志望の学生が急増している．

こうした傾向は，産業・情報技術の高度化によって，さまざまな新しい分野での専門的知識や判断能力が要請されているという時代的ニーズからくるものである．新しいカタカナ職種がそうである．たとえば，システム・エンジニア，コピー・ライター，オペレーター，インストラクター，ソーシャル・ワーカー，スーパー・バイザーなど．

資格志向の隆盛は，既存の巨大組織への不信感や帰属（所属）集団への不安感に由来する．かつてのように"会社がいつまでも個人を守ってくれる"という「組織信仰」の幻想から解き放たれ，今や"セルフ・ケア""セルフ・ヘルプ"（自分のことは自分でする）へと変化せざるを得なくなっている．とりわけ構造不況業種では組織そのものを信頼できなくなっている．企業内研修による新しい能力開発体制もけっして十分ではない．そこで個人の側から自分自身のキャリアアップと自己開発をしていかざるを得ない．つまり能力の自己啓発，自己研鑚による資格取得の時代へと突入しているのである．

③ 出向社員の一般化

企業の積極的な多角的経営戦略により，新事業開発や関連事業開発が盛んに行われるようになった．大手親会社の社員を系列子会社へと配転，出向（赴任）させ，一定期間業務命令で仕事をさせることが一般化してきた．とりわけ構造不況のしわよせは，余剰人員の整理対策を促進してきた．人件費節減のための人減らし，中高年層の放出，社員の使い捨てである．企業では人材開発室や能力開発室などの部署を拡充している．大手商社では，たとえば，キャリア・プランニング・センターなど，社内の再就職相談セクションを独立させたり，一般向けのオープンな人材派遣会社として営業したりしている．

④ 派遣社員制度の導入

人材センター，人材斡旋（派遣）会社，アウトプレースメント（再就職斡旋）業者，人材銀行といった会社が，専門員の出張サービスをするようになった．

この制度は，ひとつの会社が新入社員として採用し，さまざまな職員研修や人事異動を通して一人前に育成していく気の長い人材育成制度ではなく，すでに予めできあがっている専門家集団としての派遣会社に要請して，ひとつの仕事の遂行だけを依頼するという方式である．派遣社員は一定期間，特定の仕事だけを遂行し終了すれば，また次の別会社へ移っていくことになる．いわゆる短期間の「契約雇用制度」の導入である．このように優れた人材を発見し，必要とする会社へ紹介することによりビジネスとして成立しているのが，ヘッド・ハンター（スカウトマン）という商売である．ここでもやはりビジネスの対象は，個人的能力の高いかつ専門的仕事に卓抜した人材としての商品価値なのである．

⑤ 少数精鋭主義化

企業の多目的化・多機能化・多角化が進む一方で，職員の絶対数は減少しつつある．しかも人減らしの結果，残された職員の高度化・多能化が余儀なくされている．在来のように専門分業化・単能化の原則ではなく，ひとりの人間のもつ能力の多面的開発が要請されている．それはたとえば「〇〇担当」という専門職化である．しかもその専門的能力も少なくとも2つ以上の能力が期待される．つまり"使い捨て"されないためには，個人の業績と実力と能力とを複数身に付けておかねばならないということである．

かくして少数精鋭化されたハイ・クォリティの個人を前提として，社員全員を総動員した能力フル活用の時代へと変化してきた．つまり「プロフェッションによる協働体制づくり」が志向されてきた．会社はかつての運命共同体や生活共同体ではなく，仕事志向型の「職能協働体」へと変わりつつある．

⑥ 社内応援体制のシステムづくり

プロジェクトチーム，タスクフォース，マトリックス組織，流動的活動（応援）体制など，従来のタテ割型セクショナリズムを打破しようとする試みが盛んに行われている．各部課係を越えて人材や能力や関心をもつ人びとを集め，ひとつの仕事を成し遂げたらそれで解散するというやり方である．そうした有

力メンバーの人選も，単に上からの一方的指名や任命制ではなく，社内公募による自薦他薦を優先するといった民主的選出方法が採用されるようになってきた．

⑦ 人材の国際的交流化

有能な人材の海外からの招聘あるいは外国人労働者・専門家の参入が，国内労働市場の開放（護送船団方式や過保護行政の撤廃）を盛んにしつつある．とりわけ先端企業やベンチャー・ビジネスなどの成長企業ほど，積極的・意欲的に取り組んでいる．これは新製品開発のための"創造性の発揮"こそ企業の死活問題であり，そのための"人材誘致"が企業の生命線（最優先課題）であると考えるようになってきたためである．

今や"人材と能力"は国家（国境）を超え，頭脳流出あれば頭脳流入もあるという労働力流動化の時代である．スカウトはプロ野球やプロレスの世界だけでなく，あらゆる業界で誘致合戦が行われている．「企業誘致の前にまず人材誘致ありき」で，これらの人材有効活用によって，企業や職場あるいは地域社会全体を活性化させていこうという戦略が採られるようになってきた．

以上，こうした社会的時代的背景を，より端的に表現すると，「組織集団の拡大化・巨大化」への動向として捉えられる一方，「人間の原子化・機能化・組織人化」がますます進行しているということである．あらゆる人間は巨大組織が管理運営する雇用者社会（employee society），被傭社会（salaried society）の支配下に入ることになる．大規模化・複雑化した巨大組織では，やはり分業化（division of Labor）や専門分化（specialization）の上に組織原則が築かれることに変わりはない．"マン・マシン・システム化"はさらに進んで人間の機械化やオールオートメ化によって，もっと劣悪な単純反覆作業労働が強化されている．OA・FA・LAといった機械の管理技術者たちもまたしかりである．後述するスペシャリストやエキスパートといったコンセプトも，これらのコンテクストの延長線上にある．

かくして「専門職の勤労者化」（サラリーマン化）が進行する．かつてプロフ

ェッションといわれた牧師・医師・弁護士なども，開業医ではなく大病院の勤務医となり，法律事務所を開設するのではなく企業の顧問弁護士あるいは俸給弁護士（salaried lawyer）となる．こうした傾向は他のあらゆる専門職でも同様である．かつてのように単独（独力）である仕事を達成する（成功できる）という職種はほとんどなくなってしまった．

　ここに組織と個人との新しい拮抗関係が，つまり緊張した対応関係が発生している．つまり組織対個人とは，かつての二項対立的，二極分解した二元論的関係ではなく，もはや個人は予め組織内に内包されており，包含されたままでプロフェッションと組織との新しいシステムづくりやリレーションづくりが模索されている．それがつまり「企業内プロフェッション」のあり方ということであり，「プロフェッショナル・オーガニゼーションとは何か」ということである．

　確かにあらゆる組織がこうした「複数の専門職による職能的協働体制」の時代に入りつつある．典型的には医療組織がそうである．医師，看護師のみならず，カウンセラー，薬剤師，理学療法士，作業療法士，栄養士，ソーシャル・ワーカーなど，20種類以上のプロフェッショナル・グループによって編成されている．さらには継続的な訪問看護・地域看護を促進していくためには，病院，診療所，保健所，保健センター，リハビリテーションセンター，あるいは病院，医師会，自治体などとの相互連携やチームプレーが必要である．これからの医療のあり方はこうしたプロフェッションたちを前提とした包括的・総合的な"ネットワーク医療"が求められるようになってきた．

(2) プロフェッションの歴史

　プロフェッションの原語は，いろいろ総合すると，もともと「宗教心」「公言する」「明言する者」「神棚」といった意味が込められていたという．そこから"神"の位置はきわめて近く，プロフェッションになることは即ち"神様になる"ことであった．そこでプロフェッションの神格化，神様化，権威化，特

権化が正当化される．プロフェッションといわれる人びとは，"神業""玄人""通""名手""匠""名人""職人芸""その道の奥義を極めた人"として，シロウトには近寄り難い高貴な存在とされてきた．

プロフェッションの職業は最初，医師，法律家および聖職者の3種に限定されていた．とりわけ牧師や僧侶など聖職の地位にある者が"神への栄光"の名の下に，無償の行為を施していた．職業の判断基準は神への遠近距離関係如何により測られ，神の位置により近い者からより遠い者への奉仕活動としてあった．したがって職業という意味は，今日的な occupation というよりも"calling や vocation，あるいは Beruf"（神の召命，天職，聖職，使命）といった概念がより多く使われていた．「神の召命」とは，神のお召しであり，神から付与された「天賦の才能」であり，それは人智では如何ともし難いもの，神の支配する世界に従うという意味であった．あらゆる活動（経済的政治的を含め）が，「神の名において」，「神の祝福と栄光のために」行われたのである．プロフェッションは，その職業倫理（ethos）において，利他主義，非営利主義でなければならず，よしんば理想主義や建て前であっても，その理念は忠実に堅持されてきた．

このようなエートスの趣旨は，今なお「医師の倫理」規定（1951年制定）や弁護士の特権として法制度上保障されている．たとえば，訴訟においても次のような「証言拒否権」が認められている．「医師，歯科医師，薬剤師，薬種商，産婆，弁護士，弁理士，弁護人，公証人，宗教又ハ禱祀ノ職ニ在ル者ヌハ此等ノ職ニ在リタル者カ職務上知リタル事実ニシテ黙秘スヘキモノニ付訊問ヲ受クルトキ」（民訴第281条2項）．また，「医師，歯科医師，助産婦，看護婦，弁護士，弁理士，公証人，宗教の職に在る者又はこれらの職に在った者は，業務上委託を受けたため知り得た事実で他人の秘密に関するものについては，証言を拒むことができる．但し，本人が承諾した場合，証言の拒絶が被告人のためのみにする権利の監用と認められる場合（被告人が本人である場合を除く．）その他裁判所の規則で定める事由がある場合は，この限りではない．」（刑訴第149条）．

今日，高度産業社会化に伴って，新しい職種が誕生しつつある．科学者 (scientists)，技術者 (engineers)，建築家（士），化学者，会計士，不動産測量士，書記，司書（ライブリアン），教師，経営管理者など．あるいは家庭裁判所調査官，医療社会福祉士（メディカル・ソーシャル・ワーカー），レントゲン技師などが挙げられる．こうした職種もネオ・プロフェッションとして参入している．また補助的役割を果たすものという理由から「準専門的職業」(quasi profession, semi-profession, セミ・プロフェッション）と呼称されることもあるが，その判断基準は必ずしも明確ではない．「自律性，自主独立性，あるいは自己決定権」において相対的位置づけに過ぎず，しかもその曖昧化がますます進行している．"自由業""自主独立業"といっても，前述した通り巨大組織社会化における総サラリーマン化の時代に巻き込まれている．さらに「学問上の公認された知識およびそれにもとづく技法が通用される職業」と規定しても，「学問上の公認」といった概念そのものもきわめて不透明である．では"在野のジャーナリスティックな非公認"の職種は，プロフェッションとはいえないのか，といった疑問さえ出てくる．

かくして現代では，新しい時代の新しい職種が新しいプロフェッションとしての地位を獲得しつつある．それでは，この新しい時代社会において，プロフェッションの意味内容はどのように新しい定義づけがなされるべきであろうか．

(3) 新しいプロフェッションの誕生

まずプロフェッションが誕生する条件とは何であろうか．一体誰が，いかなる基準で，プロフェッションと認定するのであろうか．少なくとも次の4つの場合が考えられる．

① 国家による承認（国家資格認定制度）
② 各団体による認証（各職種内での資格免許の付与）
③ 個人の優れた資質の証明（カリスマ，人間国宝など秀抜した技能者）

④ 社会的ニーズによる創造（時代のヒーロー，人気者）

① 国家による承認——かつて牧師や医者や弁護士は，国家によって法的に認定された資格認定制度の下で，一定の特典や特権が保障されてきた．特殊・高度な教育と訓練を受けて資格を取得した彼らは，国家（政府）＝政治権力によって，その独占的・排他的地位が確保され，しかもきわめて高い社会的存在価値が付与されてきた．彼らは少数のパワー・エリートであった．「公権力による資格の承認，特権の法的付与，公的試験制度の採用，免許状の公布，無資格活動の法による禁止など」（石村善助『現代のプロフェッション』1969, p.68）によって，さまざまに正当化されてきた．ライセンスの所有者は登録制であり，無資格者はたとえ優れた技能をもっていても，厳しく排除（懲戒）されてきたのである．

ある職業や人物をプロフェッションとして認めるか認めないかは，すべて国家に認定権があった．そしてその〈国家〉とは即ち，そうした職業や業界の代表者たちで構成されているのが常であった．かくして自分たちの特権をさらに拡充・保障・確立するために，さらなる権威づけや正当化を図ってきたのである．

② 各団体による承認——これは，各業界や各種団体（連盟，機関，協会などのコミッション）がプロフェッションのライセンス付与権をもち（付与機関），既存勢力としての既得権益を保持していこうとする制度である．たとえば，野球連盟，相撲協会，プロレス団体，プロダクションなどの利益団体が団体ニーズに対応して，自己の組織を守るため組織自身がプロを育成していこうとするものである．したがってそのプロフェッションは組織団体の企業利益に合致したものでなければならない．あくまでも商品価値（市場性）としての"セールス・プロフェッション"なのである．そのためにプロフェッションのイメージアップを図り，プロパガンダに努める．各団体の盟主，名門，当主，守護神，総本山などといわれる団体は，とりわけ超一流のプロフェッションである"看板スター"を絶えず作り出し，売り出し続けねばならない．そのためにこそプロフ

ェッションの再生産に躍起になっているのである．

　たとえば，「巨人軍は永遠に不滅である」という読売ジャイアンツしかり（ポスト王としての原辰徳選手など），国技と認定されている相撲協会の「新しいヒーロー待望」としての横綱昇進問題しかり，あるいは伝統芸能の中に生きる家元制度としての茶道，華道，香道，能，歌舞伎などが挙げられよう．古来より続く名門の家元では世襲制をとり，厳格な等級制度や襲名披露などによって芸統を継承してきた．いわばプロフェッションの条件を制限して，団体内（系譜内）に閉じてきたのである．

　③ 個人の優れた資質の証明——以上の①②は概して「制度がプロフェッションを作り出してきた」が，これは個人が自力・単独で実力を発揮して，その優れた技能が社会に認められプロフェッションになるという場合である．カリスマは誰からみても認めざるをえない人物であり，あの人はその道のプロフェッションだといわれる達人である（カリスマ美容師など）．その典型的モデルがまさしく人間国宝であろう．彼は一芸に秀でた国家レベルの重要文化財である．しかしこの人間国宝の認定は，最終的にはその判断権が国家に委ねられている．

　④ 社会的ニーズによる創造——新しい時代社会にはその時流のニーズに合った新しいプロフェッションが誕生するものである．大衆の欲望が求めているものとしての"時代の寵児"が出現する．まさに「時代がプロフェッションを生み，育て，作る」といえる（「あしたのジョー」がしかり）．とりわけマスコミによる「プロフェッション幻想」の喧伝は，大衆社会の産物であろう．成功物語，永遠の勝利者，ニュー・ヒーローなど，大衆の代理成功体験に足るだけのプロフェッションを次つぎに作り出しては提供する．消費者や視聴者としての大衆は，そのプロフェッションがよしんば創出されたまやかしの共同幻想であることを知っていても，必要である限りにおいて受容する．しかしやがてその近寄りがたき希少価値もいつかはマンネリ化し，飽きられる．視聴率が低下し売れなくなり，商品価値がなくなれば，簡単に使い捨て，見捨てられる．"商

品価値としてのプロフェッションの寿命"はますます短命化している．

むしろ今日では，プロフェッション幻想より「素人幻想」(大衆により近い，身近なもの，われわれの代表といったイメージをもつプロフェッション)の方が大衆に受け入れられているようである．しかし彼もまたいつまでも新人のフレッシュさや素人っぽさを持続できるわけではなく，やはりやがてはまた飽きられてしまう運命にある．

このように現代におけるプロフェッション誕生の条件はかなりむずかしくなっている．すでに社会的承認を受け，法制度的・組織的バックグランドがあるプロフェッションであっても，絶えず高い評価を勝ち得なければいつでも倒壊の危機に瀕しているのである．

(4) プロフェッションの分類化

プロフェッションという概念を分類してみると，大枠において「アマチュア」という概念と比較対照できる．「アマチュア」とは，素人(門外漢)，ベテラン(マニア)，スペシャリスト，エキスパートといった概念を含んでいる．またプロフェッションとは，玄人，セミプロ，職人(匠，名匠，名人，人間国宝)，一流のプロ，スーパースターいった概念を包括できるであろう．

ここではとりわけよく間違いやすい「スペシャリスト」，「エキスパート」とプロフェッションとの概念規定を明確にしておこう．プロフェッションと「スペシャリスト」あるいは「エキスパート」とは，明らかに違う概念として，われわれは捉えていきたい．「スペシャリスト」(specialist)とは，組織内部署において専門分化(specialization)された分野での第一人者という意味であり，誰もが長期間訓練を受ければこの「専門技術者」にはなれる．その分野の専門分化された専門医(内科医や婦人科医など)などがそうである．また「エキスパート」(expert)とは，もちろん各々の専門領域内に限定した上で，優れた専門的技能を備えた人物である．通常彼は"超ベテラン"とか"生き神様""生き字引"とかいわれ重宝がられている．

これに対して，プロフェッションとは少なくとも次の点が明らかに異なっている．つまりスペシャリストやエキスパートのように細分化された「専門分化内」という意味ではなく，むしろその職業，職種全体として独立した「専門職業人」であるという意味である．ではその「専門職業人」とは何であろうか．

2　プロフェッションとは何か

(1)　プロフェッションの概念規定

　プロフェッションを定義するにあたり，まず何人かの先人行研究者の説明を引用してみよう．最初に著名なM・ウェーバーの言葉から叙述してみると，「神々も予言者もいない時代に生きる」現代のプロフェッションの運命は，「孤立無援で必要な諸条件に自分がたえられるかどうかをためさなければならない．」という．「しろうとと専門家との違いは，しろうとにははっきりきまった方法で仕事をすすめてゆく力がないこと，したがってせっかく思いついても，その思いつきの意義を吟味し評価し，あるいは実行に移す力がない，という点にある」(『職業としての学問』p. 361). つまり ① プロフェッションとしての精神性，② 方法論の確立，あるいは ③ 具体化への実行力，などが指摘されている．

　さまざまな学説については，石村善助の『現代のプロフェッション』(pp. 17～18) に詳細にまとめられているので，ここでは要点だけを整理しておく．

　1) 社会学者ウイリアム・グードは，プロの基準・標識として，① 抽象的知識体系（一般理論）についての長期にわたる特殊な訓練，② 公共への奉仕 (public service) 活動を指向している．

　2) 法律家ルウィス・ブランダイスは，① 単なる技能の訓練ではなくして，知的内容の訓練を必要とする職業，② 自分自身のためでなく，他人のための奉仕をめざす職業，③ 経済的報酬の多寡がその成功を測定する基準とされない職業

3）ロコス・バウンドは，①組織の存在，②学識に裏付けされた技能の追求，③公共奉仕の精神など

4）アーネスト・グリーンウッドは，①体系的な理論，②権威，③社会的承認，④倫理綱領，⑤サブ・カルチャー（プロフェッション内の副次文化）など

5）バーナード・バーバーは，①高度な一般的・体系的知識，②社会的利益の指向，③行動の自己規制（倫理），④組織化された報酬（金銭または名誉による）など

6）ピークー・ライトは，①公共のためのサービスの提供，②特殊な技能，③教育訓練，④特権または地位の法的または社会的承認，⑤自己規制の集団，⑥非利己的（利他的）態度など

7）ボエームは，①公共利益への奉仕，②科学に根ざす体系的伝達可能な知識，③価値観，④技術，⑤組織など

8）松下圭一は，①専門化，②身分意識，③トータル社会への参加など

9）石村自身は，①科学，②他利主義，③倫理など

このようにプロフェッションの条件としては，きわめて多岐多彩な要因がみられる．これでは研究者の数だけ百家争鳴の学説が存在するということになる．そこで論じる者は自分自身の仮説を提示しなければならないということになる．以上の検討を踏まえ，そこに共通してみられるいくつかの条件を整理すると，およそ次のような4つの特質に集約することができる．

①高度な科学的・体系的知識と特殊な技能訓練（能力）

②行動の自己規制能力＝金銭的報酬，職業倫理綱領（態度）

③公共奉仕の精神＝利他主義（精神）

④社会的承認＝権威づけ＝組織化された報酬（組織）

少なくともこれらの諸条件をもつ者をいわゆるプロフェッションと定義することができよう．そこでこの条件をよりわかりやすく再整理し直すと，さらに次の4つの側面に換言することができる．

①技術的側面（プロフェッションとしての売り手の売り物，仕事の内容・性質・職域

についての専門的教育と訓練，高度な科学技術的学識に支えられた技術力，一般理論に支えられた技術の獲得と使用など）

② 行動的側面（行動基準，金銭的報酬，契約の仕方・売り方，経済的か非経済的かなど）

③ 精神的側面（公共奉仕を目的とする継続的活動，プライド，倫理的自己規制，利他主義と中立主義など）

④ 社会的側面（団体としての活動，社会が与える地位・評価・威信，買い手からの反応，プロフェッションの政治過程，資格付与と教育訓練，プロフェッション・サービスの開放性など）

さらにこうした4つの側面の相互連関性について述べると，

① プロフェッションはまず何よりも自己の最高度の技能を保持し仕事遂行能力に優れていること，

② その優れた技能を職業規定に基づき高い経済的報酬で買い取られること，

③ その地位は保証され，その特権ゆえにさらに厳しい倫理的自己規制力が要請され，かつ公共奉仕の精神を忘れてはならないこと，

④ その活動の成果が社会から認められ評価されて高い威信が付与されていること，

などに要約される．

(2) プロフェッションの個人的資質と環境と仕事

図表11—1は，「プロフェッションの個人的資質と環境と仕事との相関性」について図示したものである．プロフェッションの個人的資質として，能力，技術，モラール，エートス，キャラクター，運勢といったファクターを，さらにこうした資質を取り巻く環境要因（社会的存在）として，家庭，学校，職場，地域，時代社会などを挙げることができる．

このようなマトリックスにおいて，プロフェッションがどのような仕事を達成したかが問われる．ここで予め結論を述べておくと，「プロフェッションの条件とは＝個人的資質×環境×仕事」に規定されているといえる．つまり，

図表11−1　個人的資質と環境と仕事との相関性

		プロフェッションの個人的資質					
	人間	能　力	技　術	モラール	エートス	キャラクター	運　勢
		〈知能＋知力＋体力〉	高度な専門的技能	適性能力	職業倫理	商品価値としての個性的人格	チャンスに強いこと
環境		天賦の才 素質，知識 自己管理能力 明晰な頭脳	努力の才 純技術的優越性 特殊な技能訓練	行動綱領 適材適所 生涯充実態度	倫理綱領 天職 価値志向性 利他的態度	ルックス スター性 アピール イメージ	幸運，強運 感性と霊感 直観力 ツキ，ウン
社会的存在	家　庭						
	学　校						
	職　場						
	地　域						
	時代社会						

「恵まれた資質をもって，厳しい教育環境の下で訓練され，いかに優れたいい仕事を達成したか」という相関性によって，一流のプロフェッションは誕生するのである．この形成過程についてもう少し考察していこう．

　プロフェッションの個人的資質としての「能力」とは，何よりも〈知能＋知力＋体力〉を併せもつ頭脳が「天賦の才」として付与されていることである．これはほとんど遺伝因子的影響が強く，もともとの素質として頭がいい，きれる，実力があるということである．「天才の素質」としての重要な因子は，①気力，②情動性，③体力，④知性，⑤感覚性，⑥行動性などがある．「天才の性格」としては，①専門性，②個性，③冒険性，④探究性，⑤霊感性，⑥統一性などがあり，さらに「天才個人の人格的魅力」として，①努力，②根気，③熱心，④没頭，⑤没念，⑥精神集中力などが挙げられている（進藤隆夫『天才と環境』1975）．このうちとくに「自己管理能力」（自制心）において優れているようである．ものすごい持続的集中力，粘り強さ，熱中癖，エネルギッシュさ，さらに自信と負けず嫌いなどによって，孤立と孤独感のうちにひと

つの仕事を完遂しているようである．

「技術」とは，厳しい教育訓練に裏付けされた高度な専門技能であり，一定の資格や免許に合格している．そして誰にも負けないスキルやテクニックを身につけている．こうした「純技術的優越性」はかなり〈努力の才〉によって獲得できる．特殊な技能訓練を繰り返して，一芸に秀でた技法・技巧である．理論的知識もあり，また現場体験も十分に踏まえていることが大切である．

そもそもプロフェッションの技術は，現実的・論理的・簡明的・合理的な問題中心主義であり，リスクを伴いながらも堅実・正確な解決を図る．物静かに・スマートに行動しながら質のよい仕事をする．たえず不満をもち心配症であるが，創造性を発揮してうまく課題を克服しているのである．

「モラール（士気）」とは，つまり適性能力であり，その仕事が好きか嫌いか，面白いか面白くないか，がきわめて重要な判断基準となる．日常的生活行動様式の〈行動綱領〉ともいうべき気概，やる気，基本姿勢ともいえる．換言すると，仕事内容が自分の〈適材適所〉に合致しており，〈生涯充実〉感を味わうことができるかどうかである．「私はこれが好きだ」という仕事であれば練習好きにもなり，またいかなる苦労もいとわないのである．

「エートス」とは，職業倫理，倫理綱領のことである．「誰のために，何のために」この仕事をするのかという目的意識を大切にすることである．公共性や公益性や福祉といった利他的態度や精神をもち，そのことに大義と使命感をもつ．プロは一定の自分なりの理念や思想，あるいは価値志向性やプライドをもっている．原語的にいえば，occupationではなく，神からの召命（calling）ともいえる〈天職〉意識をもっているのである．

「キャラクター」とは，時代社会のニーズとしての商品価値性（市場性），つまり大衆の欲望に合致しているかどうかである．ルックス，イメージ，スター性，アピール性，ヒューマニティなど，一般的他者からの評価でその魅力が測られる．その他，人柄，人物，人格，人徳，育ち，教養文化なども個性的人格として重要な資質である．内面的価値や誠実・謙虚な態度のみならず，彼の外

見的部分もプロフェッションとしての一大要素といえる．「モラール」や「エートス」が内発的・主体的であるのに比べ，「キャラクター」は時代社会や消費者などのニーズに左右される．

「運勢」とは，チャンスに強いことであり，幸運，強運，勝負運，ラッキー，好運などに恵まれていることである．その運を支える感性と霊感，さらには直感とヒラメキなどに大いに恵まれている人間である．

プロフェッションの条件とは，第一次的には，こうした「個人的資質」がどれぐらい恵まれて賦予されているか，いくつの要因をどの程度もっているかに規定されているといえよう．第二次的には，これらの資質がさらにどのような環境下で育成・成熟・開花されるかである．社会的存在としてのプロを取り巻く外部環境要因としては，先述したように家庭（親の出自，階層，職業，収入など），学校（乳幼児教育，小中高大院の学歴，出身校など），職場（会社，職種，仕事内容，労働条件など），地域（社会制度，地域特性，社会的評価など），時代社会（歴史としての現代的時代情況，時代精神，世の中が求めているものなど）などが考えられる．そして個人の成熟過程は，こうした家庭→学校→職場→地域→時代社会へと拡大，発展していく中で達成されるものである．

そしてプロフェッションの仕事は，これらの座標軸のクロス地点で行われるということになる．より多くの個人的資質に恵まれた人が，教育環境や時代状況の中で，よりよい仕事を遂行して，いわゆる「第一流のプロフェッション」といわれるようになる．

3　プロフェッションへの自己形成過程

ところで，いかなる人間にも，いかなるプロフェッションにもライフ・ステージ（人生段階）というものがあり，誰でも「誕生→成長→成熟一衰退一死滅（引退）」というプロセスを辿る．このような各発達段階は，人間の一生というライフ・サイクル（生活周期）において，誕生し，育てられ，やがて成長して

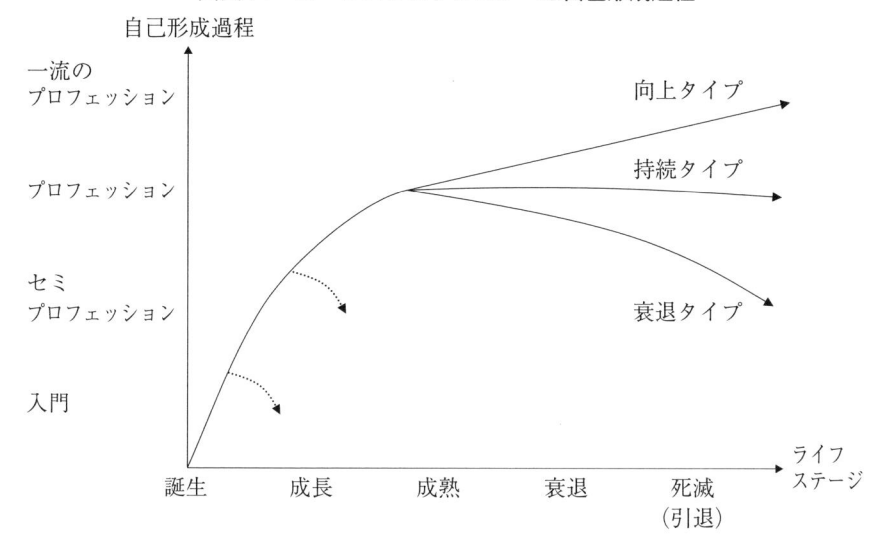

図表11−2 プロフェッションへの自己形成過程

```
自己形成過程
│
一流の           ／――――→ 向上タイプ
プロフェッション  ／
           ／――――――→ 持続タイプ
プロフェッション／
         ／＼
セミ      ／   ＼―――→ 衰退タイプ
プロフェッション
        
入門
        
  誕生  成長  成熟  衰退  死滅    ライフ
                      (引退)   ステージ
```

自らもまた子を生み，育て，そして老いて死していくという生命体としての運命から逃れることはできない．寿命には限りがあり，したがって人の一生は時間との闘いでもあるのだ．

　このような時間的経過の中で，人はプロフェッションとしての仕事を果たさねばならない．「プロフェッションとしての誕生から引退」までのカーブをどう描くか，その曲線の流れこそプロフェッションとしての仕事能力の評価そのものである．そこで，プロフェッションのライフ・ステージを横軸に，仕事能力の達成レベルに合わせて自己形成過程を縦軸に図示してみたものが図表11−2である．

　プロフェッション化していく自己形成過程をみると，"シロウト"が職業選択して入門し（入社，入学，弟子入りなど），猛練習にパスして"初心者・新人"としてデビューする．さらに厳しいトレーニングに耐えて，数ヶ月，数年たって"セミ・プロ（プロとアマチュアの中間，素人っぽさ）"となる．やがて彼は時の経過とともにいわゆる"ベテラン"といわれるようになる．しかしそのベテラ

ンがそのまま"プロフェッション"とはならない．ベテランは単なる熟練者であり，プロフェッションはその資格や能力が客観的認定を受けている者である．一応誰でもがこのプロフェッションの段階までは到達することが可能であろう．

しかしこのプロフェッションはさらにいくつかのレベルに分かれている．三流のプロフェッションから，二流のプロフェッション，そして第一流のプロフェッションと階層化されている．この「第一流のプロフェッション」こそ，トップスター，第一人者あるいは名人といわれる人びとである．一方，多くの人びとがいわゆる二流のプロフェッションにはなれる．あるいは"二流の一流"には誰でもなれるであろう．そうして遂に二流のプロフェッションにしかなりえず，年老いて去る人びとがほとんどである．

しかしさらにいわゆる「プロ中のプロ」といわゆる"超一流""第一級"のプロフェッションも存在する．人間国宝，スーパースター，スーパーヒーロー，といわれる超人的人間である．彼らはありあまる天賦の才を十二分に生かして天才的業績を残す人びとである．しかしながら今われわれの視点からは，エリート論や天才論を論考しているのではなく，むしろ誰でもがなれるプロフェッション論を考察している．つまり，焦点は，「二流から一流へ，さらに超一流への架橋の条件はいかにあるか」という問いの設定と解答の追求なのである．

図表11−2において，曲線の流れは各人各様である．それぞれが自分の峠はいつなのか，成熟期における最高レベル・最良の仕事はいつ成し遂げられるのか，各自が類推し判断する他ない．プロフェッションのタイプにも，①最高水準に達することができる人間と，②遂に達しえない人間と，③いつか達したいといつも望みつづける人間，とがいるであろう．また一度は頂点に達しても，完成された仕事が一過性だけで連続性をもちえず，早々と消滅・退散していく人もいる．これほどに"一流のプロフェッション"となり，かつ"あり続ける"ということはきわめて困難なのである．

では，いかなる「環境」と「形成過程」にあって，プロフェッションはその

第一流の仕事を達成しえるのであろうか．まず個人的資質レベルにおいて，恵まれた才能が付与されていることはいうまでもない．問題は環境レベルである．進藤隆夫によれば，「苦悩の環境」と「救いの環境」という2つの環境が必要であるという（『天才と環境』前掲書）．

「苦悩の環境」とは，いわば拒絶，緊張，欠乏，異和，喪失などの体験であり，① 欠乏がなければ気力は育たない，② 違和感をもたなければ魅力ある創造は生まれない，③ 危機の緊張感がなければ運命的環境を切り抜けない，という．こうしたさまざまな精神的苦悩がさらに「よく考え・よく感じ・よく行うこと」を希求する．感性はますます先鋭化され，かつ洞察・昇華される．ここで教育と訓練はさらに想像力を刺激し，大いなる探求心と創造性へとかりたてていく．

ここでようやく「苦悩から救済へ」と転化される．この救済の契機は「なにか大きな出会い」によってである．彼は「なにか決定的な運命」の分かれ道に遭遇する．大きく分けて，とりわけ ① 人間環境（いい師，友人，先輩，親，妻など），② 教育環境（文化，教育，訓練など），③ 時代環境（時代の寵児，趨勢，その分野の勃興期，時流に乗るなど）がある．ともあれ，彼は自分の能力を試すチャンスに恵まれ，そして目覚め，飛躍するのである．かくして彼は偉大な事業や業績を達成することになる．以上の「プロフェッションへの形成過程と環境との関係性」を図解したものが，次の図表11—3である．

それではさらに，プロフェッションとして最高の，いわば一流の条件を体得していく，その決定的要因とは何であろうか．つまりいかなる資質を身につけた時，彼は一流へと自己脱皮，あるいは自己成長できるのであろうか．とりわけ一流同士の闘争において，ほぼ同じクラスの人間が同じ状況で闘い，一方が勝ち他方が負けるといった紙一重の原因を一体どこに求めればよいのであろうか．

たとえていえば，一流のボクサー同士の試合のようなものである．かつて世界ヘビー級チャンピオンとして君臨したモハメッド・アリの資質と条件につい

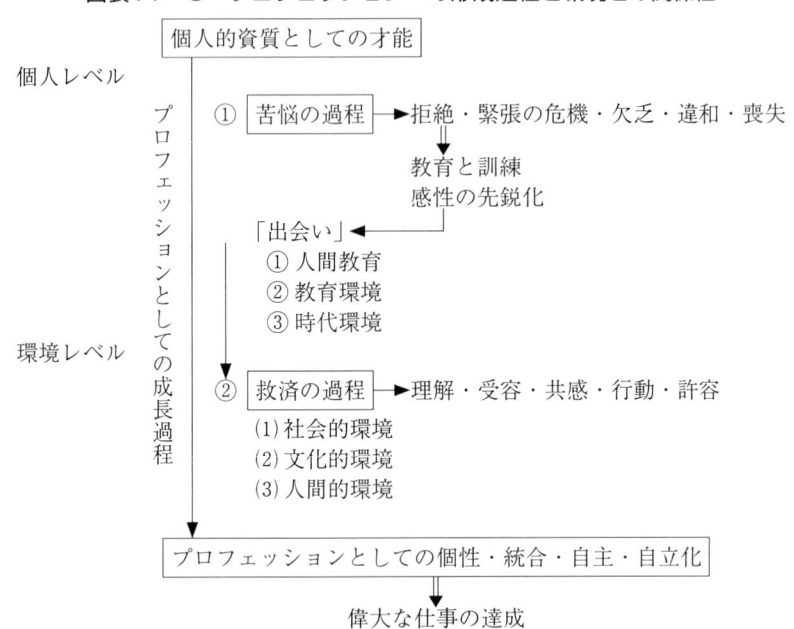

図表11－3 プロフェッションへの形成過程と環境との関係性

```
                    ┌──────────────────────┐
                    │ 個人的資質としての才能 │
                    └──────────┬───────────┘
個人レベル    プ              ↓
              ロ   ┌─────────────┐
              フ   │①│苦悩の過程│→ 拒絶・緊張の危機・欠乏・違和・喪失
              ェ   └─────────────┘
              ッ              ↓
              シ           教育と訓練
              ョ           感性の先鋭化
              ン
              と      「出会い」
              し        ① 人間教育
              て        ② 教育環境
              の        ③ 時代環境
              成
              長   ┌─────────────┐
環境レベル    過   │②│救済の過程│→ 理解・受容・共感・行動・許容
              程   └─────────────┘
                     (1) 社会的環境
                     (2) 文化的環境
                     (3) 人間的環境

              ↓
    ┌────────────────────────────────────────┐
    │ プロフェッションとしての個性・統合・自主・自立化 │
    └────────────────┬───────────────────────┘
                     ↓
                偉大な仕事の達成
```

て，次のような文章がある．「アリの天才とは，自分自身を信じるに類い稀な能力をもっていた，ということに尽きるだろう．自分を信じるということ，つまり自分を信じることで，ボクサーはハードパンチに耐えるのだ．はるかな南部，かぶら畑でのつらく暑苦しい日々，憎しみと飢えとの日々を思い出して，自分を奮い立たせていた，というのだ．彼は自分を信じることができた．」(沢木耕太郎『路上の視野』)．あるいは「自分を信じる能力というものが，"天賦の才"というのではなく，むしろハードトレーニングによる「努力の才」だということを物語っているのかもしれない」ともいっている．つまり，プロフェッションにとって最も重要な条件と資質とは，まず何よりも，①「自分を信じる能力」(自己自身への信頼と服従)であると言わんとしているのである．

確かに逆境にあって，また二律背反時においても，いかなる場合であれ，窮極においては自分自身の判断を信じ，自分自身を受容・肯定してあげるだけの

自信がなければならない．プロフェッションの仕事は，あるいは創造とは所詮，孤独な作業であり，彼一人が真理を所有していると考えなければならない場合がある．極論すれば，一度は全世界を敵としなければならない時もある．こうした時，この仕事は，誰のためでもない，自分自身のためにやってるんだ，そのやっている自分を信じてやろう．他には誰もいないではないか，といった心境になって，自分自身を救済せんとすることである．

つまり「自分自身をどこまで信じきれるか」．まず彼自身との闘いが先決なのである．そしてどこまで自分の肉体や精神を信じ切れるか，そうして彼自身の宿命を選び取るか，なのである．

さらに，②「自分を超える能力」（自分が自分以上の自分になれること）が必要である．自分自身がライバル・最大の敵であり，その自分を超えようとすること，つまり自分以上のものになろうと努力することが重要である．「俺は敗けられない，絶対勝つんだ」「自分より優れた者はいない，これは自分への挑戦なのだ」ということにより，ある瞬間，本当にそのチャンスが訪れるかもしれない．そのためには，何者かになれるかもしれないという"超越的なものに対する飢餓感"こそ不可欠である．「彼は，彼以上の彼になるために，ただひたすら仕事に専念してきたのだ．その時，彼が問い追いつめていたのは，もはや一個の存在を越えた何ものかなのだ」といえる．そしてその時，彼は信じられないような限界を超える力を発揮しうるであろう．

4　むすび

シロウト総参加の時代にあって，人は職業人として，一体どこをめざして仕事をしていけばいいのであろうか．その際，人は必ずしも高度な専門職業人をめざさないかもしれない．人生をホモ・ルーデンスとして遊々学々的人生をよしとする人もいよう．しかしまたシロウトから超一流のプロフェッションへの過程を辿ろうとする人もいる．本論はこうしたプロフェッションをめざす若者へ

の道標を提示したものであった．今後さらに大切な課題は，やる気を起こさせる手法の開発と研究およびその検証である．

引用・参考文献

石村善助　1969　『現代のプロフェッション』至誠堂
江崎玲於奈　1988　『個人人間の時代』読売新聞社
稲増龍夫　1992　『〈ポスト個性化〉の時代』時事通信社
Dore, P. R. 1990 *Will the 21st Century Be the Age of Individualism?*, The Simul Press Inc.（加藤幹雄訳　1991　『21世紀は個人主義の時代か』サイマル出版会）
久保博司　1989　『個人の成長なくして企業の発展はない』講談社
横山哲夫　1988　『個立の時代の人材育成』日本生産性本部
本明寛　1969　『スペシャリスト―知識社会の実力者―』日経新書
城山三郎　1976　『プロフェショナルの条件』講談社
川勝久　1986　『企業内プロフェショナル』講談社
B-ing編集部編　2004　『プロ論』徳間書店
木村政雄監修　2006　『プロに訊け！』丸善
矢田部光一　1987　『専門職制度』マネジメント社

第12章 作品の創造過程のダイナミズム

プロローグ

　本章では，作品と作者との創造過程にあって，世界的に第一級の創造者たちがどのような生活環境において，どのような現実過程を経て創作しているのかについて検討する．この考察の窮極的目的は，同時に創造過程の客観的事実認識により，今度はわれわれ自身がひとりの創造者・表現者としてのあり方やスタイルや理想像をより深く自覚し追求していくということにある．

　以上のモチーフに基づいて，本章では，作品の創造過程に関する原理論を展開し，われわれの基本的視座を提示する．作品の創出契機のフレームワークとして，(1)作者の内面的契機，(2)個人の生活上の契機，(3)時代社会的契機という3つの基軸を設定し，これらの諸条件が複雑にクロスし合いながら，ひとつの作品へと擬縮，結晶，昇華されていくダイナミック過程を論理的に考察する．

はじめに

　今日，われわれは比較的容易に全世界の優れた作品を鑑賞し楽しむことができる．作品の国際的交流化は，さらに一段と促進されており．各国の国宝クラスの名品も身近に知見することができる．同時にわれわれの基本的立場からいえば，こうした作品群を単に閲覧するに止らず，自らもまた相手の立場に立

ち，"創造者の位相から観る"ということを強いられている．つくられた作品に対し鋭意な鑑識力と批評力を備えているだけでなく，それ以上につくる側の創造者のモチーフや世界観，個性や思想などに関しても最大限の関心と配慮を払わねばならない．すなわち「作品論」とともに「作家論」をも併せ考慮すべき立場にあり，表現されたものの背後にある沈黙の証言の声をも聞き取らねばならない．

だが現代社会のマスコミ，ジャーナリズム，広告産業界などの発展と隆盛は，一方では一時的流行的商品の粗製濫造をもたらし，みせかけや偽りものを横行させ，本来ひとつの作品のもつ本質的価値を著しく低減させている．それは同時に，安易な使い捨て時代に対応したファッショナブルなつくり手や送り手をも産出する．つまり創造者自身もまた，ともすれば彼の創作動機や意欲あるいは感性さえもファッション化されやすいという厳しい状況におかれているといえよう．

しかし優れた作品は，先ず何よりも作者自身が本物であること，また本物であろうと志向する態度を必須要件としている．しかもこの態度や資質は，画一的な教育や訓練によっては教授されず，むしろ彼個人の自己体験や思索の深さによって形成される．つまりこの個性は一般的類型化を拒絶するほどの多様性をもち，ほとんど彼個人の自己体験によって実感的に体得する他ないものなのである．

にもかかわらず学生の次のような愚痴や不平不満をしばしば耳にする．「頭の中にアイデアは想い浮かぶのだが，その閃きや考えがすぐに拡散し，うまく表現できない．自分にはそのイメージをそのまま表現するだけの能力がない．」などと．そこで次にうまく表現するためのテクニックや用具の使い方の技巧派に走る．しかしこうした傾向が短絡的であることは言を俟たない．技法中心主義偏重は確かに綺麗に早く上手な描写はできる．しかしその背後にある作者の意味の内的世界までもは表現できない．「自分の出したい色彩が出ない」という真因は，実は表現技法そのものにあるのではなく，本当に表現したいものが

不明確でかつその表現過程の心的な苦悶に耐え得なかったからではないかと思われる．つまり「直観的想像（imagination）から自主的創造（creativity）への架橋過程」の困難性がよく認識されていないのではないかと思慮されるのである．

　何かを表現しようとする人間は予め，作者自身の内的過程と創造過程との構造的連関性についてよく自己了解しておくことが必要である．これは文芸，学術，芸術作品などの専門分野を問わず，ひとつの作品を創造するに共通な過程である．しかもこの「創造過程」こそ最も過酷で困難な道程である．ほとんどの優れた創造者がその全生涯と引換えに，名画，名作，名著，名品といわれる作品を創出している．しかし他者がみるに耐え，真に読ませるに堪えうる作品の創造は，この過程を通過することによってしか生み出されえない．時代社会を超えてなお生命力を保持している作品ほど，作者の自己生命を賭けたものが多いのである．

1　基本的枠組みの設定

　創造過程において，「アウラ性」（一回性）という概念はきわめて大切である．ひとつの作品が一品だけである場合，その創造過程もまた「一回限り」のものである．本来，人間は「一回性」の独自な存在である．その一個の人間が何かを為したということは，本質的な中心部分で彼の全存在を賭けたものである．また彼の全生涯の価値を含んでいるものといえる．そうした作者のいわば核になるものが秘められている．それゆえに創造者にとって，「いかに」「うまく」描写するかよりも，「なにを」「なぜ」表現するのかということの方がより本質的課題であるように思われる．

　この「一回性」の契機は，作者を取巻く内外諸環境の多様な条件が重なり合い，いわば不可避的必然性を伴って表出される．ここで分析の基本的枠組みを提示すると，作品の創出契機として，次の3つの基軸を設定することができ

る．(1)作者の内面的契機であり，(2)個人の生活上の契機であり，さらに(3)時代社会的な契機である．

(1)の内面的契機とは，作者個人の個性的モチーフである．自己体験を積み重ねていく中でどうしようもなく表現したくなった時，作品の創出に向かうものと考えられる．たとえば，身体的精神的成熟に伴ってさまざまな体験を深化させることにより，いわば生理的自然に基づいてある何かをつくり出すといった場合である．これは作者自身の内面的成長によって形成されるものといえる．

(2)の生活上の契機は，作者を取巻く生活環境（家庭環境，生活様式，対人関係，経済生活など）との関係において，いわば生活感性に基づいて創出される場合である．現実的に生活体験の蓄積は生きていることそれ自体のうちに，人間が何ごとかを言わねばならぬという情況にまで追い詰められることがしばしばある．こうした現実との闘いの中で，書くことの契機が訪れ，作品ができあがるという場合である．先述の作者の内面的契機を個体史という時間軸でみるならば，この生活上の契機は空間軸からの視点である．

(3)さらにある作品は，ひとりの作者とその生活環境を超えて，否応なくある歴史時代的な契機として生み出されている．日本史・世界史・人類史といった巨大な時間の流れの中で，作者もまた歴史的体験を強いられ，遭遇し，歴史の中で生きかつ死んでゆく．このような歴史的制約下に生存していること自体，作者もまたすぐれて時代的なものを表現せざるを得ないのである．

このような3つの基軸を中心にしながら，さらに表現する者のさまざまな要素や立場を複雑微妙に錯綜させながら，ひとつの作品に結実しているといえる．つまり歴史としての現代社会が作者の生活環境を制約し，また作者の思想的傾向が個性を醸成し，あるいはまた逆の過程へと回帰しながら，ひとつの作品が創出されているという構造的・相互的メカニズムを想定することができる．しかしこの過程は，社会的現実的制約が一方的に作品内容を規定しているのではなく，また作者のモチーフがそのままストレートに作品世界に凝縮され

ているというわけでもない．この間の関係性は複雑に連関し合っていて一様ではない．創出の契機から創造にいたるプロセスは，きわめて個性的パターンを描いている．

そこでわれわれは，これらの作者の個性と生活環境と時代社会との構造連関について，それらが如何ように絡み合っているのか，またどのような相互作用を経て作品が創造されているのかを，以下考察していく．その前に今少し既述の3つの条件の特質について詳述しておきたい．

2 作品の創出契機における3条件

(1) 作者の個性

第1条件として，何よりも作者個人の性格や内面的資質の度合が問われている．その時どきの年齢に対応した精神的・思想的深みがどうなのか，内的体験を通じ自己の思想的骨格をつくっているのかどうかである．人は，文学，思想，哲学，宗教等々の書物を読むことによって，基本的な社会観，人間観，歴史観，政治観等々の見方，考え方を形成している．20代には20代の視座があり，30代には30代の苦悩があるというように，自己体験の差異や思考訓練の深度により，対象をみる〈眼差し〉は各個人によって違う．そしてこの〈眼差し〉の差異が即精神的成熟の度合に相関しているように思われる．

この成熟の度合が個性をつくり，この個性の相違は感受性の差異によって生まれる．われわれはある多様な対象や事件に出遇い，それを自己の視野世界の内側に取り入れるが，この取り入れの動機はきわめて独自的な個性的なものである．つまり外界に対する直観的感性は各個人の潜在的異和感に依拠している．「何かしら気になる存在であり，心に残り，どうしても納得できない」という感覚的懐疑から異和感が生じ，かつここに書くことへの最初のモチーフが存在している．「不思議だなあ」という感性そのものが，それを問い詰めていく創造過程へとつながっているのである．

このような原生的モチーフはまた，自己自身に対する異和の感情，あるいは人間の不条理や孤独感，また周囲との不安な人間関係や対立抗争などによっても惹起される．とくに自己の全存在が受入れられていないことへの知覚や不満や葛藤は，さらに深刻な自己矛盾や対立や相剋を引起こす．「自己とは何か？」「なぜ人間は対決しあい，和解しえないのか？」といった自問自答を繰り返す．この反芻される「なぜ？」という問いかけが持続している以上，自己と他者への異和感は存在し，常にそこにある種の精神の緊張状態を醸し出す．この精神の緊張は，解答を求めようとする想像力や思索力を脹らませ，さらに何かを書きたい，表現したい，作らざるをえないという創作意欲へと掻き立てる．そして少なくとも何かを書き，自己を表出することによって，内面の苦悩から逃れ脱却したい，解決したいという欲求の一部分を充足することができる．その充足感がよしんば一時的・表面的なものであるにせよ，表出することによって若干でも離脱・軽減できるならば，彼はさらに書くことを続けるであろう．

しかしこの行為は，さらに次つぎと未解決な内面の懊悩を噴出させることになる．ひとつ書くことによってまた不安が生じ，また書くという営為を限りなく繰り返すことになる．このように書くという表現行為は，自己の異和感と充足願望との限りない闘いであるように思われる．求めて，求めて，なお求め続けて，ひとつの作品の創出契機は訪れる．換言すると，作者の人間としての思想体験に深く根ざし，そこから抽出されたものとして優れた作品は創造されている．いわば窮極において，自己体験から派生してくる「自己〈人間〉とは何か」という問いかけが，本質的課題としてひとつの作品の中に昇華されていると考えられるのである．

この本質的課題は，美しき理念的人間論からではなく，また観念的抽象的概念によってでもなく，そうした「言葉の追体験」を経緯して始めて近づくことができる．ここで「言葉の追体験」とは，言葉を単に言語として理解しているのではなく，一端は自己の現実生活レベルまで降ろして，本当に自分自身の言葉として掴み取ってくるという過程を必要としている．"人間，市民，自由，

平等，ヒューマニズム"云々といった概念を理解しているだけでは，まだ本当には身についていない．本質の発見とは知識の量や頭脳の良さだけでできるものではない．現実において言葉の肯定と否定，賛同と拒否，獲得と放棄といった二律背反の極限まで追いつめられることにより，言葉の無力さを体感するという，いわば「言語不信の門」を潜り抜けなければならない．逆にそうでなければ，本当に生き生きとした表現はできない．たとえば，「蓮華畑で青空を見上げている農民」の風景を描く場合でも，写実をもう一歩超えて，草の匂い，土の温かさ，農民の哀しさまでもは描けない．人は何故，自分自身が感動もしていないのに，その喜びを他者に伝達することができるであろうか．

「言葉の追体験」とは，このように論理的解釈や理性的理解ではなく，現実に生きてみて始めて自己了解できるという行為である．この追体験により，真に自分自身のものとして自信ができ，またそれだけ他者に対する説得力やリアリティもできてくる．「ああー，この作品は言葉を呼吸しているな」という作者の息遣いや心情も読み取れる．また激しく深い生の鼓動も聞こえてくる．つまり美しい理念や表現されたものの背後にあるものを視なければ，本質的なものが掌握できないという構造になっているのである．

作者がどうしようもなく孤独で，その孤独地獄で煩悶し尽くし，もうとてつもない風景をみてきたという体験は，確かにその作品自体を生き生きとさせているように思われる．もちろん作品そのものは何も語らず，また説明する必要もない．それは観客や読者の側で読み取ればよい．しかし創造者の側では，何か本質的なものを把握しかつ表現していることが大切なのである．自己のエゴイズムとの葛藤，逃げることのできない夫婦の絆，生か死かの恋愛地獄等々，なんでもよい．自己否定を重ねた末に，もうどうにもならない極限状況にあって，自己自身をも抹殺するかもしれない．極論ではあるが，そこまで行って言葉の真意が了解されるのではないか．優れた作品は，しばしばそうした逆説的過程を辿って創作されているように思われる．本物の作品であるほど，遊びやごっこではなく，本人の全存在と引き換えに創出されている．すなわちこの自

己との闘いに耐え得なければ，最も根源的なモチーフを獲得することはできないし，また最も普遍的なテーマを提起しかつ他者に感銘を与えることもできないのである．まさしく作者の個性的内部世界のありようが，すなわち作品の価値と創造過程に大きく影響しており，否ある意味ではほとんど決定的でさえあるのである．

(2) 生活環境

　人は個体史において，彼個人を取巻くさまざまな社会生活の微妙なひだの中に生存している．家族，友人，学校，師弟，会社，地域社会などとの現実過程において，現実的意識を蓄積し，生活共同体の中で否応なく日々の単調な日常生活を送っている．

　ところで，多くの優れた創造者に共通する性格特性は，生活の不能者，破綻者的傾向が強く，周囲との人間関係に稚拙である人が少なくないということである．これは作者が一日の大半を創造過程に費やし，常に何かを思考しているために，充分な余力を経済獲得や対人関係に支払えないことに起因しているためでもあろう．しかもこの過程は不断の自己との格闘であり，対決であるために，ますます対人関係との接触，時間，方法などにおいて無頓着，無関心にならざるをえない．こうした周囲の現実生活との関係において，さらに苛立ちと不安，嫌悪と怒り，愛と憎悪，美と醜，聖と俗という作品世界と現実世界とのギャップが拡大し混迷していく．この混迷の度はさらに深化，拡大していく一方である．そうするとまた自ずから外界との対立衝突も激化していくことになる．とりわけ家族生活における夫婦関係は，時として陰惨な状況を露呈する場合もある．生活苦からくる精神の荒廃は，夫婦の口論，喧嘩，暴力行為をもたらし，さらには家出，蒸発，離婚といった悲劇を招来する．お互い相手に早く死んで欲しいと願い，静かにその時がくるのを待つという怨念に出会うこともあろう．

　しかし，創造者にとってはしばしばこの危険な日常性こそが重要な位置を占

めている．実はこうした抗いの中に人間の最も基本的な原型が存在し，またこうした否定的契機を通じてしか，本質的な課題に到達しえないと思われるからである．日常生活から換起されてくる内的体験が，ある時ある対象に出会い，何かを書くという契機をもたらしている．しかしこれはもう不幸な関係としかいいようがない．たとえば，高村光太郎の『智恵子抄』はこのような狂気の妻をうたった詩として捉えることができるであろう．現実生活の苦悩をいわば観念世界としての作品の中に投射しているのである．ギリギリの生活苦の中で思索することにより，人間や社会や歴史的現象の背後に隠されている真実や本質に思い当たり目覚めている．より多くの優れた作品が，こうした過酷な圧迫の現実との闘いの中で，不満や憤怒の反発力により創造されているのである．

(3) 時代社会

このような知的，身体的，生活的自己体験から抽出されてくる問題意識をどこまでも掘り下げていけば，それは必ず人間にとって最も根源的な課題に出会うであろう．個人的苦悩もすぐれて「世界人類の苦悩」であり，自己矛盾もまたすぐれて「歴史的矛盾」なのである．こういう意味において，創造者は現在の自己の不幸の中に「世界の不幸性」を観ることができなければならない．不安に慄きながらもなお，その根源的意味を探求していかねばならない．この深化作業を経てこそ，自己の労働の苦しみや疲労もまた他の労働者と共通かつ同等のものであるという共有認識をもつことができる．さらにある事件や風景の中に人類史的真実が内意されているということも分ってくる．このように自己の悲しみから本質的な時代の不幸にまで降りていける感性的思考力をもつことが肝要なのである．こうした「思想の下降過程」を踏まえて，個体性の自己確認が同時に共同性を意味するという，そうした関係のあり方にまで展開していくことができるのである．

だがしかし，この認識の深化は重要であるが，それだけにこの知覚もまたむずかしい．「世界や人類や歴史とは」という問いは，観念的過ぎると不毛に陥

りやすい．あるいは作者自身このことには無自覚的であるのかもしれない．しかし自己体験を拡大，深化させてゆけば，必ず何処かで世界の窓に通底しているという視座はきわめて重要である．われわれの日常性を一瞥しても，たとえば，確かな存在感の喪失，ある何ごとかを達成したという充実感の欠除，私は私なのだという自己意識の崩壊，個人の精神的根拠の危機感，すなわちセルフ・アイデンティティの欠如等々といった"存在感の解体"は，すぐれて時代そのものが抱え込んでいる問題でもある．この時代背景には，資本制社会の大衆社会化状況があり，遡って近代社会がもたらした諸幻想の限界と崩壊という歴史過程がある．巨大な管理機構や中央集権体制が確立されてゆく中で，個の原理や自己，自意識といった根拠が悉く失われつつある．つまり自己の存在そのものが歴史の中で歴史とともにあるのである．個人的内面的体験は，思想的にみれば，世界性に通じかつ全人類史への参加を余儀なくされているのである．このように彼のモチーフはけっして私的生活世界からだけのものではなく，歴史的に広く深く共通した動機づけから起発しているのである．

　このように表現者の視点や位置づけは，予め歴史的現存在としてあり，時代社会の歴史的累積によって喚起されている．過去と断絶することはできず　また過去から眼を瞑ることもできない．作者も作品もまた歴史の中で創造され，かつ歴史とともに消滅していく．本人が意識すると否とにかかわらず，必然的にこうした関係に立たされているのである．逆言すると，作者には歴史への透徹した眼力が求められているともいえる．あるいはこの知覚の有無と程度とが，作品の質や価値に多大な影響を与えているともいえる．歴史を超えて寿命をもつ作品は，おそらくはこうした時代的本質を表現しかつ人間の根源的核心部分を投映しているものである．名画，名作といわれる作品は，それゆえに永遠の感動を与え続けることができるのである．

3　創造過程のダイナミズム

　さてこうして「作者の内面的契機」と「生活上の契機」と「時代的契機」とがクロスし合いながら，ひとつの書くべき対象が見出される．この対象との出会いはそれこそ多種多様である．ある者は父の死，失恋，離婚を体験し，またある者は社会的事件や労働者の呟きや農民の後姿をみる．こうして創造者の内的ドラマが始まる．この時，彼が心に何を刻印し，どうみたかは，挙げて彼の「感受性」如何による．受け取り方や読み方はすべて違う．しかしここに創造過程の一番の核心が秘められている．表現されるものに対する表現する者との最初の関わり方がここにある．そしてその後はさまざまなバリエーションを描いていく．

　それでは，このような「対象との出会いから創造への過程」はどのようなメカニズムを辿っていくのであろうか．それは端的にいえば，創造者の内面世界が現実世界との対応関係において，一度は自己否定的な絶望状況にまで下降していくが，再び観念世界へと上昇し，本質的テーゼに擬縮されながら，ひとつの作品に昇華されていくというプロセスを辿るということができる（図表12－1）．

　痛切な自己体験は，創造者をして対象との異和感を持続させかつ自己矛盾を激化させる．自他に対する愛憎は分裂し，挫折と蹉跌は自己不安や自己放棄をもたらす．世界との激突による迫害は，どうしようもなく自己犠牲的言動へと導いてゆく．こうしてある何かに執着し，常に考え，たえず苦悩している人間の精神は，ただひたすらに自己解体と崩壊との過程を歩んでゆくようである．おそらくこの「解体化過程」は筆舌に尽くせないほど本当に過酷なものであろうと思われる．だがなおも，さまざまな窮乏と過労は続き，悪戦苦闘を強いられた闘争は果てしなく続く．苦境からの脱出を望みながらも，なお理不尽に情容赦なく，自己否定の地獄へと引き摺り込まれてゆく．あらゆる期待は裏切られ，断念だけが残される．こうした中で，「誰も救けてはくれない」，「誰も聞

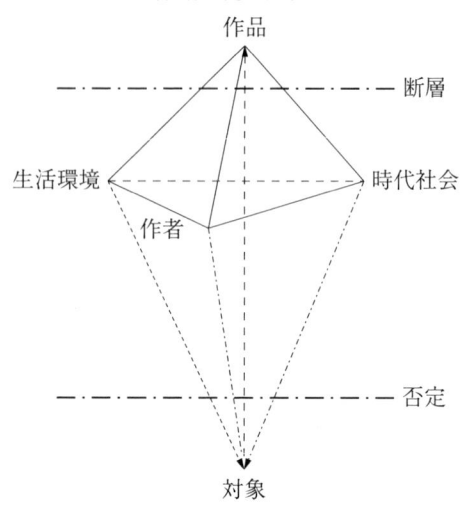

図表12—1　作品の創造過程のダイナミズム

```
          作品
           ▲
  ─ ─ ─ ─ ─╱┼╲─ ─ ─ ─ ─ 断層
          ╱ │ ╲
         ╱  │  ╲
   生活環境─ ┼ ─時代社会
         ╲ 作者 ╱
          ╲ │ ╱
  ─ ─ ─ ─ ─╲┼╱─ ─ ─ ─ ─ 否定
           ▼
          対象
```

いてはくれない」という全世界との拒絶を体感する．この「絶望過程」は，なぜかほとんど不可避的にやってくるように思われる．誰ひとり怨むことを許されず，只ひたすらに自己解体化の道を歩んでゆくというのが，あたかも彼の宿命であるかの如くに．

　こうして誰にも分ってもらえないどころか，自分自身さえも信じられないという，緊迫した孤絶と放棄，標迫と諦念の人となる．世界から孤立し，虚無と絶望の淵に立ち，さらには自死とも直面しよう．"ひとりである"という個体の寂蓼感は極北にも達しよう．引き裂かれた生はほとんど救われる道はない．ここにおいて，ひとりの創造者は自閉的になるか失語症になるか，言葉を忘却し，とにもかくにもすべてを喪失したという実感をもつ．

　あらゆる優れた創造者たちの心的世界に，必ずやこのような孤独なる時期が訪れている．寡黙なることを強いられ，専らひとりの世界によく耐えている．しかし同時に，この「下降過程」こそ，その作者の内面的資質が準備される時間である．また内的契機が醸成される時期でもある．そして自分を追い詰めるというこの孤独な作業に耐えなければ，真に自分自身のものを獲得することは

できない．作品の構成や表現力もまた，この精神の深さに相関している．否定に否定を重ねて，ようやく彼は自分の個性に接近することができるのである．おそらくこの頃にその人なりの個性と創見とが，すなわち誰が何といおうとその人だけのスタイルが基礎づけられるといえるであろう．

だが人間はいつまでもこうした修羅場に耐え得るものではない．いつかどこかで「救済願望」へと反転する時が来る．自己憎悪と自己愛（受容）とのアンビヴァレントが逆立する「転化過程」がやってくる．つまり再生としての上昇への転機が到来するのである．彼はある瞬時に自覚する．「自己の存在の意味とは何か」を．また「どうせ死すべき存在として逃れることはできないのだ」という断念を．同時に彼は，「やがて死んでゆかねばならぬ人間が，自己の存在の痕跡を残したいと痛切に思う気持」をも汲み取ってくる．「もう一度生きて何ものかを表現したい」と切実に思うようになる．この自己表現への意欲をもち始めた時に，再び彼の創造のドラマが開始される．この時の鋭く深いモチーフこそが，彼の作品のどこかに生存感覚として表出されている．いわば創造者にとって，この自立的な「自己再生産の過程」こそが必須にして重要なプロセスなのである．

ところでここで，「再生する人間」と「そのまま堕落していく人間」との2つのタイプが出てくる．この相違はしかしもう彼の内的資質による他ないとしかいいようがない．ダメな人間はダメになるのだし，わかる人間にはわかるのだ．少なくとも「みる眼がなければみえない」というのは事実である．この両者の分岐点は何かといえば，内的苦悶と表現への昇華とは決定的に紙一重の差であるのかもしれない．彼が到達した地点から，その挫折に意味をもたせ，何か確かなものを掌握してくるかどうかは，ほとんど彼個人の孤独と意地とにかかっている．しかし人間は堕ちるところまで堕ちなければ，本当に「眼にみえないものをみる」ことは不可能なのだとはいえる．逆説的ではあるが，本質的なものがわかるためにはこうした「屈折の下降過程」が必要なのだ．それはより多くの第一級の創造者たちの生涯が如実に物語ってくれている．苦痛ではあ

るが，この過程において，彼の全力量と思想の核心とが熟成されているのである．

「成熟ということのほんとうの恐しさは，それが必然的に生活のあるいは社会の危ない一筋の糸に支えられてかろうじて均衡を保っているような，のっぴきならない基盤の上にのみ出現するという点にあるのだ．かれはすでに引きかえすことも，やりなおすこともできない．また，すでにあらゆる可能性の糸は断たれていて，ただ現在をささえている一本の糸だけがかれに残された危うい道である．そして，明日のことはなにも保証されていないのだ．」（吉本隆明）このようにいわば，絶体絶命の情況下で，「たった一本の糸」に支えられて傑作が生み出されるという，論理を超えたところに創出の契機はあり続けているのである．“生きている”という生存感覚そのものに，書くことへのモチーフがあるのである．

しかしある何かを発見し，自己の拠り所を形成した者にとっては，ひとつの大きな力と目的と構えとが加重される．ある者は自己能力の可能性と限界，長所と短所とをよく知覚する．またある者はほとんど無自覚のまま営為を続け，果てるかもしれない．しかし感性的にもせよ，自己自身に気づいた時，彼の作品に彼の人生の象徴的な何かが込められたといえる．彼はこの時から，自分に課した仕事に本当に創造的な努力を払い，極限まで追い求めるという強い意志をもつようになる．「もしも明日があるなら，もう一日かけていい仕事をしよう」という創造意欲が出てくる．このように，「良くも悪くも，人は絶望によって奪起し，闘いによって自らが何ものであり，何ものでしかありえないか，を自覚する」（高橋和巳）ものなのである．

だがしかし，確かに作品は現実世界の闘いや憎悪心に誘発されつつ，その反発力として観念世界へと昇華されていくが，その「上昇過程」もまた，必ずしも直接的ではありえない．絶望の体験者すべてがいい作品を書けるとは限らないからである．誰もが同じような体験をしても，なお優れた仕事ができるかどうかはまた別の次元の問題がある．すなわちこの「上昇過程」にはすごい乗離

があり，さらに中途の断層を飛び超えることが必要なのである．ここでさらに作者の抽象力や凝縮力や選択眼といった力量が問われている．あるいは自己体験の洞察や客観的評価を通して，どのように人間論へと結びつけてゆくか，その思考力と観念力とが試されているともいえる．つまりここでもやはり，窮極において作者自身の内的資質が問われているのである．

　さて，こうして創造されたひとつの独立した作品は，ひとりの作者の自己原理をもっている．どんな小さな一枚の絵にも，その背後にある作者の実像がピッタリと投射されている．作品の中に込められた意味や思いがあり，また作者の苦悩や内的リアリティが投入されている．その創造者にだけしか表現しえない鋭くも孤独な表情を湛えている．現実と精神との累乗の涯てに，深い自省の想いを込めて，「僕も自分の内のものを本当の意味で表現できるようになって来つつある」(高村光太郎)ということができる．創造者はこうした過程を経て，体得してきた個性という自立心から創造の世界へと向かっているのである．「いつか必ず自己を表現してみせる，意地でもやってみせる」という信念に裏付けられて作品に対峙している．またこの「持続する意志」をもつがゆえに，次つぎに作品のモチーフも台頭してくるのである．

　ここまできてようやく作者の個性と観客の個性とが共有・共存し合える接点をもつことができる．作者の小さな宇宙世界と「世界―内―存在」としてのわれわれ（人間）とが，その根底において確かに通じ合うのである．いわば"人間"という普遍的テーマを通して，誰にも納得できる共感を与える作品となりうるのである．こうした過程は良質の作品を創造するために，ほとんど不可避的な道であるということができよう．

4　創造過程における乗超えの論理

　以上の考察により，作品の創造過程における作者の性格と生活環境と時代社会との関連において，とくに重要な契機はやはり「作者の内面的資質」という

条件であるということが判った．創造の苦しみのキリギリの場面では，どんなにすぐれた恩師や他者の助言でさえもほとんど無効である．択一を迫られた時，彼は自分の全存在を賭けた個性で対応しなければならず，かつその対応力に作品の生命力もかかっている．そこで，創造過程におけるいくつかの困難な局面を整理し考察してみよう．

① ある対象に出会った時の，作者の感受性と異和感の度合
② 自己批評による否定的な下降過程にどこまで耐えうるかという忍耐力
③ 過酷な現実の圧迫に直面した時，なお堕落するか復活してくるかという自力の度合
④ 現実世界から観念世界への架橋（上昇）過程において，あるモチーフを本質的課題に凝縮して表現しうるか否かという観念力

等々である．これらの各段階は，他者には如何ともし難いアポリアであり，あくまでも創造者自身の自力だけで乗超えていかねばならない．だがしかし，敢えてこのような乗超えのための条件について探求してみたい．

(1) 飢餓感から発した異和感をどこまでも保持し続けること

これは自分が今何を欲しているかという問題意識，目的，モチーフなどを鮮明に認識しておくことである．「何故自分が書きたい，また書かざるをえないという気持になったのか」という初志を不断に再確認しておくことである．創造の苦痛に耐え得ず，放棄の誘惑を避けるためには，それに対応するだけの強靭な精神力と不屈な意志力をもたねばならない．精神の飢えと中心の乾きを満たし続けていかねばならない．

既述してきたように，創造過程は自己の孤独との闘いであり，ひとつわかるためには，ひとつあるいはそれ以上に傷つかねばならぬ道程であった．結局誰にもわかってもらえないかもしれないという諦念と闘いながら，なおその虚空に向かって懸命に斬りかかっているようなものである．どうしようもなくやってくる空しさに耐えるためには，「自己の原体験が何であるか」という「還帰

できる思想的拠点」を確立しておくことである．人間はある原点から出発しかつそこに終息するものである．しかもその果てに自己を支えてくれるものは，その人ひとりの意地だけである．したがってこの箇所で曖昧であったり，何もないとすれば，もうそれで終りである．作品も書けないであろうし，また書いてもすぐに風化してしまう．それゆえにこそ，「何」「何故」という問いかけが大切な要件なのである．

(2) 倫理的志向性を堅持すること

　これは絶えざる精神の緊張感の持続を意味する．優れた芸術的表現の中には，作者の現実に対する倫理的態度が如実に根底的に流れているものである．倫理は人間存在の核を問う．そして創造過程はこの内的価値によって支えられている．つまり作者もまた日常生活の不合理と理不尽さの中で自己矛盾に逢着するが，真の創造者は自己の何かに抗わざるをえないという意識的な抵抗と拒否の姿勢に固執する．この自己批評活動により，思想の内在化と深化が図られる．われわれがそれでもなお拘泥し，「おかしいのではないか」という論陣を張り，非を非として批判し続ける以上，彼の眼は曇らず，なお本質的なものへの志向性を持続しているといえる．「人間としてどうなのか」という解答の追及こそ，最もラジカルな姿勢である．こうした視点からみる限り，表現された作品には時空を超える何かがインプットされていよう．

　そして「真善美聖なるものを求める過程」こそが，観客との共有世界を創出しているのである．自己体験の悔恨や憤怒，絶望や汚辱もまた，その根底において「人間として」と問い直せば，自他，世界，人類と共通しているのである．

(3) セルフ・アイデンティティを探求すること

　これは「何故今ここに，自分が生きかつ生かされているのか」という存在の根拠を問い続けることである．自己体験の深化と自己把握の追求こそ大切な要

件であった．彼自身の人生や人格を完成させていく過程において，その生の断面図としてひとつの作品が表現されている．それゆえ個性的な人格の成長と作品の価値とは密接な関連をもっている．つまりこの精神の自立こそ，即作品の生命を支えているものであり，この時，彼の魂は奴隷的精神から脱却し，かつ自分自身の声を作品の何処かに押し留めることができるのである．

付記

　　最後に私事ながら，本拙稿を安谷大仙先生の霊前に捧げる．東京デザイナー学院において出遇い，強烈な心的ショックを与え，身をもって人間の壮絶な生き死にを教えてくれた先生の学恩に対し，少しでも報えたらと思う．先生から「人生は真剣な遊びなんだ」，「真面目に精一杯に己れの遊びをやって，楽しく送るものだ」ということを徹底的に教えられた．「自己の全存在を出しきって，自分の生き方に自分自身の色を出すものだ」という言葉も残っている．一点一刻の休息もなく闘い続け，過敏なほどに自らをも燃焼させ，自死してしまった先生は，よく「俺は一人の修羅なのだ」と言われていた．そしてその通りに生きた．「生きているという生命を実感しなければ，いい作品はできない」とも．平均寿命80年という生命の砂時計が落ちていくように，今この瞬時もわれわれの生命が磨滅っているとすれば，残された時間に，せいぜい"真剣な遊び"を遠慮することなくやり通すしかない．少なくとも「本物であろうと志向したひとりの人間」の無尽の労苦に比べると，さらにそこに近づこうとする後進のわれわれの気分は，まだまだ楽であろう．できるだけいい仕事をしなければと思う．

索 引

あ 行

アイデンティティ …………………… 197, 207
アウラ性 ……………………………………… 283
アカウンタビリティ ……………………… 113
アクション ………………………………… 124
アジア・アイデンティティ ……………… 144
アジア市民社会 ………… 130, 146, 148, 153
アジア太平洋都市サミット ……………… 84
アジア地域共同体 …………… 130, 132, 153
アジアの巨人 ……………………………… 138
アジア・リージョン ……………………… 141
アージリス, C. …………………………… 186
アジール …………………………………… 101
ASEAN ……………………………………… 134
──の EU 化 …………………… 136, 141
遊びの商品化 ………………………… 247, 252
新しい家族モデル ………………………… 29
新しいライフスタイル …………………… 57
新しいリレーションづくり ……………… 74
アーバニズムの発展変数 ………………… 95
アーバン・パーソナリティ ……………… 102
AFTA（自由貿易地域）…………………… 136
アマチュア ………………………………… 268
アマチュアリズム ………………………… 106
アメニティ志向 …………………………… 215
アメリカ式経営 …………………………… 177
いい叱り方 ………………………………… 233
家 …………………………………………… 10
「家」の力 …………………………………… 18
イエ社会 …………………………………… 94
生きがい追求型 …………………………… 212
イクォール・パートナー …………… 31, 209
意思決定過程 ……………………………… 217
意思決定権 ………………………………… 122
石村善助 …………………………………… 266
磯村栄一 …………………………………… 105
一般化された他者 ………………………… 23
井上俊 ……………………………………… 247
ヴィーゼ, L. von. ………………………… 30
ウェーバー, M. ………………… 169, 253, 269
ウーマン・パワー ………………………… 209
エキスパート ……………………………… 268
エスニック・アイデンティティ ………… 144
エチィオーニ, A. ………………………… 174
エートス …………………………………… 273
NPO セクター ……………………… 111, 114
──の組織原則 ………………………… 117
エリクソン, E. H. ………………………… 20
エンパワーメント ………………………… 128
──能力 ………………………………… 152
欧州市民 ……………………………… 132, 134
オグバーン, W. F. ………………………… 31
尾高邦夫 …………………………………… 187
男らしさよりその人らしさ ……………… 38
大人のパーソナリティの安定化 ………… 26
オートノミーの原則 ……………………… 217
親の分離不安と子の失愛恐怖 …………… 26
オルタナティブ …………………………… 131
──社会 ………………………………… 112

か 行

階層移動 …………………………………… 97
階層分析 …………………………………… 87
快楽原則 …………………………………… 249
科学的管理論 ……………………………… 167
核家族 …………………………………… 3, 7
家族 ………………………………………… 7
家族機能純化説 …………………………… 15
家族機能喪失説 …………………………… 15
家族の絆 ………………………………… 4, 44
家族の機能 ………………………………… 14
家族の構造的変動 ………………………… 45
家族の集団的側面 ………………………… 17
家族の発展段階 …………………………… 9
家族の変化 ………………………………… 46
家族のボーダーレス化 …………………… 11

家族の本質……………………………………7
家族の役割……………………………………45
家族崩壊………………………………………4
家族類型………………………………………8
家庭内暴力……………………………………23
カリスマ………………………………………265
関係としての家族……………………………2
　　──観……………………………………19
感性財…………………………………………70
感性情報………………………………………70
管理職像………………………………………228
官僚制組織……………………………………169
企業内プロフェッション……………………263
企業の管理技術………………………………178
期待の相補性…………………………………225
キーパーソン…………………………………123
GIVEの哲学…………………………………43
キャリア・ウーマン……………………201, 211
キャリア実証型…………………………204, 211
救済願望………………………………………293
九州の農業……………………………………86
QOL……………………………………………183
教育社会………………………………………100
教育能力………………………………………229
共感原理………………………………………159
共感性の能力…………………………………41
共生原理………………………………………140
行政村…………………………………………89
共生のための条件……………………………54
協働……………………………………………121
　　──意欲………………………………167
　　──の組織化…………………………122
共同感性………………………………………92
　　──の強調……………………………91
共同目標………………………………………167
居住社会………………………………………98
近代化……………………………………146, 159
　　──モデル……………………………79
屈折の下降過程………………………………293
苦悩の環境……………………………………277
クリエイティブ志向…………………………215
グールドナー, A. W. ………………………170
グローカル……………………………………81

黒川純一………………………………………102
グローバリズム………………………………130
gameの段階…………………………………23
契約雇用制度…………………………………261
結婚の動機……………………………………5
ゲームズマン…………………………………102
権限移譲………………………………………150
言語不信の門…………………………………287
現実的リーダーシップ………………………187
好意の返報性…………………………………225
構造論的組織論………………………………173
交通社会………………………………………99
行動科学的組織論……………………………172
幸福感パラダイム志向………………………214
幸福産業………………………………………70
高齢社会………………………………………28
高齢者福祉施策………………………………28
故郷喪失者たち………………………………87
国際結婚の動き………………………………11
心の過疎化……………………………………240
心のスキンシップ……………………………61
心のパートナー………………………………62
心の故郷づくり………………………………104
個人的能力差…………………………………204
個人同居型……………………………………32
個人の生活上の契機…………………………284
個性発揮型……………………………………212
ゴッフマン, E. ………………………………246
言葉の追体験…………………………………286
子どもの私物観………………………………24
子どものパーソナリティの形成過程………20
個の重視………………………………………31
小林幸一郎……………………………………161
コミュニケーション…………………………167
コミュニティ…………………………………105
　　──組織………………………………117
コ・メディカル・スタッフ…………………218
婚姻件数………………………………………46
コント, A. ……………………………………165

さ　行

サイモン, H. A. ……………………………172
作者の内面的契機……………………………284

作品論	282	女性の自立を保障する諸条件	37
作家論	282	女性の戦力化	220
沢木耕太郎	278	人格的関係	54
参加的・従業員中心的リーダーシップ	186	人格特性論	184
産業革命	164	真剣な遊び	254
産業社会	158	人財	221
産業別就業人口比	84	人材誘致	262
ジェンダー	36	人事管理の特性	179
叱り上手	231	人生学校	206
叱る目的	233	人生のイクォール・パートナー	14
自己解体	291	人生のパートナー	62
自己再生産の過程	293	人生のパートナーシップ	55
仕事のイクォール・パートナー	222, 223	進藤隆夫	272
私事化現象	19	救いの環境	277
私生活優先主義	196	鈴木栄太郎	87
自然村	87	ステレオタイプ	102
思想の下降過程	289	スペシャリスト	268
時代社会的な契機	284	スペンサー, H.	161
資本主義	161	スミス, A.	159
市民	147	生活	251
市民革命	159, 163	生活環境	284, 288
市民社会	100, 147	生活の質	183
市民セクター	110, 114	性差から個性差へ	36
社会集団としての企業	176	男女の関係	51
社会的パワー	149	生殖家族	7
社会変動	97	精神共同体	30, 50
宗教社会	101	——のキーステーション	52
集団状況論	184	精神の近代化	92
集団としての家族	2	青年文化論	241
就労理由	66	性のパートナー	62
少数精鋭主義化	261	世界の多極化	140
ショウバーグ, G.	97	世界の不幸性	289
昭和の大合併	89	セクシャル・ハラスメント	227
職員の人材育成型リーダー	228	セルフ・アイデンティティ	297
職能協働体	261	前近代的家族観	11
職場環境づくり	75	創造過程	283
職場社会	99	組織管理の特性	179
女性意識変化	74	組織成員の欲求充足	118
女性学	36	組織の管理運営型リーダー	228
女性と環境	210	組織目標の達成	117
女性の社会進出	35	ソフトパワー	131
女性の社会的地位	35		

た 行

大衆社会 100
　――論 241
大衆消費社会 243
高橋和己 294
高村光太郎 289
タカリ＝バラマキの構造 93
多極分権型共生構造 150
TAC（東南アジア友好協力条約） 135
脱産業社会 158
脱性差の時代 36
ダメ上司 226
多様性の中の国家的統一 144
地域社会のサバイバル戦略 80
地域総合力 149
小さな成功体験 236
父親殺し 25
父親像 49
父親の権威の不在化 24
父親の役割 24
地方の時代 81
超父親 25
直感的感性 285
定位家族 7
出稼ぎ労働者 85
デュルケーム，É. 165
デラシネ 103
テーラー，F. W. 167
テーラー主義 170
天才の素質 272
東京圏への集中状況 80
統合的立場 185
匿名社会 100
都市空間のコンプレックス 98
都市的パーソナリティ 102
トフラー，A. 162
トランスナショナリズム 129
トランスナショナル・アイデンティティ 144

な 行

日本式経営 177
日本型経営管理方式 180, 259
日本的労務管理制度 178
ニューファミリー 193
人間関係論的組織論 170
ネオ・プロフェッション 265
ネットワーク医療 263
年功序列制の終焉 259
農業・農民のファッション化 91
農業問題 84
農村への回帰願望 91
能力評価システム 181

は 行

ハイクオリティ志向 214
ハイクォリティな関係 72
ハイクォリティ・ライフ 71, 72
ハイセンス志向 215
バージェスとロック 6
パーソナル・アイデンティティ 213
パーソンズ，T. 16
パターナリズム 140
パッション 123
パートナーシップ能力 152
パートナーの選び方 63
ハードパワー 131
バーナード，C. I. 167, 172
バーナム，J. 162
バーニー，T. 20
PM 型リーダーシップ 183
東アジア共同体 142
ピカート，M. 242
非権力性 106
ビジョン 124
非・脱官僚制組織 175
人と人との基本ルール 40
人を信じる能力 43
平等性の原則 88
ファイヨール，H. 167
封鎖性の原則 88
フェミニズム 36
ブラウン，J. A. C. 186
プラス暗示 234
play の段階 22

フロイト, S. ……………………………… 25
プロフェッショナル・オーガニゼーション
　……………………………………… 263
プロフェッショナル意識の欠如 ……… 219
プロフェッション ……………………… 258
　――の条件 …………………………… 270
プロフェッション幻想 ………………… 267
分権型システム ………………………… 150
分権型市民組織 ………………………… 114
　――の論理 …………………………… 113
分権型社会システム論 ………………… 148
分権の時代 ……………………………… 151
平成の大合併 …………………………… 90
ペーパーメンバーシップ ……………… 102
ベル, D. ………………………………… 162
ベンヤミン, W. ………………………… 245
ホイジンガ, J. ………………………… 244
「ポスト」産業社会 …………………… 162
ホーソン実験 …………………………… 170
ボーダーレス化 ………………………… 130
　――時代 ……………………………… 83
微笑みの力 ……………………………… 237
誉め方の要点 …………………………… 235
誉め言葉 ………………………………… 236
誉め上手 ……………………… 231, 234, 235
ホモ・ルーデンス ……………………… 244
ボランタリー・アソシエーション …… 113
ボランタリー組織 ……………………… 117

ま 行

マジック・フレーズ …………… 230, 236
マージナルマン ………………………… 102
まちづくりネットワーク型組織づくり
　……………………………………… 121
松下圭一 ………………………………… 95
マードック, G. P. …………………… 7, 16
マトリックス型組織 …………………… 117
マン・マシン・システム化 …………… 262
三隅二不二 ……………………………… 183
ミッション ……………………………… 124
身分階層化 ……………………………… 88

身分序列 ………………………………… 88
民主化 …………………………………… 147
民主主義 ………………………………… 130
村の精神 …………………………… 91, 94
明治の大合併 …………………………… 89
メイヨー, G. E. ……………………… 170
モザイク国家 …………………………… 144
モハメッド・アリ ……………………… 277
モラール …………………………… 187, 273
モレノ, J. L. ………………………… 171

や 行

役割転換論 ……………………………… 106
遊学同一 ………………………………… 241
遊学の精神 ……………………………… 256
有機的自成体系モデル ………………… 170
遊精神 …………………………………… 248
遊々学々的人生 ………………… 241, 257
ユートピア・カンパニー ……………… 69
余暇 ……………………………………… 252
吉本隆明 ………………………………… 294
ヨーロッパはひとつ …………………… 133

ら 行

ライフサイクル ………………………… 213
ライフスタイル ………………………… 214
　――の多様化 ………………………… 126
ライフステージ ………………………… 213
ライフワーク …………………………… 205
ラベリング ……………………………… 103
離婚 ………………………………… 27, 60
リージョン外交 ………………………… 141
リーダーシップ ………………………… 183
倫理的志向性 …………………………… 297
レヴィン, K. ……………………… 171, 185
労働 ……………………………………… 251
　――市場の開放 ……………………… 262

わ 行

ワーキング・ウーマン …… 65, 68, 73, 211
ワース, L. ……………………………… 95

田中豊治（たなかとよじ）〈プロフィール〉

1948年 長崎県生まれ
1973年 青山学院大学大学院法学研究科修士課程修了
1977年 東洋大学大学院社会学研究科博士課程単位修得満期退学
　　　　東京電機大学，東京理科大学，気象大学校，東洋大学各講師，
　　　　東邦大学医療短期大学助教授，佐賀大学文化教育学部教授などを経て，
現　　在　西九州大学健康福祉学部教授　佐賀大学名誉教授　社会学博士
専　　攻　組織社会学，地域社会学，まちづくり社会学

主要著書　『生活の社会学』（分担）　学文社　1983
　　　　　『都市と青年―私のアジールを求めて―』（単著）　公論社　1985
　　　　　『現代への社会学的視点』（分担）　法律文化社　1985
　　　　　『新しい市役所事務機構の方向』（分担）　日本都市センター　1987
　　　　　『組織社会学』（分担）　サイエンス社　1988
　　　　　『地方行政組織変革の展望―人と組織を変える―』（共著）　学文社　1987
　　　　　『社会問題の社会学』（分担）　学文社　1990
　　　　　『行政と執行の理論』（分担）　東海大学出版会　1991
　　　　　『構成的グループ・エンカウンター』（分担）　誠信書房　1992
　　　　　『地方行政官僚制における組織変革の社会学的研究』（単著）　時潮社　1994
　　　　　（1995年度組織学会高宮賞）
　　　　　『日本社会論の再検討―到達点と課題―』（分担）　未来社　1995
　　　　　『共生社会の社会学』（共編著）　文化書房博文社　1996
　　　　　『現代社会のしくみ』（共編著）　八千代出版　1998
　　　　　『情報と交流のネットワーク』（分担）　ぎょうせい　1999
　　　　　『アジア都市政府の比較研究―福岡・釜山・上海・広州―』（分担）　九州大学出版会　1999
　　　　　『地方分権下の地方自治』（分担）　公人社　2002
　　　　　『まちづくり組織社会学』（単著）　良書普及会　2002
　　　　　『アジア・コミュニティの多様性と展望』（共編著）　昭和堂　2008
　　　　　『現代地域問題の研究』（分担）　ミネルヴァ書房　2009
　　　　　『新社会福祉論』（分担）　学文社　2012
　　　　　『社会・人口・介護からみた世界と日本』（分担）　時潮社　2014

研究主題　現代地域社会の環境―組織―集団―人間というダイナミックな相互関係において，新しい社会的ネットワークづくりという観点から，理論的・実証的・実践的・政策的な研究に従事している．とくにまちづくり運動と地域組織論，自治体変革論，地域活性化論，職員の能力開発研修，アジア市民社会論といったテーマに取り組んでいる．また「新しい佐賀を考える住民会議」や「NPOスチューデント・サポート・フェイス」などの市民活動にも参加参画している．

研 究 室　〒840-8502　佐賀県佐賀市本庄町一番地佐賀大学文化教育学部
　　　　　TEL・FAX　0952-28-8240　　　E-mail: tanakato@cc.saga-u.ac.jp

環境と人間の共創

2007年5月30日　第一版第一刷発行
2019年1月31日　第二版第三刷発行

著　者　田　中　豊　治
発行者　田　中　千津子

発行所　〒153-0064　東京都目黒区下目黒3-6-1
☎ 03(3715)1501　FAX 03(3715)2012
振替　00130-9-98842
株式会社　**学文社**

検印省略
ISBN 978-4-7620-1703-2　　印刷／亨有堂印刷所